NI VU NI CONNU

JEAN-YVES OLLIVIER

Ni vu ni connu

*Ma vie de négociant en politique
de Chirac et Foccart à Mandela*

Fayard

Couverture : création graphique © un chat au plafond
Photographie : Jean-Yves Ollivier, 2013 © Johnny Vaet Nordskog

ISBN : 978-2-213-68094-1
© Librairie Arthème Fayard, 2014.

Pour Paul, qui sait pourquoi.
Pour Michel Roussin, qui le mérite.
Pour Chester Crocker, qui avait raison.

Historia scribitur ad narrandum non ad probandum.

« On écrit pour raconter, non pour prouver. »

QUINTILIEN, *De institutione oratoria*

Prologue

Ma parole !

Dans un livre où l'on se raconte, qu'on le veuille ou non, on se livre. Longtemps je m'y suis refusé, je ne le pouvais pas. Cela allait très loin. Même à mes proches, je ne disais rien, ou si peu, des affaires – commerciales et politiques – que je menais dans le monde. Certes, elles étaient souvent sensibles, et je tenais à en garder le secret. Mais ce n'était pas la seule raison. Au fond, j'étais persuadé que « l'aventure ne se partage pas », que la relater revenait fatalement à la travestir et que, de toute façon, personne ne pouvait vraiment comprendre. Je ne gardais pas de documents, pas de photos, aucune trace écrite. À quoi bon accumuler des archives alors que je n'avais nullement l'intention de laisser un témoignage ? Je me moquais de tous ces acteurs de la vie publique et, plus encore, de tous ces clercs obscurs dans les antichambres du pouvoir, qui conservent le moindre bout de papier pour le jour où ils vont régler leurs comptes à l'histoire. Ridicule ! Ils se mettent seulement à leur conte. Ce faisant, ils se trompent eux-mêmes.

L'histoire à la première personne n'est jamais l'histoire tout court.

Voici *mon* histoire, celle d'un négociant de matières premières doublé d'un diplomate à titre personnel, *intuitu personae*. En racontant cette histoire, je donne ma parole. Pas seulement dans la mesure où je livre ma vision subjective des événements, en respectant scrupuleusement les faits, mais bien au-delà. Car « la parole donnée » est pour moi à la fois un traumatisme de jeunesse, la clef de voûte de ma profession et l'essence de mon expérience africaine. Le traumatisme, c'est de Gaulle, qui « [nous avait] compris » à Alger et qui s'était prononcé pour l'« Algérie française » à Mostaganem. On connaît la suite. Bien sûr, avec le recul, on peut lui donner raison, soutenir qu'il n'y avait rien d'autre à faire. Il n'en reste pas moins que le Général n'a pas tenu parole et que, donc, selon les codes de mon éducation, il a failli à l'honneur. Est-ce en raison de cette blessure que je me suis passionné pour le négoce, où la valeur de la parole donne la mesure de l'homme et de ses affaires ? Le courtage est une cathédrale bâtie sur la foi. Entre un vendeur et un acheteur, rien n'est possible sans la parole donnée – qui ne peut être reprise même si le marché doit se retourner ou une meilleure marchandise arriver ou un mieux-offrant surgir. « Ma parole », et ça suffit. En Afrique, le continent de l'oralité, la valeur de la parole est telle que, par exemple, j'ai organisé l'échange de cent quatre-vingt-dix prisonniers sur la seule confiance que m'accordaient des États et des mouvements armés en guerre les uns contre les autres. Pas un papier n'a été signé, aucun engagement écrit n'a été pris ! Tout reposait sur la parole donnée.

Si raconter revient toujours à se livrer, pourquoi ai-je voulu me révéler au public sur le tard ? À cette question, il n'y a pas de réponse simple. Je pourrais dire, et c'est vrai, que les circonstances m'y ont poussé. Un quart de siècle s'est écoulé. Ce qui était « confidentiel Défense » hier n'est plus désormais qu'une bombe désamorcée. Comme moi-même, les autres protagonistes de l'aventure qui s'est jouée dans les coulisses de la libération de Nelson Mandela ont vieilli ou ont disparu. Fallait-il emporter le secret dans nos tombes ? Ne valait-il pas mieux rassembler et confronter nos témoignages pour « laisser quelque chose pour l'histoire » ? C'est la proposition qui m'a été faite, en 2010, par l'ONG sud-africaine African Oral History Archive (AOHA). Ses chercheurs étaient tombés sur mon passage à la télévision sud-africaine lors de ma réception dans l'ordre de Bonne-Espérance, après l'échange des prisonniers, justement. Ils avaient été intrigués par « le mystérieux homme d'affaires français dont le nom de code est "Monsieur Jacques" ». Mandy Jacobson, directrice de l'AOHA, est venue me voir avec un projet de documentaire. Que mes conjurés du « complot pour la paix » – *Plot for Peace*, le titre du film – m'y aient encouragé a fait pencher la balance dans un sens favorable à ma participation. Tous étaient prêts à témoigner à mes côtés, des présidents Denis Sassou Nguesso et Joaquim Chissano à Chester Crocker et « Pik » Botha, en passant par Jorge Risquet et le général Niels van Tonder. Même Winnie Mandela, qui ne donnait plus d'interviews, voulait bien faire une exception pour moi.

Plot for Peace s'est donc fait. Pendant trois ans, au fil des mois, je me suis pris au jeu. Je n'y suis pas allé à reculons mais franco, en prenant du plaisir. Face à la caméra, j'ai fait ma paix avec l'opinion publique. Non seulement avec son « droit de savoir » dans une société ouverte et démocratique, mais, aussi, en m'avouant qu'après tout j'avais été froissé que le seul écho de ce que j'avais accompli en Afrique australe fût une mention de mon nom dans *Le Pli*, une lettre d'information dirigée par l'ancien ministre de l'Intérieur Alain Joxe. Et que dire des insinuations malveillantes à mon égard qui blessaient tant mes proches forcés d'entendre que j'étais sinon l'homme lige d'un « dictateur africain », du moins une « barbouze » ou un trafiquant d'armes ? Pendant longtemps, j'ai laissé dire, estimant que je n'avais rien à prouver à personne. Mais le venin de la médisance se répand lentement. L'âge venant, me retournant sur ma vie, dont le principal but n'a jamais été de réussir dans les affaires pour amasser de l'argent, je me suis rebiffé. Non, je suis tout sauf un homme de guerre ou un affairiste cynique ! Alors, pourquoi continuer à laisser dire ?

Le film est sorti en 2013. Dans les salles de cinéma et sur des chaînes de télévision un peu partout dans le monde, dans plusieurs festivals internationaux, de São Paulo à Palm Springs, *Plot for Peace* a rencontré du succès. Pour être franc, cela m'a fait plaisir. En même temps, inévitablement, j'avais le sentiment que mon histoire avait été détachée de son contexte pour entrer dans l'histoire – celle que nous avons tous en partage. C'est alors que j'ai décidé de ne pas m'arrêter en chemin mais bien plutôt de reconstituer ma cohérence à travers l'écriture de mon parcours. Pourquoi ? Personne n'est bon juge de soi-même. Je suis sincère en affirmant que mon plus grand bonheur serait que quelques-uns de mes lecteurs puisent dans mon récit la confiance en leur capacité à mener leur vie malgré leurs handicaps de départ. À dix-sept ans, quand je me suis retrouvé en prison, je n'aurais jamais imaginé que cette expérience allait me servir à mieux comprendre la partie historique qui se jouait en Afrique du Sud. Mais je dois aussi à la vérité de reconnaître le plaisir narcissique que j'ai pris à raconter ma vie, pas tellement parce que je l'estime si extraordinaire, encore moins exemplaire, mais parce que je la revendique tout entière, pour le meilleur et pour le pire. Je n'en renierais pas une seconde. Pourtant, je suis entré dans ma vie adulte comme le soldat perdu d'une mauvaise cause, un « pied-noir » déraciné, sans le bac et sans le sou, sans « piston » non plus. N'y aurait-t-il pas là un espoir à partager ?

Si près du but, je m'en voudrais de tricher. Certaines personnes passent des mois à fabriquer une maquette. Quelle est leur motivation ? Qu'est-ce qui peut bien pousser quelqu'un à assembler de menus bouts de bois pour fabriquer un petit voilier, à faire ployer les mâts pour passer le goulot d'une bouteille, enfin à retirer le fil au terme d'infinis efforts d'ajustements, le tout pour emprisonner son œuvre sous une cloche de verre ? Je crois que c'est le goût de la perfection et la quête d'un aboutissement. Le maquettiste travaille pour lui-même, pas pour les autres. Je suis comme lui. « Ah ! quelle belle maquette ! Mettons-la sur le buffet, comme ça tout le monde verra comme elle est réussie. » Cela me fait très plaisir mais me rend aussi triste. J'aime mon voilier dans le regard des autres, surtout dans celui des jeunes encore capables de rêver. Mais je sais aussi que nul ne comprendra le temps que j'ai passé à le fabriquer, la patience qu'il m'a fallu. Et le bonheur vain, parfaitement vain, que cette œuvre m'a procuré.

I

L'heure du marionnettiste

Mon as de carreau ! J'ai senti la carte en glissant ma main nerveusement dans le pli arrière du siège en cuir... Incroyable, elle n'est même pas froissée ! Combien de temps est-elle restée là ? Difficile à dire. Un jour, elle a disparu. Je ne savais même pas que je l'avais perdue dans cet avion-ci. Tiens, ça pourrait m'aider à déterminer le jour où je l'ai égarée, je n'emprunte quand même pas tous les jours le *Gulfstream* du président angolais. Encore que j'aie souvent décollé de Luanda au cours des sept derniers mois... Le regard interloqué de Wynand du Toit m'arrache à mes pensées. Franchement, il a une de ces têtes ! D'accord, plus de deux ans dans une cellule de cinq mètres carrés, seul et sans jamais un visiteur, ça ne donne pas bonne mine. Il n'empêche. Si j'avais un Boer sud-africain à caricaturer, le résultat lui ressemblerait : crâne brachycéphale, longue barbe hirsute style Père blanc, et ce regard vaguement absent. « Euh... j'avais perdu mon as de carreau et j'en étais drôlement embêté. J'aime faire des réussites. — *Réussite ?* » Zut

alors, j'ai encore oublié qu'ils disent « solitaire » pour
« réussite » en anglais ! Il faut le faire, aussi : ils nous
piquent nos mots sans prendre le bon. « Eh bien, je
fais des parties de "solitaire" pour tuer le temps. Vous
avez dû remarquer que l'on attend beaucoup ici. » Le
capitaine du Toit rit de bon cœur. « Vous me dites
ça à moi ? ! Oui, le temps est long ici. TIA : *This is
Africa !* » Il rit de plus belle. Quand même, je l'aime
bien. « C'est l'Afrique... » Il n'est pas du genre à se
plaindre. Pourtant, il a eu le couteau sous la gorge,
littéralement, et une épaule en capilotade : il a pris
trois balles, puis deux ans de mitard dans un camp
militaire angolais... Un rire contagieux, une santé de
bœuf et un moral d'acier ! Encore que, la première fois
que je l'ai vu, il n'était pas loin du gouffre. « Dites à
mes gens en Afrique du Sud qu'ils me sortent d'ici »,
m'avait-il supplié au moment des adieux, avec des
yeux sans focale. Il n'aurait jamais cru que j'allais y
parvenir, moi, le « *funny little Frenchman with his round
glasses* ». Et les lunettes, ce n'est pas tout ce qui est
rond chez moi.

Nous avons quitté Luanda, la capitale angolaise,
avec plus de deux heures de retard. *This is Africa.*
Finalement, aujourd'hui, cela a été toute une affaire de
sortir Wynand de sa prison. Bien que la décision du
gouvernement ait fait l'ouverture, hier soir, du journal
de 20 heures, j'ai eu l'impression de devoir apprendre
à chaque fifre et à chaque sous-fifre de la bureaucratie
angolaise que le prisonnier sud-africain était libérable
immédiatement. Ils n'ont pas l'habitude de croire leur

télévision… Progressivement, la climatisation du jet
présidentiel vient à bout de l'air moite piégé dans la
cabine au décollage. Le boucan des réacteurs se mue
en un bourdonnement monocorde, maintenant que
l'appareil a atteint son altitude de croisière. Je me
détends, enfin.

« Jean-Yves, je ne peux vraiment pas arroser ma libération ? Juste un verre ? » Le sourire de Wynand ferait
craquer un garde-chiourme. Bien sûr, deux années
d'abstinence forcée valent bien une coupe de champagne, ou deux. Mais la consigne est stricte. « Non, je
regrette, ce ne serait pas une bonne idée. La journée
va être longue et agitée – vous n'en avez plus l'habitude. En plus, si tout se passe bien, vous serez reçu en
audience par le président Botha. Donc il vaut mieux
rester sobre. À partir de demain, vous pourrez boire
tous les jours. » Déconfit, le « Rambo sud-africain »
glorifié par la presse patriotique de son pays guette
par le hublot la terre qu'il espère retrouver, en homme
libre, dans quelques heures. « Je m'en doutais bien »,
murmure-t-il, sans rancune.

J'ai apporté deux sacs d'oranges et de gros paquets de
biltong, la viande des Grisons des colons sud-africains
qui la boucanaient dans le temps au-dessus d'un feu de
camp. De quoi occuper Wynand, qui en rêvait dans sa
cellule… Je jette un coup d'œil sur ma montre. C'est
maintenant, en tout début d'après-midi, que le grand
troc régional des prisonniers de guerre doit débuter
dans la capitale mozambicaine, Maputo, le lieu que
j'ai choisi pour cette vaste opération impliquant une

dizaine d'avions, cinq États, deux mouvements armés
de libération et même un bantoustan, une « réserve
indigène » en Afrique du Sud, le pays de l'apartheid...
À 13 heures, un avion en provenance d'une base militaire sud-africaine est attendu à Maputo, avec à son
bord cent trente-huit soldats gouvernementaux angolais que j'ai identifiés, un par un, puis sortis du maquis
de Jonas Savimbi, le leader du mouvement rebelle
de l'Union pour l'indépendance totale de l'Angola
(UNITA). Cela n'a pas été la partie la plus facile de
mon travail étant donné que je n'avais rien à offrir à
Savimbi en contrepartie. Pour finir, les Sud-Africains,
dont l'UNITA dépend pour presque tout, lui ont forcé
la main. Mais j'ai dû retourner maintes fois dans cette
brousse à feu et à sang où les Angolais des deux
bords s'entre-tuent avec l'aide des Sud-Africains, qui
appuient les partisans de Savimbi, quand ceux de dos
Santos bénéficient du soutien de trente-cinq mille soldats cubains expédiés sur ce front de la guerre froide
par Fidel Castro. Au cours des dernières semaines, les
cent trente-huit captifs destinés à être récupérés par le
camp de dos Santos ont été remplumés à ma demande,
soignés de leurs blessures du mieux possible et revêtus
de survêtements de sport à la place de leurs uniformes
en guenilles. Cyniquement parlant, ces pauvres hères
sont devenus une monnaie d'échange. Un seul officier
sud-africain, le capitaine du Toit, contre cent trente-
huit Angolais anonymes... Pour faire bonne mesure,
les Sud-Africains ont même ajouté, à ma demande,
une cinquantaine de combattants de la SWAPO, le

mouvement armé pour l'indépendance de la Namibie – l'ancien Sud-Ouest africain colonisé par l'Allemagne – que Pretoria occupe depuis la fin de la Première Guerre mondiale, ainsi qu'un Français et un Hollandais. C'est dire la réticence initiale du président angolais, Eduardo dos Santos. Je vois encore son regard quand, lors de notre première rencontre, je lui ai exposé ma demande. Pourquoi allait-il me « donner » le capitaine du Toit, même en échange d'un grand nombre de prisonniers angolais, alors qu'un musée avait été ouvert à Luanda pour commémorer la capture du « saboteur » envoyé par le « régime raciste de l'apartheid » pour s'attaquer au nerf de l'économie de guerre angolaise, le pétrole ? J'ai sué sang et eau pour trouver les mots susceptibles de le faire changer d'avis.

Je sors d'une poche de ma veste deux feuilles de papier quadrillé. La première est intitulée, en portugais, *Programa de voos diversos* et indique sur une grille manuscrite l'horaire des « divers vols » attendus à Maputo, ainsi que leur provenance et leur destination, le type d'avion, l'emplacement sur le tarmac réservé à chaque appareil et, enfin, les catégories de prisonniers à bord qui vont être échangés. Outre le capitaine sud-africain du Toit, les soldats gouvernementaux angolais et les combattants indépendantistes namibiens, deux individus sont identifiés sur des vols différents : Pierre-André Albertini, d'une part, et, d'autre part, Klaas de Jonge. De sacrés numéros, ces deux-là ! Le premier, né à Évreux de parents proches du Parti communiste français, étudiant en littérature à Paris et admissible à l'École supérieure d'études cinématographiques, est parti en lieu et place de son service militaire comme coopérant en Afrique du Sud, plus précisément au bantoustan du Ciskei, pour enseigner le français à l'université noire de Fort Hare. Les autorités de cet « État », dont seule l'Afrique du Sud reconnaît l'indépendance, l'ont arrêté pour transport d'armes destinées au Congrès national africain (ANC), le mouvement antiapartheid de Nelson Mandela, lui-même d'ailleurs ancien étudiant de Fort Hare. Albertini accepte de témoigner contre le réseau clandestin auquel il a servi de « porteur de valise », puis se rétracte. Il est alors condamné à quatre ans de prison ferme. Albertini s'est vite trouvé au centre d'une vaste campagne de soutien orchestrée par le PCF en France. Mgr Jacques Gaillot, évêque d'Évreux, la ville dont la mère d'Albertini est conseillère municipale communiste, a fait le voyage pour lui rendre visite en prison. De son côté, le président Mitterrand refuse d'accepter les lettres de créance du nouvel ambassadeur sud-africain à Paris « tant que Pierre-André Albertini reste détenu dans les geôles d'un État fantoche du système d'apartheid ». Bref, le blocage est total entre Paris et Pretoria. Il en est de même entre Pretoria et Amsterdam, Klaas de Jonge ayant été arrêté, lui aussi, comme « porteur de valise » de l'ANC. Mais, à la faveur d'une spectaculaire évasion, l'anthropologue est parvenu à se réfugier à l'ambassade néerlandaise : il y est bloqué depuis deux ans, dans un lieu sûr, à la fois sanctuaire et prison.

En France, en cet automne 1987, l'« affaire Albertini » est devenue un enjeu de politique intérieure. Le
PCF cherche à mettre sous pression François Mitterrand qui, après le virage libéral de 1983, a marginalisé ses alliés communistes avant de perdre les élections
législatives, un an plus tôt. Affaibli par cette défaite, le
chef de l'État doit veiller à ne pas se faire déborder sur
sa gauche et à se garder sur sa droite. Il vit une cohabitation sans précédent sous la Ve République, avec un
Premier ministre qui n'est pas de son bord, Jacques
Chirac, l'héritier gaulliste. Aussi, quand je vais voir
Chirac pour lui dire que je serais peut-être en mesure
de ramener Albertini en France, j'aperçois cette lueur
carnivore dans son œil que je ne connais que trop bien
chez lui et chez d'autres « bêtes politiques ». Chirac
saisit d'emblée le profit politique qu'il pourrait tirer
d'une situation inextricable s'il réussit à la dénouer au
nez et à la barbe de Mitterrand et du PCF. « Allez-y,
Ollivier, foncez ! » me dit-il. Il ajoute que ma mission
doit rester secrète, que même la DGSE doit être tenue
à l'écart. Depuis, sept mois se sont écoulés pendant
lesquels je n'ai pas chômé. Mais me voici sur le point
de gagner mon pari.

J'examine, une fois encore, le second bout de papier
quadrillé. Il indique, à l'aide d'un croquis dessiné à
main levée, le dispositif à mettre en place à l'aéroport
de Maputo. C'est mon plan. Pour qui sait le lire, il
révèle la chorégraphie de l'échange de prisonniers. En
tant qu'intermédiaire, j'occupe naturellement le centre,
c'est-à-dire la « zone neutre » en face du terminal où

l'échange des captifs de guerre doit se conclure. Afin que les journalistes puissent suivre l'événement au premier rang sans le perturber, la terrasse du terminal a été aménagée en galerie de presse. De là, ils surplomberont sur leur gauche la zone que j'ai réservée aux Sud-Africains et, sur leur droite, celle assignée aux Angolais ainsi qu'aux jets envoyés par la France et la Hollande pour rapatrier, chacune, son ressortissant libéré. Wynand quittera l'avion à bord duquel nous nous trouvons actuellement au moment précis où, de leur côté, les prisonniers angolais et namibiens descendront la passerelle des appareils qui les auront amenés à Maputo. Pour ma part, je serai dans la « zone neutre », à bord d'un autre avion encore, qui devra ce soir ramener le capitaine du Toit dans son pays, l'Afrique du Sud. Si tout se passe comme prévu, je resterai l'invisible maître de cérémonie, une sorte de *deus in machina* puisque je compte rester à mon poste de commande. J'abhorre les caméras de télévision, les flashs des appareils photo, les journalistes avides de confidences et, en fait, toute publicité quelle qu'elle soit... Je vibre pour le match, pas pour la remise du trophée. Avec un peu de chance, je trouverai le temps d'aligner mes cartes, maintenant qu'elles sont à nouveau au complet, pour une partie de *solitaire* – dans le cas d'espèce, je parlerais même volontiers de « réussite ». Car sortir les fous ou les jokers du jeu, rétablir la hiérarchie des valeurs en associant ceux qui ont vocation à l'être et, pour tout dire, créer de l'ordre à partir du chaos, n'est-ce pas là ma mission ? Si les Angolais et les Namibiens, d'un côté, et le capitaine du Toit, Klaas de Jonge et Pierre-André Albertini, de l'autre, se croisent sur le tarmac de Maputo, chacun rentrant chez soi, ce sera pour moi une consécration. Il y a sept mois, personne n'aurait misé un fifrelin sur ma capacité à négocier un tel échange sur ce double champ de bataille – de la guerre froide et de l'apartheid – qu'est l'Afrique australe. Aujourd'hui, personne ne se doute que cet exploit n'est pour moi qu'un premier pas dans la longue marche vers la paix régionale. À travers ces prisonniers rendus à leur vie, je vise *le* prisonnier qui peut enrayer la martingale de la haine non seulement *autour* de l'Afrique du Sud, mais au pays de l'apartheid même. « Libérez Nelson Mandela ! »... Ce n'est pas en scandant des slogans et en agitant des calicots qu'on va y arriver.

Je jette un nouveau coup d'œil à ma montre. Nom de Dieu ! On aurait dû atteindre Maputo il y a plus d'une demi-heure ! L'avion n'a même pas encore amorcé sa descente. Que se passe-t-il ? Je pose la question au steward qui, de toute évidence, se paie ma tête. « *Nada... talvez uma confusão.* » Le mot *confusão* achève de me mettre en état d'alerte maximale. Je l'ai trop souvent entendu en Angola pour ignorer qu'il n'y a qu'un pas de la bourde involontaire à l'embrouille délibérée menant tout schuss en enfer. Cependant, pour l'instant, pas moyen d'en savoir plus. Le steward se dérobe à mon insistance, à grand renfort de « *em breve, em breve* », « bientôt, bientôt ». Catastrophe, bientôt il fera nuit ! Je guette par le hublot mais, au-dessus des nuages, tout se ressemble. Je n'ai pas d'autre choix que de prendre mon mal en patience. En face de moi, le capitaine du Toit ne se doute de rien – et je ne veux pas lui mettre martel en tête. Il faudra bien qu'à un moment ou à un autre l'avion se pose quelque part. Je me sens impuissant, un pion aux mains de forces anonymes. Ce n'est pas précisément le type de situation que j'aime.

Enfin ! Un bref message du commandant de bord annonce notre descente en vue d'un prochain atterrissage. À Maputo ? « *Naturalmente* », ose me répondre ce faux-jeton de steward. Je me cale à nouveau dans mon fauteuil. Qu'est-ce qui m'attend au sol ? Je respire un bon coup. Quoi que ce soit, l'ultime *confusão* ou l'aboutissement de mes patients efforts, il va falloir en passer par là. Mon succès, si succès il doit y avoir, aura toujours beaucoup de pères, tous illégitimes, tandis que mon échec n'aura qu'un seul géniteur, moi... C'est le sort de tout intermédiaire, si honnête courtier soit-il. À moi le plaisir solitaire du marionnettiste, qui tire les ficelles derrière le rideau. Aux personnages que je mets en scène le droit de m'oublier, au mieux, et de passer leurs nerfs sur moi, au pis. Mon succès est attendu, il sera donc banal si tout se termine bien ; en revanche, mon échec sera entièrement ma faute, la preuve de mon impéritie, voire de ma vantardise. Si la fortune est bonne, les destinataires croient l'avoir méritée ; si le coup est dur, ils m'accusent de leur avoir jeté un sort. Pourtant, je ne suis qu'un messager du destin qui, parfois, parvient à corriger la fortune.

La porte du jet s'abaisse comme un pont-levis, une bouffée d'air marin me claque la bise de Maputo, ville portuaire qui s'avance telle une étrave dans l'océan Indien. Bon présage, Jacinto Veloso, mon « frère » mozambicain, m'attend en bas de l'échelle de coupée. C'est avec lui, l'homme de confiance du président Joaquim Chissano, que j'ai monté *mano a mano* toute cette opération. Portugais blanc, Jacinto a rallié le camp des nationalistes mozambicains il y a un quart de siècle, au commencement de la lutte de libération anticoloniale. Quelque peu à l'étroit dans son costume, les cheveux mi-longs et les sourcils broussailleux, il arbore la mine contrite d'un épicier lisboète penché sur un compte pas rond du tout. Ce qui est souvent de circonstance pour un ministre d'État chargé de la Sécurité nationale, qui coiffe les « services » d'un pays indépendant depuis seulement douze ans et victime d'une entreprise de déstabilisation sud-africaine sans relâche. « Content de te voir, Jean-Yves », me salue-t-il en m'embrassant. « Je n'y croyais presque plus, tu es très en retard. Que s'est-il passé ? » Sans même attendre ma réponse, il ajoute : « Ici aussi on a eu des surprises... Viens, il faut qu'on parle. »

Tout s'explique, à commencer par la durée de notre vol : redoutant un coup fourré de Pretoria visant à récupérer le capitaine du Toit sans contrepartie, les Angolais ont changé notre itinéraire à la dernière minute, sans me mettre dans le coup et en mentant aux Sud-Africains. À la radio, ils ont prétendu suivre la trajectoire convenue, au plus court, en survolant l'Afrique du Sud, alors qu'en réalité ils ont fait un détour par le nord pour atteindre le Mozambique *via* le Zimbabwe. Ne trouvant nulle part sur leurs écrans radar le « profil » du *Gulfstream* présidentiel à bord duquel j'étais avec du Toit, en dépit de messages rassurants émanant d'un avion fantôme, les militaires sud-africains se sont rendu compte de la supercherie. En attendant d'y voir clair, ils ont bloqué le départ de leurs prisonniers de guerre : les cent trente-huit Angolais, la cinquantaine de Namibiens, Klaas de Jonge et Pierre-André Albertini. Ma belle mécanique d'échange s'est grippée. Mon arrivée à Maputo avec le capitaine du Toit va réenclencher, avec une demi-journée de retard, le ballet des avions qui doivent transporter tous les captifs « sur zone ». Bref, au moment où j'aurais voulu conclure, tout est en l'air, littéralement. Je pense à Michel Roussin, chef de cabinet de Jacques Chirac avec qui j'ai « calé » l'opération à Paris. Depuis le 31 août, il attend qu'elle ait lieu. Or, ça fait huit fois que le jour J glisse au lendemain... Nous sommes le lundi 7 septembre 1987, et je me trouve seul à Maputo avec le capitaine du Toit. Négocié avec toutes les parties, l'échéancier heure par heure de quatre pages, intitulé *Logistical Arrangements for Exchange in Maputo* et classé « *top secret* », n'est plus qu'un exercice de style. Place à l'improvisation totale.

En cette fin d'après-midi, le temps de l'attente s'écoule comme une horloge de Dalí... Ce n'est qu'une fois Maputo envahi par la nuit que les avions se posent enfin, un par un. Après avoir piétiné des heures sans rien voir venir, les journalistes se remettent à y croire. La rampe de balisage ne s'éteint plus, les taxiways et aires de stationnement s'encombrent d'appareils de toutes tailles, de diverses provenances. Le terminal brille sous le feu des projecteurs dans l'attente d'un événement qui semble désormais imminent. Hélas, si près du but, une mauvaise nouvelle fait le tour de l'aéroport : les Angolais posent une ultime condition qui risque de tout faire capoter ! Luanda exige comme préalable à l'échange de prisonniers que Pretoria signe la reconnaissance d'un « acte de sabotage », soit la mission confiée en 1985 à Wynand du Toit et à huit autres membres des forces spéciales sud-africaines qui devaient faire sauter des installations pétrolières au Cabinda, l'enclave angolaise gorgée d'or noir. Comme souvent ces derniers mois, Jacinto Veloso et moi montons aussitôt au front pour éteindre l'incendie. Nous nous partageons le travail : il s'occupe des Angolais alors que je vais voir les Sud-Africains, en l'occurrence leur ministre des Affaires étrangères, Roelof « Pik » Botha, qui a fait lui aussi le déplacement. L'homme au physique de Clark Gable, fine moustache comprise, a énormément de charisme, mais aussi un *ego* vaste comme le continent africain. Je le connais bien, au point d'en être arrivé une fois aux mains avec lui dans le passé, malgré l'estime que nous nous portons mutuellement. Pik n'est pas le seul à avoir un tempérament explosif... À présent, il tourne et vire sur le tarmac, grillant cigarette sur cigarette et vitupérant au milieu d'une demi-douzaine de collaborateurs qui suivent ses embardées tel un banc de poissons. « Jamais je ne signerai ce document infâme ! Vous entendez ? Jamais, au grand jamais, je ne livrerai l'Afrique du Sud à leur propagande ! » Je me plante droit devant lui, plus petit de deux têtes mais doté d'un index accusateur aussi agile que la baguette d'un maestro : « Ah bon ? ! Vous allez donc prendre la responsabilité historique et humaine de faire échouer l'échange de prisonniers et de renvoyer le capitaine du Toit dans sa cellule à Luanda ? Et tout cela par pur orgueil, pour ne pas signer un bout de papier ? ! » Nous sommes plantés là, face à face, au pied du jet présidentiel de la République sud-africaine d'où Pik n'aurait d'ailleurs jamais dû descendre. Car c'est sous cette réserve expresse que les Mozambicains, soucieux de ne pas politiser l'événement, ont accepté sa présence dans leur aéroport. Ils ont donné leur accord pour que Pik, une colombe cernée de faucons au sein du gouvernement sud-africain, ramène le capitaine du Toit à son président et à son pays, à la condition de ne pas faire de « cirque médiatique » sur le tarmac de Maputo. Le chef de la diplomatie sud-africaine fixe sur moi ses yeux vitreux, qui sont ceux d'un requin plus habitué aux culs-de-bouteille qu'aux fonds marins. Sa voix est plus rocailleuse que jamais. « Jean-Yves, j'accepte mais à une condition. — Laquelle ? » Un ange passe, un petit Belzébuth remontant des ténèbres. « Je voudrais accueillir Wynand devant les caméras... Je veux des caméras de télévision. » Je réfléchis un bon moment. Je pense à l'épouse et au petit garçon qui attendent leur mari et père depuis qu'il a embarqué, le 13 mai 1985, pour cette fatidique opération Cabinda, soit deux ans et quatre mois d'absence. Je pense au capitaine du Toit lui-même, qui a passé 837 jours à l'isolement dans une cellule minuscule – 3,50 × 1,50 m. Je pense aux prisonniers de guerre angolais et namibiens, à peine arrachés au désespoir et dont certains sont en piteux état. Je lève le regard vers Pik : « D'accord pour les caméras. Mais signez-moi ce bout de papier. » En définitive, pour épargner l'humiliation à son ministre, le plus proche collaborateur de Pik, Rusty Evans, paraphe la reconnaissance – au demeurant sans valeur juridique – de ce que l'on appellerait aujourd'hui un acte de terrorisme d'État.

À partir de là, le dénouement s'enclenche comme dans un film, si rapidement que j'oublierais presque que j'en suis le réalisateur. Sur le tarmac plongé dans l'obscurité en dehors des cônes lumineux des projecteurs, de longues colonnes d'hommes, plus ou moins éclopés, se mettent en marche. Tous vêtus de survêtements de sport, cent trente-huit soldats de l'armée angolaise prennent la même direction qu'une cinquantaine de combattants indépendantistes namibiens. Je souris intérieurement. À la dernière minute, nous avons constaté l'absence de quatre soldats angolais inscrits sur la dernière liste en date – il y en a eu tant... – qui nous avait été remise par les autorités de Luanda. Ces captifs n'ont pas voulu embarquer, préférant rester dans le maquis rebelle où ils avaient pris femme. Humain, trop humain. Alors, au nom de

tous les autres désespérant de rentrer chez eux, j'ai
« prélevé » sur la cinquantaine de Namibiens quatre
« remplaçants » afin que le compte soit bon. Luanda
reconnaîtra les siens.

Victoire sans conteste pour la diplomatie parallèle !
Jacques Chirac dame le pion au président Mitterrand
et au PCF : « Le Premier ministre annonce qu'il vient
d'obtenir la libération de M. Pierre-André Albertini,
jeune coopérant français détenu depuis le 23 octobre
1986 et condamné à quatre années d'emprisonnement au Ciskei », affirme le communiqué de presse
de Matignon publié au même moment à Paris. Je
jubile en voyant Albertini traverser le tarmac, guidé
par mon ami Jean-Marc Simon, diplomate « tout-
terrain » que le Premier ministre a envoyé pour rapatrier notre jeune compatriote dans un avion du Groupe
de liaisons aériennes ministérielles (Glam). L'ambassadeur de France à Maputo, que personne n'a mis au
parfum, a mené l'enquête pour apprendre la raison
de la présence du mystérieux avion tricolore stationné
à l'aéroport depuis une semaine. Il a établi que son
unique passager occupe la chambre 224 du Polana, le
meilleur hôtel de la place. Il s'est lui-même déplacé
et a trouvé son collègue Jean-Marc Simon allongé
sur un transat au bord de la piscine. « Que faites-
vous ici ? — Euh… je suis en vacances. — Parce que
vous partez en vacances dans un avion du Glam ? !
— Non, enfin oui… le Premier ministre a bien voulu
me faire plaisir. » Jean-Marc Simon et moi en avons
bien ri tout à l'heure. Je suis beaucoup moins amusé

en apprenant que Klaas de Jonge refuse de rentrer chez lui, aux Pays-Bas, parce qu'il veut « poursuivre le combat contre l'apartheid ». Ah ! celui-là, il commence à me chauffer les oreilles ! « Mettez-le dans l'avion, au besoin de force. S'il y tient tant, il n'aura qu'à se payer un billet retour ! »

Je repère la tête – rousse – de Rusty Evans. Une fois de plus, ce parfait numéro deux tire les marrons du feu pour son flamboyant ministre des Affaires étrangères. J'aperçois à ses côtés le capitaine du Toit, qui avance au milieu d'une trombe de journalistes qu'aucun cordon n'a pu contenir. Assailli de questions et sans y répondre, l'officier sud-africain entre dans la « zone neutre », mon royaume. Là, surgissant de la direction opposée, les Angolais et les Namibiens – deux longues files d'hommes marqués par leur détention autant sinon plus que lui – le croisent dans la nuit zébrée de lumière. Ils marchent en file indienne, parfois une main posée sur l'épaule d'un camarade plus vaillant. Haie d'honneur ou de déshonneur ? Le spectacle muet est un raccourci de ce que j'ai voulu accomplir depuis tant de mois, mais aussi de ce qu'il me reste à faire. Les destins se croisent sans toutefois que se tissent des liens, un avenir commun. Il n'y a pas une tête qui se tourne, pas un regard qui s'échange, aucun signe de reconnaissance entre des combattants qui, pourtant, ont tous payé leur participation à la guerre dans la même monnaie, la souffrance. Les colonnes sont avalées par l'obscurité alors qu'elles s'approchent des avions affrétés pour les ramener chez eux. Le capitaine du Toit, lui, s'immobilise au milieu des flashs crépitants, des caméras surmontées de lampes éblouissantes, dérisoires feux follets voletant dans la nuit épaisse. Voici Pik Botha au cœur de l'événement ! Il glisse son bras gauche dans le dos de Wynand du Toit pour l'entraîner, lentement, vers le jet présidentiel en lui parlant comme à un vieil ami avide de confidences... Il sait y faire ! En haut de la passerelle, alors que Wynand baisse déjà la tête pour entrer dans la cabine, Pik lui fait tourner bride une dernière fois. Scellés comme des frères siamois dans l'embrasure de la porte de l'avion, ils agitent chacun un bras en signe d'adieu aux photographes et aux cameramen. Enfin, habileté suprême, le ministre hâte maintenant la fin de cette fraternisation médiatique en tirant Wynand vers l'intérieur de l'appareil. Comprenez : il n'est pas là pour exposer l'officier libéré mais pour le protéger, pour le ramener sain et sauf aux siens...

J'ai le souffle coupé. L'espace public, le devant de la scène, la folle sarabande des papillons de nuit autour d'une lampe-tempête – rien ne saurait être plus étranger à ma personne et à ma vie. Mon seul pouvoir et, il faut bien le reconnaître, mon immense plaisir consistent à faire faire à d'autres, de préférence aux puissants de ce monde, ce qu'ils pensent être leur volonté sans y lire mon dessein. Je suis leur libre arbitre, l'invisible régisseur de leur pouvoir... À plusieurs reprises, sans y prêter attention, j'enregistre le vacarme des réacteurs lancés à plein régime au moment du décollage. Pourtant je ne sors de ma rêverie qu'au moment où les projecteurs s'éteignent. D'un coup, l'aéroport est plongé tout à fait dans le noir. Me voici en bout de piste, dans ma « zone neutre », devant le terminal déserté par les journalistes et, en fait, par tout le monde. Ils m'ont oublié ! Pik Botha et le capitaine du Toit sont partis sans moi ! L'ex-prisonnier, qui me doit sa liberté, et le ministre, dont j'ai été le *missi dominici*, ont décollé sans se rendre compte que je n'étais pas à bord ! Trop heureux, ils volent tous les deux vers l'Afrique du Sud où ils vont être accueillis en héros. *A hero's welcome* – ce n'est plus mon heure.

L'heur et le malheur du marionnettiste ne tiennent qu'à un fil. Quand il est rompu, les poupées s'échappent et celui qui se croyait leur manipulateur reste seul. Qui est libéré ? Qui est puni ? Qui a trop tiré sur la corde ? Nos liens sont subtils et délicats. Ils résultent de la chaîne et de la trame d'événements heureux ou tragiques. N'est pas indépendant ou tenu qui l'on pense.

II

Alger, rue Michelet

Ma mère, Eugénie Tabet – que tout le monde appelait Denise – est née en Algérie. Elle descendait d'une famille sépharade très libérale dont les aïeuls avaient été francisés en 1870 par le décret Crémieux, à l'instar de trente-cinq mille autres « israélites indigènes ». Elle avait rencontré mon père, Claude-Alexis Ollivier, à la veille de la Seconde Guerre mondiale. Ingénieur mécanicien français, il travaillait à Alger pour une entreprise américaine, la National Case Register Corporation (NCRC). Sa famille paternelle, qui compta un Premier ministre – Émile Ollivier – sous Napoléon III, appartenait à la bonne société de Barcelonnette, une bourgade des Alpes-de-Haute-Provence, mais elle s'était trouvée désargentée à la suite de revers de fortune. Aussi le père de mon père avait-il suivi dans les années 1920 le chemin des « Barcelonnettes », ces garçons qui partirent pour le Mexique en quête d'aventure et d'une situation, et qui y fondèrent une communauté française importante. La famille maternelle de mon père, de petite noblesse, était conservatrice et catholique.

Je me souviens que ma grand-mère gardait comme une relique une boîte à hosties percée d'une balle : pendant la guerre, l'un de ses fils, prêtre, portait cet étui dans une poche sur son cœur quand il fut tué. Une autre de mes tantes était sœur tourière dans un couvent dominicain.

Claude-Alexis-le-catholique tombe donc amoureux de Denise-la-sépharade. Ils se marient en toute intimité à Bormes-les-Mimosas, un beau village de la Côte d'Azur, juste en face du fort de Brégançon, qui allait devenir à partir de 1968 la résidence de vacances officielle du président de la République française. Je suis conçu pendant une permission de mon père, alors engagé dans la campagne d'Italie. Décoré de la Croix de guerre avec palme et citation, il terminera la guerre avec le rang de sous-officier d'artillerie. Il avait perdu partiellement l'ouïe lors de la bataille de Monte Cassino en 1944, avant de défiler victorieusement dans Rome, l'une des grandes fiertés de sa vie. Homme ouvert et généreux, il fut totalement rejeté par sa famille en raison de sa « mésalliance » avec ma mère, mais cela ne le troubla pas outre mesure. Nous sommes élevés, mes deux frères et moi, dans la religion catholique, sans excès ni exclusive. Né à Alger, le 8 octobre 1944, je suis un enfant de la guerre, mais aussi le fruit d'un amour fou. Mon père, beau, mince, élégant à l'image d'un acteur de cinéma américain, est resté amoureux de ma mère tout au long de leurs cinquante années de vie commune, même quand elle pesait cent dix kilos et qu'il l'appelait tendrement « ma grosse ».

Je grandis à Alger, rue Michelet, dans *le* quartier blanc du centre-ville. La Grande Poste est à quelques enjambées de chez nous, de même que le parc de Galland, le plateau des Glières et les Facultés dont les jardins donnent sur notre rue. Celle-ci est en fait un boulevard commerçant spécialement connu pour ses magasins de vêtements. Il y a tout ici, des Galeries Barbès de Paris au salon de coiffure Forcellino, du consulat de Norvège à la parfumerie Cabessa en passant par la brasserie Le Coq hardi et Le Palais de l'automobile, concessionnaire Lancia, ou Le Cercle français de jiu-jitsu. Il y a des bars comme le Quat'Z'arts, La Cafeteria ou L'Otomatic – ces deux derniers plus tard victimes d'attentats à la bombe, le 30 septembre 1956 et le 26 janvier 1957. Il y a aussi Les Fantaisies, le magasin de la famille Morell-Puget, à l'angle de la rue Louis-Roumieux, deux lycées et un cinéma, Le Versailles, en plus du Centre culturel américain. Il y a même des curiosités comme la Boulangerie vitamine ou la Boucherie franco-anglaise, longtemps tenue par Gustave et Antoinette (« Gaby ») Acault, l'oncle et la tante d'Albert Camus, qui avait été soigné chez eux de sa tuberculose grâce à un régime de viande rouge avant de déménager de la rue Languedoc, toute proche, chez son frère Lucien, au 117, rue Michelet. Bref, si la pierre savait se raconter, ma rue – avec ses belles bâtisses à caryatides progressivement mises en minorité par des immeubles banals, d'une modernité vieillissant moins bien – serait un conte historique.

« Nous avions un grand appartement à Alger, en haut de la rue Michelet, c'était l'un de ces appartements où l'air, le soleil et l'espace ont largement leur place. » C'est ce que j'écrivais à dix-neuf ans dans mon Journal, toujours quelques orteils dans l'enfance. Car, en réalité, la superficie de notre appartement n'excédait sûrement pas les cent vingt mètres carrés et n'avait rien de trop avec ses quatre chambres pour une famille de trois garçons vivant avec les grands-parents maternels. Ceux-ci étaient d'ailleurs les locataires originels de cet appartement, dans un immeuble construit dans les années 1940. Il n'y avait qu'une seule salle de bains, mais des balcons partout. L'atelier de la NCRC, l'employeur de mon père, se situait en bas de l'immeuble, si bien que papa montait déjeuner à la maison. Je partageais ma chambre avec Marc, mon cadet de deux ans. Notre frère Pierre avait treize ans de moins que moi. Quant aux grands-parents, ils étaient pour moi des ancrages forts et autonomes. Souffrant d'asthme dans mon enfance, je partais tous les étés avec eux à Vichy, le temps des grosses chaleurs à Alger. Nous prenions le bateau et, dans mes plus lointains souvenirs, je vois mes parents écraser une larme sur le quai alors que, moi, je ne pleurais jamais. L'attrait du voyage en France avec mes grands-parents l'emportait sur la séparation. Rétrospectivement, je me demande si ce n'est pas là que j'ai appris à aimer les adieux. Le fait est que je privilégie le bonheur à venir sur le bonheur déjà connu, que j'abandonne facilement.

Les amis de mes parents sont pour la plupart juifs, mais il y a aussi quelques « Kabyles » – c'est moins une référence géographique ou ethnique que le nom donné aux Arabes qui ont réussi, justement pour ne pas les appeler « Arabes ». Nous ne vivons pas dans la précarité, mais nous n'en sommes pas très loin. Car si mon père est salarié, ma mère ne gagne pas d'argent et, en plus de nous, les trois enfants, les grands-parents sont à la charge du foyer. Nous sommes donc perpétuellement endettés et avons des fins de mois difficiles. Heureusement, notre famille est unie. J'ai de très bonnes relations avec mes parents, qui me voient comme un génie en herbe du seul fait que j'aille au lycée ! Petit, je fréquente les enfants arabes de l'école primaire du quartier. Cependant, avant même la guerre civile, cette cohabitation pacifique tourne à l'hostilité affichée entre les différentes communautés. Alger se fragmente. La ville sera traversée par de multiples lignes de démarcation, bientôt lacérée de haine.

Pour mes neuf ans, mes parents m'offrent un tourne-disque Teppaz – dans les années 1950, l'époque des surprises-parties dont il est l'objet fétiche, on appelle cet appareil un électrophone. C'est une sorte de valise en carton bouilli, au couvercle bombé qui contient le haut-parleur. J'ai l'habitude de me rendre chez l'une de nos voisines, l'épouse sexagénaire d'un retraité des PTT, abonnée saisonnière à l'opéra. Elle est passionnée de musique classique, et je lui tiens compagnie dans son salon pour écouter opéras et symphonies. En dépit de mes efforts répétés, je ne comprends pas comment l'on peut trouver du plaisir dans une œuvre de Mozart, Tchaïkovski, Verdi, Bach ou Beethoven. J'y retourne pour tenter de percer le mystère... Dès que j'ai eu mon Teppaz, je me suis forcé à écouter des heures durant, chez moi, de la musique classique. Je voulais absolument dépasser ce que je ressentais comme une infirmité. Et, finalement, j'y suis parvenu. Un jour, j'ai senti naître une vraie jouissance à me laisser envahir par une composition, puis en ai éprouvé de plus en plus de plaisir. La musique est alors devenue une part essentielle de ma vie – et moi, un vrai amateur de cet art par excellence.

Je dois avoir douze ans quand, un jeudi midi, ma mère me surprend dans ma chambre avec un garçon, un camarade de classe que j'ai ramené à la maison pour la pause du déjeuner. Rien de bien bouleversant ne s'est passé entre nous. Une histoire bête et banale d'attouchements. Mais ma mère est profondément choquée. Elle tremble de tout son corps en me menaçant : « Attends ! Je vais en parler à ton père, et on réglera ça quand tu rentreras ce soir. » Je retourne donc avec mon ami au lycée et, pour la première fois de ma vie, je trouve que les cours passent très, très vite... À quatre heures et demie, la cloche sonne. Je chemine le plus lentement possible vers la maison où mon père m'attend, seul. Il me fait asseoir en face de lui : « Ta mère m'a parlé. Je l'ai calmée, je lui ai dit que c'étaient là des pratiques assez courantes. Moi-même, quand j'étais au collège chez les Jésuites, j'ai vu des choses comme ça. Maintenant, si cela correspond à tes goûts, je ne vais pas chercher à forcer ta nature. Seulement, écoute-moi bien : fais ce que tu veux, mais à condition de le faire toujours dans la dignité. Sois digne ! » C'est tout. La conversation s'est arrêtée là, et nous n'avons plus jamais parlé de ce qu'on appellerait aujourd'hui mon « orientation sexuelle ». Bien plus tard, précisément le 14 février 1966, je rencontrerais à Paris le compagnon avec lequel je ferais ma vie. À cette époque, je me rends chaque dimanche chez mes parents pour le traditionnel déjeuner familial. Toutes les semaines, Paul, mon ami, m'attend au coin de la rue afin que nous puissions partir ensemble chiner aux Puces, notre passe-temps favori. Ma mère se rend bien compte de mon impatience à voir la fin du repas arriver. Le jour de la première communion de mon petit frère Pierre, nous sommes tous réunis autour de la table après la messe. Ma mère me prend à part et me dit : « J'ai remarqué qu'il y a quelqu'un qui t'attend le dimanche. Ça doit faire près de six mois que ça dure. Le mieux serait que tu ailles le chercher et qu'il se joigne à nous pour le repas de fête. » Je vais donc chercher mon compagnon. Paul-Marie Nicoli est pied-noir, comme nous, mais d'une famille corse. Ma mère l'embrasse, et c'est ainsi qu'il est devenu un membre de la famille.

À treize ans, je suis en quête d'un idéal, d'une ambition plus vaste que mon univers algérois. Sans en parler à mes parents, je m'inscris aux Jeunesses communistes, qui connaissent à cette époque leur âge d'or. Trois ans plus tard, en 1960, elles organisent un voyage en Union soviétique pour lequel il faut débourser quelques centaines de francs. J'ai envie d'en être. De petit boulot en petit boulot, j'amasse la somme nécessaire puis obtiens un passeport en racontant à mes parents qu'il servira pour un voyage scolaire en Angleterre. Ils signeront également, sans la lire, mon autorisation de départ. C'est ainsi qu'en août je prends le bateau pour Marseille, puis le train pour Paris où, arrivé au milieu de la nuit, je me rends chez des amis de la famille pour dormir quelques heures. Le voyage avec les Jeunesses communistes est organisé depuis Paris ; il s'agit d'abord et avant tout d'un billet aller-retour Paris-Moscou. Le lendemain, encadré au sein d'un groupe d'amitié France-Union soviétique, je prends le train à la gare du Nord. Après mon départ, les amis qui m'ont hébergé la nuit précédente préviennent mes parents de mon escapade vers la patrie du socialisme, *via* la RDA (République démocratique d'Allemagne) et la Pologne. En vertu de quoi j'ai droit, à mon retour d'URSS, à une paire de gifles magistrale de mon père qui me réceptionne à la gare du Nord.

Moscou a été pour moi une cure de désintoxication et une école de commerce. M'étant renseigné à Alger avant mon départ, j'avais investi mes économies dans des stylos à bille, ainsi que dans des bas et des slips en nylon que j'ai revendus pour des sommes faramineuses au marché noir. Si j'étais resté plus de quinze jours, j'aurais appris ce qu'il fallait pour devenir en un rien de temps, à l'effondrement du système soviétique en 1991, un oligarque richissime... Faute de quoi, étant reparti après avoir vu de vieilles femmes nettoyer les rues de la capitale du socialisme, des restaurants qui n'étaient pas ouverts à tout le monde et, partout, de longues files d'attente, j'ai été vacciné contre le virus du collectivisme. Les imposantes bâtisses staliniennes et le musée voué à l'Antéchrist dans l'ancienne cathédrale de Kazan à Leningrad n'y firent rien. La foi communiste m'a quitté comme elle m'était venue, et à jamais. Adieu Marx et Engels, les maîtres à penser que j'avais adorés, adieu les belles idées d'égalité et de partage. Je détestais viscéralement l'embrigadement qu'on cherchait à nous imposer. Parti camarade en herbe, je revins éternel renégat.

Peu après mon retour au bercail, les « événements » d'Algérie s'enclenchent. Ils tournent vite à une guerre sanglante qui, longtemps, ne dit pas son nom. Coups de feu, attentats, ratonnades... Je vois des gens se faire tuer sous mes yeux. Mes parents vivent dans la peur de « tout perdre », c'est-à-dire le peu qu'ils possèdent. Leur crainte s'avère justifiée. Lors de l'exode de l'été 1962, quand un million de Français d'Algérie traversent la Méditerranée, nous partirons sans rien, pas même nos photos de famille. Comble du drame pour ma mère, elle a acheté une nouvelle salle à manger aux Galeries Barbès quelques mois auparavant, et il lui reste des traites à payer sur deux ans. Elle ne supporte pas l'idée de quitter Alger sans honorer ses dettes ! Elle répète du matin au soir : « Comment ? On va partir sans payer ce que nous devons ? » Cela devient la crécelle de son malheur.

L'Algérie, fil et trame, n'est très vite plus qu'un tissu de haines. Comment, quinze ans après l'Holocauste, mes grands-parents, des Juifs libéraux, peuvent-ils détester à ce point « les » Arabes ? Pendant la Seconde Guerre mondiale, ils faisaient partie d'une filière aidant des Juifs et des résistants français à fuir la métropole *via* l'Espagne. Les gens séjournaient quelques jours chez nous, dormant sur des matelas posés au sol dans le grand couloir carrelé, typique des maisons algéroises. Or, à présent, nous voulons faire subir à d'autres ce que la folie antisémite a fait subir aux Juifs. C'est un comble ! La totale méconnaissance que nous avons du monde dans lequel nous vivons explique en partie cette hostilité aveugle.

Malgré la rupture avec sa famille en raison de sa mésalliance, mon père reçoit un jour une lettre de sa sœur, qui a épousé un certain Mathieu de Boissac, petit châtelain de Gironde. Elle lui annonce que leur fils, Yves-Mathieu de Boissac, lieutenant de vaisseau, part pour l'Algérie combattre les *fellaghas*. Elle lui demande si nous pouvons l'accueillir chez nous lors de ses permissions. C'est ainsi que, environ toutes les trois semaines, Yves-Mathieu vient passer une soirée ou deux à la maison. Je le trouve fort sympathique. Je l'écoute très attentivement quand il raconte, à mon frère Marc et à moi, sa vie dans le djebel, tout seul avec un groupe d'autochtones sous ses ordres. Je suis fasciné par la passion qui émane de ses récits. Issu de la petite noblesse et très « Algérie française », il ne se lasse pas de nous expliquer combien ses hommes sont loyaux, comment ils dorment ensemble à même le sol, mangent dans les mêmes gamelles... Yves-Mathieu évoque un monde qui se trouve à ma porte et dont j'ignore tout. Pour moi, l'Algérie, c'est la rue Michelet, le lycée Gautier, quelques magasins et le marché du quartier. Les seuls Arabes que je voie régulièrement sont des domestiques, des éboueurs, des Mozabites spécialisés dans le commerce de détail, et deux ou trois familles « assimilées ». Nous vivons dans des lieux séparés des « autres » et de plus en plus protégés, *offshore* pour ainsi dire, à l'instar de ce que je verrai au début des années 1980 au pays de l'apartheid. C'est pour cette raison que l'Afrique du Sud me rappellera tant l'Algérie de mon enfance : ses Blancs s'efforcent d'ignorer qu'ils vivent à quelques kilomètres de vastes *townships* ; ses Noirs désertent la ville blanche en fin de journée pour rentrer « chez eux ». Cela dit, si je suis ébranlé par les récits de mon cousin qui me raconte une Algérie que je ne connais pas, je n'en reste pas moins dans l'ornière de mon milieu. Je suis conformiste, un mouton de Panurge de plus.

Adolescent pris dans la tourmente de la décolonisation, mon cœur s'enflamme pour l'Algérie française. En cela, je ressemble à tous mes copains. Le voyage à Moscou a percé la baudruche marxiste, mais je poursuis ma quête d'une « cause » à épouser. Il est vrai qu'à seize ans il eût été déplorable de rester orphelin d'idéal, de ne pas s'engager. C'est donc tout naturellement que je deviens militant anti-indépendantiste. À l'école, toute ma classe est Algérie française. Nous rédigeons des tracts, nous collons des affiches – sans grande discussion, cela va de soi. Il n'y a pas de violence, du moins physique, dans notre activisme. Nous suivons simplement le mouvement général en pensant bien faire. Mon engagement en faveur de l'Algérie française est d'ordre sentimental, l'expression d'un grégarisme. J'aurais eu du mal à concilier mes actes avec mes convictions si je m'étais posé le problème en ces termes. Or, justement, je ne me le pose pas. Toute la ville blanche, ou presque, est Algérie française. Il suffit d'écouter les concerts de casseroles dès le couvre-feu de 20 heures. Sur le pas de sa porte ou depuis son balcon, chacun tape à qui mieux mieux sur ses ustensiles de cuisine pour manifester sa révolte. Et gare à qui ne tambourinerait pas ! L'un de nos voisins de palier soutient le Front de libération nationale (FLN). Tout l'immeuble le martyrise parce qu'il ne participe pas au tapage ! Il n'est pas concevable de se mettre à l'écart de sa « communauté » tant la pression est forte.

Rétrospectivement, on oublie facilement que les « événements » d'Algérie ont débuté une dizaine d'années seulement après la fin de la Seconde Guerre mondiale. Or, cette guerre a idéalisé la notion de « résistance ». Elle a divisé la Nation en deux catégories de Français : les collabos, d'un côté, et, de l'autre, les résistants. Dans ce contexte polarisé, les pieds-noirs voulant rester français ont le sentiment d'être dans le camp des justes, celui qui résiste à la dissolution de l'identité nationale. Ce sentiment est conforté par la présence dans l'Organisation de l'armée secrète (OAS) de grands résistants, tels que Georges Bidault, ex-président du Conseil national de la Résistance (CNR), Edmond Jouhaud, l'une des âmes de l'Organisation de résistance de l'armée (ORA) dans le bordelais, Raoul Salan ou Jacques Massu... Comment tous ces hommes de valeur pourraient-ils nous entraîner dans une aventure qui serait moralement douteuse ? Depuis la rue Michelet, nous ne voyons pas les Aurès. Nous accueillons le week-end les troufions en permission, mais nous ne savons pas grand-chose de leur chasse aux *fellaghas*. Quand nous entendons parler d'une « bavure » ou d'un massacre, cela nous est présenté quasiment comme un acte héroïque. On nous dit, par exemple : « Massu nettoie la casbah d'Alger », sous-entendu : à la bonne heure, il était grand temps. De plus, militer pour l'Algérie française n'a alors rien d'un choix idéologique entre « progressistes » et « réactionnaires ». Les pieds-noirs les plus engagés dans la lutte armée contre la France métropolitaine, ceux qui tuent des indépendantistes en répondant à la violence par la violence, œil pour œil et dent pour dent, vivent à Bab el-Oued, un quartier d'Alger qui vote traditionnellement communiste. Ont-ils oublié leurs convictions ? Non ! Ils demandent simplement à rester français. Ce n'est pas une attitude de droite ou une attitude de gauche, mais la revendication d'un droit à la terre natale, la volonté de rester sur le sol où l'on a grandi, sous le ciel et au milieu des paysages et des odeurs qui véhiculent tant de souvenirs.

Le FLN ? Pour nous, ce sont les gens qui placent des bombes dans des bars. Ce n'est pas un adversaire loyal mais un ennemi lâche qui tue des civils de tout âge, qui égorge ses propres gens s'ils refusent de le rallier, qui assassine des femmes enceintes et les éventre pour mettre des pierres à la place du fœtus... Il y a toute une imagerie dans ce conflit sans merci, exaltée par le bureau de propagande de l'Algérie française. Le *fellagha* est l'ennemi de la France. Le Français qui aide le FLN est un traître à la patrie, complice de ceux qui massacrent nos femmes et nos enfants. À moins d'avoir vécu avec les populations autochtones, à moins d'avoir reçu une éducation politique poussée ou d'avoir été éclairé d'une autre façon, un pied-noir ne saurait être qu'OAS. Cela semble aussi évident que la défense de son quartier, de sa maison, de sa famille. Chacun compte seulement sur les siens, ne voit qu'eux.

D'autant que le général de Gaulle a énormément déçu. Dans ma famille, on le hait, c'est « un traître qui n'a pas tenu parole » alors que la parole donnée engage l'honneur. Lors de son premier voyage à Alger après le 13 mai 1958, quand il s'est exclamé : « Je vous ai compris », toute la ville a été en fête, pleine d'espoir. L'une de mes tantes était dans la foule, et de Gaulle lui a serré la main : elle ne l'a pas lavée pendant dix jours ! Il était notre sauveur. Puis, quand il a entamé le processus des accords d'Évian, ç'a été la grande désillusion. Sept mois plus tard, l'indépendance a été proclamée. Référendum, rapatriement, évacuation des troupes... Sept mois, en tout et pour tout ! L'Algérie de 1962, ce sont environ dix millions d'habitants dont neuf millions de Français musulmans. Dans l'histoire du monde, a-t-on jamais retiré leur nationalité à neuf millions de personnes d'un simple trait de plume ?

Mon but n'est pas de refaire l'histoire – pas même mon histoire personnelle. Voici un extrait d'un texte de cinq pages, intitulé *Plaidoyer pour une cause*, que j'ai rédigé en février 1963 à Paris, au lendemain de la crise algérienne, « à chaud » pour ainsi dire. J'y raconte comment j'ai vécu le 26 mars 1962, jour où le drame des pieds-noirs a été noyé dans le sang. Ce texte reflète mon état d'esprit, mon aveuglement autant que ma bonne foi. Il illustre aussi le fait que, dans le feu de l'action, la chaleur l'emporte fatalement sur la lumière. Surtout quand on a, comme moi à l'époque, dix-huit ans.

« Que du soleil ce jour-là. La ville avait pavoisé, pas un balcon, pas une devanture de magasin sans drapeau tricolore. Mais les gens étaient tristes. La veille, [le général Edmond] Jouhaud avait été arrêté. Aussi beaucoup de drapeaux étaient-ils crêpés. Il fallait crier notre foi, notre amour en la France. Il fallait que l'on nous entende par-delà la mer, qu'on nous comprenne, qu'on nous aide. Et puis, il fallait dire à nos frères de Bab el-Oued que nous ne les oubliions pas, il fallait qu'ils sachent que "ceux de la rue Michelet", les bourgeois, étaient solidaires du petit peuple de l'est de la ville. Alors, nous répondîmes tous d'une seule voix à la consigne de manifestation pacifique de l'après-midi. L'immeuble se vida vers 15 heures, nous descendîmes la rue Michelet au milieu de la chaussée, les autorités ayant interdit la circulation. Les familles de notre grande ville étaient toutes là, se tenant par le bras. Nous allions pour crier "Vive la France !" avec notre seule voix, d'une seule voix : "Vive la France !" Un vieillard, couvert de décorations, me prit le bras : "Alors, mon petit, on va leur montrer qu'on veut rester français." Il me lâcha pour courir devant. Quand un barrage [de forces de l'ordre] hâtivement formé coupa la foule en deux, le vieil homme était déjà loin devant. Nous suppliâmes l'officier de nous laisser passer. Il refusa. Nous n'avions même pas atteint les Facultés. Il faisait chaud. Derrière le barrage, il n'y avait plus personne. Les manifestants avaient dû atteindre la rue d'Isly. Des coups de feu éclatèrent, Alger est une ville avec une grande résonance. Là-bas, nos frères mouraient. Nous entendîmes *La Marseillaise*. "Qu'un sang impur abreuve nos sillons." Après, tout se passa très vite. Des ambulances arrivèrent, le barrage s'ouvrait et se refermait immédiatement. Les gens rentrèrent chez eux. Je me rendis à l'hôpital Mustapha. Terrible spectacle, les listes des morts et des blessés voyaient sans cesse des noms s'ajouter à ceux déjà inscrits. On y recherchait des noms connus. Ceux qui avaient eu un mort étaient autorisés à entrer à la morgue. On ne cessait d'y apporter de nouvelles formes blanches. C'était terrible. Un interne kabyle me dit : "Je suis FLN mais j'ai honte pour vous, Français, ou, plutôt pour la France." Les détails du massacre étaient horribles. Un infirmier qui s'était rendu sur les lieux racontait en pleurant : "Les douilles étaient [dans] des flaques de sang... des traces de brûlures sur les tempes... la mère et son enfant poursuivis dans une cave et achevés..." Mon petit vieux, celui aux décorations, est mort ce jour-là. Je le vis sur une civière gravement blessé. Je suis rentré chez moi, mêlant des cris de rage à mes pleurs. Il fallut attendre le retour de chacun, mon père, ma mère, mes frères, des voisins. Ils étaient tous présents à l'appel sauf un, un excellent ami à moi qui habitait à l'étage supérieur. Toute la nuit, on entendit sa mère qui appelait dans l'escalier : "C'est toi, Luca ?" Il lui fallut quinze jours pour apprendre que, de retour de la manifestation, il avait été enlevé par les gardes mobiles et emmené dans un camp. Il fallait voir le visage de la mère lorsqu'elle retrouva son fils sale, couvert de coups, mais vivant. [...] La révolte m'avait complètement gagné. Je devais combattre. Il fallait que je me rende utile, mais à Alger c'était très difficile, les volontaires ne manquant pas. Alors, je suis parti à Paris. »

En 1962, je collabore à une émission littéraire sur Radio Alger, *Au carrefour du temps*. Inscrit au Conservatoire dans un cours d'art dramatique – j'ai la prétention de devenir acteur et une voix qui plaît –, j'ai été remarqué par l'animatrice-vedette de cette émission, Fanny Landi-Benos, qui m'a convié à lire des textes à l'antenne. C'est ainsi que les gens de l'OAS me repèrent et m'approchent. Pour quitter l'Algérie, il faut un visa délivré par les autorités françaises. Comme elle veut faire passer des documents à Paris, l'organisation est à la recherche de voyageurs insoupçonnables détenteurs d'une autorisation de sortie. Un lycéen de dix-sept ans faisant de la radio et un peu de comédie est un bon « pigeon ». Toute la communauté française est plus ou moins complice : Radio Alger m'établit un ordre de mission, sans difficulté aucune. Moi-même, je ne songe pas un instant à refuser cette « mission ». J'aurais eu le sentiment de déshonorer ma famille. Tout s'enchaîne logiquement, dans une parfaite cohérence. Le 17 novembre 1961, j'avais fait paraître dans l'hebdomadaire *Aux écoutes* un appel pour trouver des correspondants métropolitains s'intéressant au problème algérien. Il s'agissait de constituer avec eux « une chaîne d'amitié et de compréhension entre Français ». J'avais reçu près de un millier de lettres, une véritable avalanche ! J'en avais été fou de joie, persuadé que la métropole allait enfin nous comprendre, nous les pieds-noirs, nous aimer et nous aider. Parmi les premières réponses que j'avais reçues figurait celle du marquis Raymond Durand de Kéguelin de Rozières, fondateur et directeur de l'English School of Paris et, par ailleurs, châtelain dans la Sarthe. J'avais entamé une correspondance avec lui. Or, à présent, l'OAS me demande d'aller le rencontrer pour lui remettre des documents secrets. Pardi, c'est comme si c'était fait !

Je quitte Alger par avion le 13 mai 1962. Mes instructions stipulent que, dans un premier temps, je dois me présenter au sénateur Bernard Lafay, conseiller municipal à Paris et sympathisant de l'OAS. Il est chargé de me délivrer une fausse carte d'identité. Cet homme de caractère, ancien résistant, devait tenir plus tard dans l'année au sujet de l'Algérie ces propos courageux devant le Sénat : « Quinze départements français et ses millions d'hommes et de femmes qui croyaient à nos promesses, des millions d'Algériens parmi les plus humbles que notre armée s'était engagée, parole d'honneur, à ne jamais abandonner... Forcera-t-on l'armée de la République à inscrire sur ses étendards d'atroces victoires, celles d'Alger, d'Oran, de Bône, remportées demain sur des patriotes désespérés ? ! » Bernard Lafay me reçoit et me dit : « Il va peut-être falloir que vous retourniez à Alger avec des documents. Il est aussi question d'un autre voyage en France. Donc soyez discret et ne vivez pas sous votre identité réelle au cas où l'on vous aurait identifié comme passeur. » Je lui donne deux photos et, le surlendemain, je repasse à la mairie pour récupérer ma fausse carte d'identité. Celle-ci est établie au nom de mon cousin officier de marine, tué au combat. Pris en embuscade près de la frontière marocaine, Yves-Mathieu de Boissac a trouvé la mort au champ d'honneur. La première lettre que j'aie reçue de ses parents, après sa mort, commençait par ces mots : « Son sacrifice ne sera pas inutile »...

Sans contretemps, je remets les documents apportés d'Alger au marquis de Kéguelin de Rozières, compagnon de la Libération couvert de titres de gloire. Je le revois à plusieurs reprises et fréquente, par ailleurs, une dizaine d'autres militants de l'OAS dans la région parisienne. Cependant, je continue de tout ignorer du contexte dans lequel s'inscrit ma mission. Or, un mois avant mon départ d'Alger, la police a arrêté trois militaires de l'OAS, membres du Commando Delta créé et dirigé par un certain Roger Degueldre, déserteur de l'armée française. Le 15 mars 1962, ses hommes et lui avaient investi un centre social dans la commune d'El-Biar, près d'Alger. Ils avaient aligné contre un mur de la cour six responsables de ce centre et les avaient mitraillés. Appréhendé le 7 avril 1962, Degueldre est condamné à mort. Or, il est l'amant de la fille du général Gardy, chef d'état-major de l'OAS. Follement éprise de Degueldre, Nicole Gardy planifie son évasion lors d'un transfert. Les documents que j'ai transportés puis remis, sans les lire, concernent la composition du commando chargé de monter l'embuscade pour récupérer le prisonnier. La police intercepte ces papiers à une étape ultérieure de l'opération en préparation – j'ignore comment, à la faveur de quelle maladresse ou de quelle trahison. Je sais seulement que la police recherche ensuite, parmi d'autres, le « passeur ». En cela, elle sera aidée par une bonne qui m'a dénoncé. C'est ainsi que je me fais pincer. Quant à Degueldre, il est fusillé le 6 juillet 1962 au fort d'Ivry. Nicole Gardy, elle, parviendra à s'enfuir en Argentine en 1963.

La domestique en question travaillait pour Simone Vital, une de mes tantes maternelles qui possédait, rue Léonard-de-Vinci, tout près de l'avenue Foch, un petit appartement cossu où je logeais lors de mes passages en France. Tante Simone avait épousé un grand homme de radio, Jean-Jacques Vital, animateur sur Radio Luxembourg, à partir de 1937, d'une émission à succès baptisée *La Famille Duraton*. Vital était en fait un fils Lévitan, des fameux Meubles Lévitan. Dans les

années 1950, Simone et Jean-Jacques avaient proposé
à mes parents de me prendre en pension pour que je
suive mes études à Paris. « On pourrait faire quelque
chose de lui », leur répétaient-ils à l'envi. je m'étais
donc installé rue Léonard-de-Vinci pour une partie de
mon année de sixième, mais l'expérience avait rapidement tourné court. Je n'avais supporté ni le froid ni
l'éloignement des miens et de mon pays.

Tante Simone, qui avait entre-temps divorcé, était
très engagée en faveur de l'Algérie française, notamment à travers l'Association nationale des Français
d'Afrique du Nord, d'outre-mer et leurs amis. Elle
avait tendance à trop parler devant sa femme de
chambre. En l'occurrence, elle lui avait tout bonne-
ment raconté que son neveu était venu à Paris pour,
secrètement, passer des messages de l'OAS. Et la
domestique m'avait « balancé ». Le 27 juin 1962, jour
où ma tante recevait de vieilles amies pour une partie
de bridge, la police a monté une souricière à mon
intention. Quand je suis arrivé dans le hall de l'immeuble, deux hommes se sont engouffrés à ma suite
dans l'ascenseur. Je voulais les laisser monter en premier, car ils étaient plus âgés que moi, mais ils ont
préféré se serrer dans la cabine étroite. Lorsque nous
sommes arrivés au quatrième étage, notre destination
commune (« Quelle coïncidence ! »), la porte de l'appartement était grande ouverte, une douzaine de policiers en civil attendaient à l'intérieur, et les deux types
de l'ascenseur me sont tombés dessus. Les flics avaient
exigé des vieilles dames qu'elles restent sur leur siège,

cartes en main. J'ai été arrêté, de même que ma tante et Claude, mon cousin germain. On nous a embarqués et emmenés au 36, quai des Orfèvres. Ma tante a été relâchée cinq semaines plus tard ; mon cousin est resté trois jours à la Santé. Pour ma part, j'ai subi des interrogatoires musclés pendant les quinze jours qu'a duré ma garde à vue, d'abord au Quai des Orfèvres puis Place Beauvau, où j'ai passé quarante-huit heures vraiment difficiles. Entre autres agaceries, un couteau m'a été planté dans le pouce de la main gauche ! Le commissaire Pierre Ottavioli menait la danse. C'était l'archétype du grand flic. Il fut tour à tour patron de la brigade mondaine, de la brigade de répression du banditisme et de la brigade criminelle. À ce titre, il a été au centre de nombreuses affaires : le guet-apens du Petit-Clamart, l'affaire Ben Barka, l'assassinat de Jean de Broglie, l'enlèvement du baron Édouard-Jean Empain...

Comme j'étais en garde à vue, on m'a dressé un lit de camp dans un couloir surveillé par deux policiers en faction. Je m'ennuyais terriblement, le temps ne semblait pas vouloir passer. Aussi ai-je demandé aux agents s'ils ne pouvaient pas me faire faire quelque chose pour m'occuper. Ils m'ont alors apporté une rame de papier à assembler en liasses de cinq feuilles blanches avec des carbones intercalés. Or, me mettant au travail, je me suis aperçu que plusieurs carbones avaient déjà été utilisés et que l'on pouvait y lire en transparence les dépositions des témoins liés à mon affaire ! C'est ainsi, aux toilettes, que j'ai pris connaissance de la déposition de la femme de ménage. Elle déclarait tout de go que je tenais des réunions OAS avec ma tante pour préparer des attentats !

Bien plus tard seulement, j'ai compris que j'avais été mêlé à une affaire qui me dépassait largement. Dans mon imaginaire, l'OAS, c'étaient de braves civils juchés sur leurs balcons et rivalisant de bruits de casseroles, c'était le petit peuple de Bab el-Oued, les Fernandez et les Hernandez, les immigrés espagnols votant communiste. En métropole, j'ai découvert avec stupéfaction qu'il existait des réseaux OAS aussi secrets que puissants ayant pénétré l'appareil d'État jusqu'en son cœur. En France, l'organisation attire des courants idéologiques fort différents les uns des autres, dans un mariage parfois contre nature : le tout jeune mouvement Occident, fondé par des gens comme Alain Madelin, étudiant en droit, était un noyau d'extrême droite pour lequel l'Algérie n'était pas un problème viscéral, mais plutôt un tremplin pour se faire valoir dans son opposition au communisme. Jean-Marie Le Pen est un chantre de l'Algérie française. Mais l'OAS compte par ailleurs dans ses rangs, outre des militaires, de grands intellectuels, de hauts fonctionnaires, et une partie de la noblesse.

Je suis déjà en détention préventive à la Santé quand, un matin, on me fait monter dans une voiture qui me conduit jusque dans la grande cour de la Préfecture de police. Étant mineur, je ne suis pas menotté. Le commissaire Ottavioli m'attend. Il veut que je lui livre les noms de tous ceux qui ont été chargés de monter l'embuscade visant le fourgon transportant Degueldre. La police vient de faire le lien entre ce fameux commando, qui devait arriver d'Alger et dont la venue était annoncée dans les documents que j'ai transportés, et le commando du colonel Bastien-Thiry dans l'attentat du Petit-Clamart contre le général de Gaulle, le 22 août 1962. Bastien-Thiry a employé la même équipe augmentée de trois Hongrois pour monter son opération. D'une certaine manière, c'est comme si j'avais aidé à l'organisation de l'attentat du Petit-Clamart ! Ce jour-là, Ottavioli prononce à deux reprises une phrase curieuse : « Quand toute cette histoire sera terminée, si un jour vous avez besoin d'aide ou de soutien, je répondrai au téléphone. » Je n'ai jamais vraiment compris le sens de cette ouverture, incongrue eu égard aux circonstances. Ottavioli jouait-il le rôle du « bon flic » dans la division du travail policier auquel tant de films nous ont habitués depuis ? Ou était-il sincère, voire sincèrement antigaulliste ? Pendant longtemps, j'ai ruminé ces questions.

À dix-sept ans et demi, la prison est pour moi une épreuve. Je suis d'abord écroué à la Santé, à Paris, puis à Fresnes-les-Rungis, au sud de la capitale. À Fresnes, je deviens le « prévenu politique 1/425 » – 425 étant le numéro de ma cellule – parmi les « détenus de la première division, aile nord, catégorie B ». Nos cellules sont ouvertes dans la journée, nous pouvons circuler librement dans cette partie de la prison. Je côtoie de nombreux pieds-noirs. Dont les condamnés du Petit-Clamart. Nous essayons de nous organiser en vue d'améliorer notre condition. Je deviens le « responsable du Service social ». À ce titre, j'use de ma plume puisque je passe mon temps à écrire des lettres au directeur de la prison et à toutes les bonnes âmes susceptibles de nous aider au-delà des murs qui nous enferment.

Comme c'est souvent le cas, ce séjour en prison radicalise mes convictions. Inculpé de « complot contre l'autorité de l'État, infraction à la législation sur les armes, les munitions et les explosifs, et complicité de délivrance de fausse carte d'identité », je me considère comme l'un des « quatre mille prisonniers politiques en France » dont parle *SOS Prisons*, le bulletin ronéotypé de l'Union française pour l'amnistie. Mon propre avocat, maître Jacques Reynald, finit par m'exhorter à « une plus grande prudence ». Dans une note qu'il me glisse, il m'avertit : « Plusieurs lettres de toi, au lieu d'être acheminées vers les destinataires que tu leur avais prévus [...], ont été livrées au juge. Or, les mots qu'elles contiennent et les pensées qu'elles expriment ne sont certes pas faits pour te concilier le pouvoir ni ses agents. De surcroît, la conviction que tu y exprimes de ne pas être libéré avant 1965 pourra être trop facilement opposée à une demande de libération. Songe enfin que le style et le contenu de tes lettres risquent de nuire à tes correspondants eux-mêmes que tu fais apparaître capables de partager tes jugements et rends du même coup suspects. » Cette dernière mise en garde me touche au plus vif alors que je viens d'apprendre, trois mois après mon arrestation, que les aveux qui m'ont été extorqués lors de ma garde à vue ont entraîné l'arrestation de plusieurs personnes, dont le marquis de Kéguelin de Rozières. À ce sujet, j'ai adressé une « supplique » au juge d'instruction, Henry Brossette :

« Jamais je [n'aurais pensé] que ces trois personnes seraient arrêtées sur mes simples déclarations, surtout que toutes étaient innocentes des faits dont j'avais parlé. Je pensais que revenant sur mes déclarations devant vous qui représentez la Justice, la seule charge qui pesait sur eux, l'accusation d'un jeune homme de dix-sept ans, tomberait d'elle-même, et qu'ils retrouveraient leur liberté. Quand je pense qu'en France, à notre époque, les simples déclarations d'un jeune homme peuvent faire arrêter des personnes, j'ai peur, Monsieur le Juge, j'ai peur de la Justice française. Voilà trois mois que j'ai été arrêté et, pendant ces trois mois, le remords a été mon menu quotidien. J'ai honte de moi. J'ai honte car, à cause de moi, des pères de famille sont privés de leur liberté, de leur femme et de leurs enfants. Chaque jour qui passe me fait douter de la Justice, et il est dur de douter de la Justice à mon âge. [...] Libérez ces gens, rendez-les à leurs familles, à leurs femmes, à leurs enfants, rendez-moi ma conscience et ma tranquillité morale. »

Mes demandes de remise en liberté provisoire sont rejetées les unes après les autres. « Étant donné que les faits invoqués sont graves et que l'inculpé ne peut fournir des garanties suffisantes de représentation, nous rejetons en l'état... » À force de la lire, je peux citer la formule par cœur. Après un nouveau refus, j'écris à un ami, Jean-Pierre, le 13 novembre :

« Mon moral est de plus en plus bas, et je suis sur une mauvaise pente quant aux nerfs. Ma détention m'est très pénible, surtout que je n'en vois pas la fin. L'hiver approche, déjà Paris n'est pas très gai, alors tu t'imagines ce que ça doit être à Fresnes. Plus de promenade. On se lève, il fait noir, on se couche gelé de bas en haut, et c'est tous les jours comme ça. Et puis, il y a eu ce référendum en [lequel] nous mettions beaucoup d'espoir et qui s'est révélé être pour nous un fiasco complet. Que vont donner les élections ? »

Après le référendum en France, qui a approuvé la politique algérienne du général de Gaulle à plus de quatre-vingt-dix pour cent des votants, les accords d'Évian ont été plébiscités à la quasi-unanimité en Algérie. En octobre 1962, l'élection du président de la République française au suffrage universel, qui ancre la légitimité de De Gaulle, est adoptée par soixante-deux pour cent de « oui ». À la fin novembre, je perds tout espoir. « C'est fini, irrémédiablement fini. Je passerai Noël en taule », écris-je à une amie, Geneviève, à l'intention de qui je recopie intégralement « Noël 1944 », l'un des *Poèmes de Fresnes* de Robert Brasillach, dont pourtant j'étais loin de partager les idées et les actes :

Noël derrière les barreaux
Noël sans arbre et sans bonhomme
Noël sans feux et sans cadeaux

C'est celui des lieux où nous sommes
Où d'autres ont joué leur peau
Sur la paille dormi leur somme.

Quelques jours plus tard, après cinq mois de détention préventive, je suis déféré devant la Cour de sûreté
de l'État, qui siège au fort Saint-Denis. Je n'en mène
pas large. Mais, contre toute attente, le président
du tribunal militaire blâme la justice de m'avoir si
longtemps maintenu en détention dans un quartier
d'adultes, même si c'était une aile réservée aux « politiques », sans promiscuité avec les droits communs. Il
m'accorde la liberté provisoire le 5 décembre 1962. Je
ne passerai pas Noël en prison.

Malheureusement, les retombées de mon incarcéra-
tion ont été redoutables pour mes parents. Alors que
les journaux en France respectent la loi protégeant les
mineurs en s'abstenant d'indiquer leur patronyme en
cas d'arrestation, des journaux en Algérie ont publié
ma photo et m'ont présenté comme un grand complo-
teur – l'équivalent d'un « terroriste » de nos jours. Ma
mère est déjà en France avec mes deux frères, mais
mon père, resté à Alger pour vider notre appartement,
est exposé aux représailles du FLN. Il doit se cacher.
L'un de ses collègues arabes l'exfiltre. Il l'accompagne
jusqu'à un bateau en partance pour la France. Toute
ma famille se retrouve finalement réunie dans un pays
qu'elle ne connaît pas, réfugiée, sans rien. Mon père
n'a même pas pu passer une dernière fois chez nous,
rue Michelet. Au total, un million de pieds-noirs ont

été éjectés de leur vie dans des conditions souvent tout aussi dramatiques, voire pires que les nôtres. Les images des actualités montrent des agents de la Croix-Rouge derrière de grandes tables alignées sur les quais du port de Marseille qui enregistrent le flot des arrivants. Des gens hébétés, qui ne comprennent pas ce qui leur est tombé dessus. La rive qu'ils ont dû quitter et la rive sur laquelle ils mettent pied sont séparées par bien plus que la Méditerranée et une traversée dans l'incertitude. Il y a là une mer d'amertume à écoper, un abysse où se noient leurs souvenirs intimes et leurs habitudes forgées au chaud. Si la culture est bien ce qui reste quand on a tout perdu, ces « compatriotes venus d'Algérie » ont moins que rien en débarquant dans une « mère patrie » dont ils sont les mal-aimés. Le 1er juillet 1962, les clefs de leur pays ont été jetées aux Algériens sans transition ni préparation. « Débrouillez-vous ! » On connaît la suite.

J'étais en prison pendant ces mois d'exode. L'hiver approche. Il fait froid à Paris. Quand on me relâche, début décembre, je rejoins mes parents qui se sont installés dans une HLM de banlieue, à Antony, première étape d'un nouveau départ. Ils tiennent absolument à me trouver tout de suite une place au lycée, bien que ce soit le milieu de l'année scolaire et que j'aie manqué plusieurs mois de cours. Ma mère se débat, harcèle les administrations jusqu'à ce que l'on m'accepte au lycée Jean-Baptiste Say, dans le XVIe arrondissement. Mais, très vite, je baisse les bras. Je ne peux pas. J'ai quitté l'Algérie, je sors de prison et je suis censé côtoyer des garçons issus de bonnes familles qui me semblent tellement plus jeunes que moi, tellement ailleurs, sur la planète yé-yé, en phase avec « La bande à Cloclo » et *Salut les copains*. Alors je ne vais qu'aux cours qui m'intéressent... si je ne prends pas le métro, le matin, pour passer la journée à errer dans Paris. Mon carnet d'études reflète cette vie semi-clandestine : d'un côté, les commentaires laudatifs de mes professeurs d'histoire et de littérature ; de l'autre, les appréciations dévastatrices d'enseignants qui me perçoivent comme un fumiste doublé d'un zombie. Le jour du baccalauréat, ma mère m'accompagne au lycée en me gourmandant tout le long du chemin. Peine perdue. Je ne franchis pas le seuil de la salle d'examen. À quoi bon ?

Au cours de l'été 1963, je fais des repérages pour la Société française d'éditions Radio-Télévision en vue du tournage d'un long métrage, *Y avait un macchabée*. Un projet sans avenir. Je continue de répondre aux convocations dans le cadre des poursuites engagées contre moi. Le 11 septembre 1963, aux côtés de quinze autres prévenus, je suis jugé pour trois chefs d'accusation dont deux sont gravissimes. Outre l'usage d'une fausse carte d'identité, il m'est reproché d'avoir « à Alger et à Paris, de novembre 1961 à juin 1962 [...], participé à un complot formé en vue d'attentats ayant pour but de détruire ou de changer le régime constitutionnel ou d'exciter les citoyens ou habitants à s'armer contre l'autorité de l'État ou à s'armer les uns contre les autres » et de m'être « rendu complice de délit de transport d'armes et de munitions sans autorisation ». Avec la sérénité du recul, l'examen des faits par la cour aboutit à un non-lieu. Les charges contre ma tante et mon cousin germain sont également abandonnées.

Je ne veux pas être un poids financier pour mes parents, nos moyens étant plus limités que jamais. Si j'ai peu de certitudes quant à mon avenir, je sais toutefois qu'il me faudra maîtriser l'anglais pour faire quoi que ce soit d'intéressant. Je pars donc pour Londres, sans le consentement de mes parents, avec l'équivalent de cinq livres sterling en poche. J'en utilise quatre pour passer une annonce dans *The Times*, en première page : « *Need French cook for your dinner party ? Please call...* » À ma grande surprise, je reçois des appels. Je suis à la fois ravi et paniqué, car je ne sais absolument pas faire la cuisine. J'appelle ma mère en PCV. Elle m'explique comment bidouiller deux ou trois plats, à commencer par un tagine. Je me rends chez mes premiers clients, leur prépare la tambouille, fais la vaisselle. Ils semblent contents. En quelques semaines, je me constitue une petite clientèle, qui finit bien par se rendre compte que mon stock de recettes est limité... Mais je gagne de quoi me loger et me nourrir, voire assez pour retourner à Paris par la *Flèche d'argent* – un train à destination de Calais, puis un petit avion pour Paris – avec un gigot sous le bras, une viande de luxe en France, mais bon marché à Londres. Ce job de cuisinier dure six mois, le temps que je m'organise pour viser plus haut, pour aller plus loin.

III

Négociant en matières
premières politiques

La chance me sourit à Londres. Un ami envoyé
en mission à l'étranger, Donald Hutchinson, qui est
anglais mais francophone, me propose d'occuper gra-
tuitement son appartement en échange de la garde
de son chien – cela s'appelle du *dog-sitting* dans la
langue de Shakespeare. J'accepte avec joie. Quand
nous nous retrouvons dans son appartement, peu
avant son départ pour l'aéroport, l'ami en question
ne m'épargne aucune consigne, des poubelles aux
croquettes en passant par les robinets dont il ne faut
pas écraser les joints en les fermant... À l'heure des
adieux, je saisis la laisse du chien cependant que mon
ami s'engouffre dans l'ascenseur sans m'avoir indiqué
le nom du molosse. Je hurle dans la cage d'escalier :
« Quel est le nom du chien ? Tu as oublié de me dire
le nom du chien ! » J'entends en retour : « *Shit ! Shit !* »
Curieux, mais pourquoi pas ? Je procède à un test. Shit
semble en effet répondre à son nom, et je ne me pose
plus de questions. Les jours suivants, je comprends
toutefois que ce nom est difficile à porter dans un

quartier chic de Londres. Quand nous sommes dans la rue et que j'appelle Shit à tue-tête pour le faire revenir, c'est toute l'Angleterre du début des années 1960 qui me toise d'une fureur indignée. Et le pire reste à venir. Un jour, un *bobby* frappe à ma porte pour m'avertir que mon chien sème la pagaille dans notre square privé. Nous y fonçons ensemble pour tenter de calmer Shit, effectivement lancé à la chasse aux landaus. « Mais, enfin, rappelez-le ! » me somme le policier. Je panique, rougis... « Monsieur l'agent, j'ai oublié son nom. — Comment ça, vous avez oublié le nom de votre chien ? ! Appelez-le, tout de suite, ou je vous colle une amende ! » Pas le choix. Je pousse un strident « *Shiiiit* ». Frétillant, le cabot bondit vers nous. Je m'en sors avec une remontrance, en quelque sorte pour outrage à la force publique mitigé par mon accent français... J'aimerais prétendre que c'est pour ses vertus lénifiantes que j'ai conservé à ce jour mon intonation gauloise. Hélas, ce serait un pieux mensonge. La vérité, c'est que ma langue ne se plie qu'au français et que l'outrage est devenu permanent, bien que je passe le plus clair de ma vie depuis quarante ans à parler anglais. *Shit !*

Un banquier privé de Marseille, ami de ma famille paternelle, me trouve un stage rémunéré à la Bourse de Londres, chez Strauss, Turnbull & Cie, un agent de change – *stock broker* – qui jouit d'un quasi-monopole sur les mines sud-africaines. Robert Strauss, actionnaire principal et gérant de l'entreprise, est un homme riche d'une vive intelligence. Chaque hiver, il part en bateau pour l'Afrique du Sud, s'offrant par la même occasion un petit mois de croisière. À son retour, tout le monde lui pose la question rituelle sur le régime d'apartheid : « Alors, ça va tenir ? » À laquelle il répond invariablement, dans un souffle : « Cinq ans de plus... » Il mourra d'un cancer peu avant la fin de la ségrégation raciale en Afrique du Sud, en 1990.

Dans l'immédiat, Robert Strauss se prend d'une affection paternelle pour moi. À tel point qu'en février 1965 il cède à ma nouvelle lubie mélomane, qui plonge ses racines dans mon récent passé de *dog-sitter* : depuis que j'ai découvert dans l'appartement de David Hutchinson une collection de disques de Marlene Dietrich, je me consume d'admiration pour l'« Ange bleu ». Aussi, quand j'apprends que l'Allemande « programmée de pied en cap pour l'amour » donne un concert exceptionnel à Brighton, veux-je y assister à tout prix. Robert Strauss m'invite dans sa maison du Sussex et non seulement m'obtient un billet d'entrée grâce à ses relations, mais, de surcroît, me prête sa limousine pour la soirée, une Rolls Royce Phantom V conduite par son chauffeur, « Rixon », comme il se doit casqué, ganté, botté et droit comme un « i » dans ses jodhpurs. Nous voilà partis ! Rixon me dépose et m'indique où je pourrai le retrouver après le concert. Celui-ci est à la hauteur de mes attentes, Marlene Dietrich, un corps parfait malgré son âge, chantant sans entracte, sa longue robe de perles cousues à fleur de peau ne lui permettant pas de s'asseoir... Qui plus est, surprise accueillie par un murmure parcourant la salle, Ringo Star et sa toute jeune épouse, Maureen Tigrett, se sont glissés dans la loge royale pour assister au spectacle. Le percussionniste des Beatles vient de convoler avec « Mo », une coiffeuse de Liverpool qu'il avait rencontrée quand elle avait seize ans. La croisant de nouveau, trois ans plus tard, au Ad-lib Club à Londres, il a reconnu en elle la femme de sa vie, lui a déclaré sa flamme et, en moins de un mois, elle était sa légitime.

À la fin du spectacle, au milieu d'une foule se pressant à petits pas, Ringo Star m'est déjà sorti de la tête. Mais il me revient à l'esprit dès que j'aperçois, déjà de loin, un attroupement de jeunes gens autour de la Rolls, dont les plaques d'immatriculation – comme c'est l'usage en Grande-Bretagne – portent les initiales de son propriétaire : « RS ». Évidemment, les fans de Ringo Star en ont conclu que la limousine devait être la sienne. Pas moyen, pour moi, de briser l'encerclement du véhicule. Finalement, je pousse un sifflement strident pour établir le contact avec Rixon qui, dès lors, monte sur le marchepied en aluminium rayé et, se cramponnant d'une main au véhicule comme une vigie au mât, me fait avec l'autre main de grands signes d'approcher. Sur cela, instantanément, la foule interloquée s'écarte devant moi comme les eaux de la mer Rouge devant les Hébreux d'Égypte, et je peux accéder à « ma » Rolls. J'y monte puis, suivi de regards toujours perplexes, m'éloigne. Ce fut mon instant warholien de gloire.

Chez Strauss, Turnbull & Cie, je gravis doucement les échelons, depuis le Télex jusqu'au bureau des achats et ventes de courtage. Hélas, l'expérience prend fin le 1er décembre 1965. Une prolongation de mon stage au-delà de cette date serait illégale, me notifie « avec regret » Robert Strauss. J'emporte de mon année en Angleterre la lettre de mon premier patron – « J'espère que ce que vous avez appris ici vous sera utile dans votre future carrière » – et le numéro du *Times* consacré, au lendemain de sa mort, le 24 janvier 1965, à Sir Winston Churchill : « Le plus grand Anglais de son époque – Leader mondial de guerre et de paix, meneur d'hommes et de foules, stratège, homme d'État d'une grande autorité dans les conseils des nations, orateur maîtrisant la langue à la hauteur de la grandeur de ses thèmes, tacticien parlementaire habile, maître du récit historique, son renom sera assuré aussi longtemps que l'histoire de ce pays sera racontée. »

Tout cela pour dire que je quitte Londres avec un immense respect, et beaucoup d'affection pour tout ce qui est *utterly British*.

Me voici de retour à Paris, à la veille de Noël. Je rejoins mes parents dans le XVIIe arrondissement, boulevard Bessières. Appelé sous les drapeaux en mars 1965, je suis réformé comme asthmatique au terme de dix jours d'examens à l'hôpital du Val-de-Grâce. Robert Strauss m'a recommandé à son correspondant en France. Celui-ci, à son tour, m'envoie chez Michel Goldschmidt, négociant en matières premières qui m'embauche sur le tas. À vingt ans, je décroche

ainsi mon premier emploi. Je vais m'occuper du secteur « orge ». Quand Goldschmidt me convoque pour
la première fois, il me dit : « Jean-Yves Ollivier, vous
allez être *trader* chez moi, vous allez être l'objet de
nombreuses sollicitations. On vous offrira des cadeaux
et des faveurs. Ne prenez rien, ne gâchez pas votre
avenir pour des broutilles. Maintenant, si on vous offre
cinq millions de dollars, réfléchissez-y. » Comme personne ne m'offre cinq millions de dollars, j'ai le temps
d'apprendre le métier et de me constituer un carnet
d'adresses. Les premières missions internationales me
sont confiées, à Londres, à Lisbonne. Je gagne suffisamment d'argent pour louer un petit appartement,
rue Denfert-Rochereau, voire pour m'acheter une voiture. Bref, je roule sur l'orge !

En 1966, le jour de la Saint-Valentin, je rencontre
Paul. Six mois plus tard, dans les circonstances que
j'ai déjà évoquées, il est accepté par ma famille. Le
dimanche, il vient déjeuner chez mes parents, seul
quand je suis en voyage. Malheureusement, même
au fil des années, notre union ne sera pas acceptée
par ses parents qui refusent de me rencontrer. Tous
deux âgés, ils s'étaient imaginé un autre avenir pour
leur fils unique. Homme très dur, le père de Paul,
propriétaire d'un important patrimoine immobilier à
Oran et en Corse, mourra quelques années plus tard.
En revanche, sa mère, fille de colonel, vivra longtemps,
entourée jusqu'à la fin de l'affection de son fils qui
viendra lui rendre régulièrement visite, toujours sans
moi.

À défaut d'intégrer sa famille, j'intègre le petit appartement de Paul. Il avait rêvé de devenir agronome, mais son père s'y était opposé. Il a donc fait une grande école de commerce parisienne et trouvé un premier emploi dans une firme américaine, Procter & Gamble, avant de rejoindre la Compagnie française d'Afrique occidentale (CFAO), un vieux comptoir colonial en passe de devenir une grande entreprise commerciale. Quand nous nous lions, Paul y est déjà le responsable du service des approvisionnements. Il gagne très bien sa vie – son salaire est cinq fois plus élevé que le mien. Vingt ans plus tard, quand j'aurai fait fortune et qu'il cessera de travailler, Paul me répétera avec un malin plaisir que j'ai été « son meilleur investissement ». En fait, Paul quittera la CFAO après un incident à tout point de vue désagréable. À la faveur de travaux de ravalement de façade dans l'immeuble que nous habitions alors, avenue Pierre-Ier-de-Serbie, des voleurs armés avaient fait irruption chez nous et menacé de nous exécuter l'un après l'autre si nous ne leur remettions pas tout ce que nous possédions ou, plutôt, tout ce qu'ils croyaient que nous possédions. Finalement, nous nous en étions sortis indemnes, et les truands avaient été rapidement appréhendés par la police. Seulement, l'affaire ayant été assez spectaculaire, *Le Figaro* s'en était fait l'écho, citant nos noms et décrivant « un appartement très cossu ». Il n'en avait pas fallu plus pour que le patron de Paul à la CFAO l'appelle pour lui reprocher à mots à peine couverts d'être un usurpateur d'emploi, puisque, apparemment, il n'avait pas besoin d'un salaire... Quitte à lui donner raison, Paul lui avait remis sa démission.

Toujours en 1966, je découvre l'Afrique à l'occasion d'un voyage au Congo-Brazzaville marxiste-léniniste. La ligne aérienne, « la côtière », passe par Dakar, Abidjan, Cotonou, puis descend jusqu'à Brazza. On arrive épuisé à certaines escales pour y passer la nuit dans des chalets en fer construits par la compagnie aérienne avant de repartir le lendemain. Merci le confort... À l'époque, le commandant Raoul vient d'être remplacé à la tête de l'État congolais par le colonel Marien Ngouabi. Cette période d'instabilité a entraîné une rupture des stocks de blé. Or, le prix du petit pain devait rester à vingt centimes pour des raisons politiques évidentes. Je suis spécialisé dans le blé en sac. Pour moi, c'est donc une formidable aubaine à saisir, le Congo important son blé en sacs, faute de silos. Je n'ai eu aucun mal à vendre ma cargaison. Les Grands Moulins de Paris ont installé à Dolisie, au cœur du pays, un centre agricole de canne à sucre et une meunerie où il me faut acheminer mon blé. Le grain est moulu à Dolisie, puis la farine repart en direction de la capitale, au prix de nouveaux coûts de transport. L'absurdité de la chose ne semble choquer personne. On a même inventé un mot pour ça : le « développement décentralisé ».

Mon deuxième voyage en Afrique me conduit, en 1967, à Bangui. À l'époque, je raisonne encore comme un « Blanc ». Je me dis qu'à partir de Brazzaville, où je fais déjà des affaires, je pourrais aisément acheminer par bateau sur le fleuve Congo puis sur l'Oubangui des céréales jusqu'en Centrafrique. Je rencontre donc Jean-Bedel Bokassa, qui a pris le pouvoir un an plus tôt, dans la nuit de la Saint-Sylvestre 1966. On est encore loin de l'empire mais déjà son régime ne manque pas de couleur locale. Installé au palais de la Renaissance, en haut d'une colline surplombant le « point kilométrique zéro », ou PK0, soit le centre-ville, le président reçoit avec faste. Alors que nous parlons blé, son aide de camp lui apporte une « mallette-cadeau » contenant les premiers billets de cinq mille francs CFA à son effigie, fraîchement sortis des rotatives de la Banque centrale des États de l'Afrique équatoriale et du Cameroun. Bokassa est tellement fier, tellement content qu'il interrompt la négociation pour s'écrier : « Allons faire quelques achats ! » Sur ce, il se précipite hors du palais, et nous tous derrière lui, en vol de canards, tâchons de le suivre. Au terme d'un tohu-bohu logistique, un cortège de voitures s'ébranle en direction du fleuve, au bord duquel se trouve une factorerie de la CFAO. Bokassa fait stopper le cortège devant le magasin, et y entre ; son regard s'arrête sur des bicyclettes accrochées au mur. Il annonce au vendeur sidéré : « J'achète tous vos vélos ! » Sitôt dit, sitôt fait. Bokassa paie avec ses billets tout neufs, avant de sortir dans la rue pour offrir à chaque passant ébahi une bicyclette rutilante, jusqu'à épuisement des stocks ! Enfin, dans son élan, le président décide de rentrer au palais sur le dernier deux-roues restant. Il pédale férocement pour remonter la colline tandis que, largués, son aide de camp, ses gardes du corps et moi-même courons après lui à perdre haleine. Malgré cet exploit sportif, je ne conclurai aucun marché lors de ce séjour. Les ruptures de charge entre le port atlantique de Pointe-Noire, le chemin de fer Congo-Océan pour atteindre Brazzaville, puis la navigation fluviale jusqu'à Bangui représentent un défi d'autant plus redoutable que l'importation de blé en Centrafrique est entre les mains de puissants commerçants libanais qui paient peu de taxes et d'impôts, mais « arrosent » largement. Je repars donc bredouille, enrichi seulement d'une leçon de vie : dans un espace courbe, il ne faut pas rêver de ligne droite.

Je reverrai Bokassa une autre fois en compagnie d'un ami suisse, Mario Schlumberger, qui exerce déjà le métier qui va devenir le mien : il est « intermédiaire ». Nous logeons alors au Rock Hôtel, sur les rives de l'Oubangui. Un soir, vers minuit, Mario vient frapper à ma porte. « Jean-Yves, il y a un problème... » Je le suis en vitesse. Dans sa chambre sont assis un monsieur et une dame, la soixantaine, très dignes. « Ce sont des compatriotes helvétiques », m'explique Mario. J'apprends qu'ils ont quitté leur pays à l'invitation de Bokassa, qui s'était mis en tête de faire de la République centrafricaine la Suisse de l'Afrique. Il fallait donc du chocolat, de grasses vaches, des banques et des montres. Pour le chocolat et les vaches, c'était un peu compliqué. Pour les banques, en revanche, cela paraissait simple comme un décret présidentiel. Mais *quid* des montres ? Bokassa a fait venir ce couple d'horlogers de Neuchâtel, leur promettant l'ouverture d'un site de fabrication et de belles perspectives d'exportation dans toute l'Afrique. Tenté par les mirages de l'expatriation sous le chaud soleil de l'Afrique, le couple a accepté la proposition. Or, à leur arrivée à Bangui, leurs passeports ont été confisqués, et de l'usine horlogère il n'a plus été question. Voilà dix-huit mois qu'ils se tournent les pouces ou, plutôt, se triturent les mains d'angoisse, dans Bangui-la-coquette qu'ils décrivent comme « le cœur de la jungle » ! Ils veulent rentrer chez eux. Or, il n'y a pas de représentation diplomatique suisse en Centrafrique – et personne pour plaider leur cause auprès du président à qui nul ne tient à rappeler l'échec de son rêve de pendules à coucou locales. Le lendemain, Schlumberger a réglé le problème. Il a parlé à Bokassa qui lui a remis les passeports. Sans demander leur reste, les petits vieux regagnent aussitôt les doux alpages qu'ils n'auraient jamais dû quitter.

Ma rencontre avec Kadhafi, à l'automne 1969, reste l'un des meilleurs souvenirs de mes débuts en Afrique. À l'époque, il a vingt-sept ans, j'en ai vingt-cinq. La Libye souffre d'une rupture de son approvisionnement en orge, céréale à partir de laquelle les Libyens fabriquent leur pain. Kadhafi, qui vient d'accéder au pouvoir, est catastrophé. Sollicité pour trouver de toute urgence une cargaison, je dévie vers Tripoli un bateau destiné à un autre pays. La livraison faite, les responsables libyens sont prêts à tout pour me remercier. J'aurais pu leur demander une grosse somme d'argent en prime ou une visite privée des ruines romaines de Leptis Magna... Cependant, mon rêve est de rencontrer le jeune révolutionnaire qui vient de renverser le roi Idriss. Cette faveur m'est accordée. Kadhafi me reçoit dans le vieux palais royal. Dans un *remake* du *Dictateur* de Chaplin, on me fait entrer par l'arrière du vaste bâtiment pour que j'aie à emprunter un interminable couloir avant d'atteindre, tout au bout, la salle où m'attend un Kadhafi en tenue militaire, sa mitraillette posée sur une table en bois blanc. Il me dit : « Je tiens à vous remercier de ce que vous avez fait pour nous. Mais le plus important pour moi, c'est que vous repartiez avec l'image d'un peuple qui est debout pour se battre, pour prendre son destin en main. C'est pour cela que la mitraillette est là, à portée de ma main. » Kadhafi est alors encore tout frais. Bel homme au front haut et aux yeux vifs, il est la coqueluche de femmes rêveuses et de tiers-mondistes. Pour ma part, pas très marchand d'orviétan, je suis davantage intrigué que séduit par le personnage. Cela dit, la fin de Kadhafi, abattu comme un chien en octobre 2011, me révolte. On peut penser ce que l'on veut de son règne de quarante-deux années, mais achever de la sorte un dirigeant, et, à l'instar de Ceausescu, exposer son cadavre à la vindicte planétaire par images interposées, est barbare. Dans l'histoire, les baptêmes de sang ont rarement donné naissance à de meilleurs régimes.

Un autre souvenir m'a marqué, cette fois en Syrie, marché particulièrement fermé à la fin des années

1960. L'Office des céréales à Damas, qui importait du blé dur en grande quantité, était un véritable bunker. Par chance, des amis libanais en connaissent le directeur. Je leur demande de m'organiser un rendez-vous avec lui. « Vous voulez vendre chez moi, c'est très bien », me dit-il sans ambages. « Alors, voilà le numéro de mon compte, il faut y déposer 50 000 dollars et vous serez en lice pour emporter l'affaire. Si finalement je ne vous donne pas l'affaire, je vous rembourserai les 50 000 dollars. » Je rentre à Paris pour exposer cet arrangement à Michel Goldschmidt, à qui je déconseille l'opération. Mais il ne me suit pas, et nous payons. L'adjudication a lieu. Nous déposons nos prix, nous sommes les mieux-disants. Le directeur de l'Office me convoque. Je suis à peine assis qu'il me déclare : « Il faut baisser vos prix de 3 dollars l'unité. » C'est impossible, on vendrait à perte. Je refuse donc, et un concurrent belge emporte le marché. Furieux, de retour à Paris, je rappelle à Goldschmidt mon hostilité initiale à cette opération. Une semaine plus tard, les 50 000 dollars nous sont remboursés. Du jamais vu ! En fait, le directeur de l'Office syrien était un négociateur génial : il prenait 50 000 dollars à tout le monde, puis il étranglait les prix, avant de s'offrir le luxe de rembourser les perdants tant il avait gagné et pour lui et pour son pays !

Toujours en 1969, Grainex, société concurrente de Goldschmidt, me propose de devenir son directeur commercial. Bien que cette entreprise soit de moindre envergure, j'accepte le poste, qui couvre toutes les

céréales et m'offre plus de responsabilités et d'autonomie. Je suis à peine installé dans mon nouvel emploi
qu'une occasion se présente en Chine. Acculé par une
monstrueuse famine, Pékin cherche à acheter du blé
en France. Mieux encore, la République populaire de
Chine veut structurellement réduire sa consommation
de riz et augmenter celle de blé, car il faut consommer
quatre fois plus de riz que de blé pour le même apport
nutritif. Dans la folie de la Révolution culturelle, les
dirigeants ont même décidé que la population allait
manger uniquement du blé et exporter la production
nationale de riz ! Je propose à Grainex de nous mettre
sur les rangs et sollicite mes contacts au Quai Branly,
où se trouve alors le ministère du Commerce extérieur. Je réussis à convaincre les autorités françaises
d'ajouter Grainex à la liste des négociants en compé-
tition pour ce marché. Nous sommes ainsi l'une des
quatre sociétés à obtenir un visa pour aller négocier
sur place. Ce sera, en octobre 1969, mon plus beau
voyage dans un pays interdit.

L'année marque la fin de la Révolution culturelle,
soit une période de chaos et de répression à grande
échelle qui a permis à Mao de reprendre le contrôle
de l'État. La Chine n'a alors qu'un seul port d'entrée,
Shenzen, ancien village de pêcheurs situé à l'embou-
chure de la rivière des Perles, au nord de Hong Kong.
Aujourd'hui, la ville compte douze millions d'habitants.
À l'époque, en venant de Hong Kong, on traverse,
bagages en main, la petite rivière Shenzen pour gagner
la berge d'en face, piquetée de drapeaux rouges, de

portraits de Mao et de calicots d'idéogrammes faséyant au vent. Des gardes de la Révolution accueillent les arrivants pour les mettre dans un train à destination de Canton. Là, il n'y a qu'un seul hôtel, construit par les Soviétiques au temps de l'amitié russo-chinoise. En octobre 1969, les deux patries du socialisme sont au bord de la guerre. Pour m'être déjà rendu en URSS et en Pologne, où les « guides » assignés d'office ne lâchent pas les visiteurs d'une semelle, je m'attends à être affublé d'un chaperon chinois. Erreur ! À la réception, on me remet ma clef – et c'est tout. Je m'installe dans ma chambre et, au bout d'un moment, décide d'aller faire un tour en ville. Personne ne me suit. Je marche sans but, le nez en l'air ; je tourne et vire dans des ruelles ; enfin, je persévère sur un grand axe où je finis par sentir comme une présence derrière moi. Je me retourne brusquement : une dizaine de Chinois m'ont emboîté le pas. Je poursuis mon chemin, puis me retourne à nouveau : maintenant, ils sont vingt et, bientôt, cinquante, cent... Ma promenade tourne à la procession ! La ville tout entière semble converger vers moi, pour voir un « Blanc », cet autre bizarre dont ils n'ont guère eu d'exemplaires à zyeuter. Bien entendu, je rentre à l'hôtel en courant. Pas besoin d'un chaperon en Chine. J'y suis aussi bien gardé qu'un prisonnier ne sachant fendre les vagues autour d'Alcatraz.

Le premier jour des négociations, l'affaire se présente mal pour Grainex. Les Chinois pensent que ma société est de taille trop modeste pour « porter » leur commande. Mais comme ils sont tenus de faire une proposition, ils me donnent un ordre d'achat à un prix fixé d'avance. Je retourne rapidement à mon hôtel pour expédier leur proposition par Télex au siège, à Paris. Quand je me réveille le lendemain matin, je découvre que le Télex de réponse est un lipogramme totalement illisible ! C'est une astuce des Chinois pour me mettre hors jeu. Je me rends quand même à la réunion, vêtu à l'européenne, cependant que mes trois concurrents se sont acheté des tenues Mao et des écussons ornés du portrait présidentiel. Je suis le seul à avoir reçu un télégramme crypté. Pas d'instruction du siège, pas de costume Mao, l'affaire est mal emmanchée... Les responsables céréaliers chinois sont flanqués d'un représentant du Parti. Lorsque mon tour arrive, j'explique que je ne peux pas leur répondre parce qu'il me faut un délai supplémentaire pour obtenir l'avis de mon siège à Paris. J'agite mon Télex de hiéroglyphes : « J'ai besoin de temps, il faut que Paris puisse me répondre, donnez-moi douze heures de plus. » Rien à faire. « Dans trois heures, dernier délai. — Mais attendez, dans trois heures, le bureau de Paris ne sera pas encore ouvert ! » À ce moment-là, tout au bout de la table, un commissaire politique descend de l'estrade et se dirige vers moi : « Écoutez, vous avez trois heures, pas plus. La solution est dans le livre du président Mao. » Sur ce, il me remet un exemplaire du *Petit Livre rouge*, un pavé sur papier bible. Je fonce à l'hôtel en feuilletant frénétiquement ce vade-mecum, suite de lapalissades organisée en trente-trois chapitres. Je finis par m'accrocher à l'une des citations, faute de mieux : « Un bon Chinois doit reconnaître un ennemi d'un ami. » Près de trois heures plus tard, je repars dans l'unique automobile – à pneus lisses – mise à la disposition des invités. À l'époque, en Chine, on s'arrête au feu vert et l'on démarre au rouge, couleur symbolique du progrès... Entre l'hôtel et le bâtiment où nous négocions, il y a un carrefour où se dresse un feu. Ma hantise est qu'il soit au vert. Auquel cas la voiture s'arrêterait et la plaisanterie recommencerait : tous les Chinois alentour abandonneraient leur bicyclette sur le bas-côté et colleraient leur nez aux vitres pour me voir, moi, le « Blanc ». Ils me mettraient en retard. Heureux présage, le feu est au rouge... J'entre enfin dans la salle, affectant une suprême assurance. Je me plante face au président de la commission :

— Nous allons voir si vous êtes de bons Chinois.

— Comment ça, de bons Chinois ?

— Oui, parfaitement. Êtes-vous capables, comme l'exige le président Mao, de reconnaître un ami d'un ennemi ?

— Bien sûr !

— Dans ce cas, prenez votre décision sur-le-champ. Suis-je un ami ou un ennemi ? Puisque vous êtes de bons Chinois, vous allez le savoir et me le dire sans hésitation. Si je suis un ennemi, alors rendez-moi mon passeport et je pars ce soir pour Hong Kong. Si je suis un ami, donnez-moi douze heures de plus.

S'ensuit un long conciliabule en chinois. Sans rien y comprendre, je lis sur les visages de mes interlocuteurs la peur de commettre l'une de ces erreurs qui, dans

le pandémonium qu'est ce paradis socialiste, sépare la
vie de fourmi d'un camp de rééducation, et peut-être
pis. Je gagne mon pari. Non seulement ils m'accordent
douze heures supplémentaires, mais, passé ce délai,
j'emporte l'affaire pour avoir osé ne pas mettre de costume Mao et avoir invoqué une citation comminatoire
du Grand Timonier. Ma faiblesse aura été ma force.

Depuis cette première visite il y a plus de quarante
ans, je n'ai jamais cessé de travailler en Chine. Sans
fausse modestie, cela requiert un certain savoir-faire.
Parce que, dans mon métier, il y a deux types d'affaires : celles que l'on suit avec des partenaires indi-
viduels, avec qui l'on développe des affinités au fil
des ans ; et celles qui vous mettent aux prises avec
des systèmes. C'est le cas en Chine. Les individus y
dépendent tous du système et se confondent avec lui.
On peut éventuellement bâtir une relation de confiance
avec la Chine, mais beaucoup moins avec un Chinois à
titre individuel. Voici en guise d'illustration un exemple
récent de ce que j'avance : Beijing a réagi très dure-
ment à l'audience accordée au dalaï-lama par Nicolas
Sarkozy en 2010. Pourtant, Angela Merkel peut voir
le dalaï-lama sans que cela fasse un drame. Pourquoi ?
La différence est d'ordre « systémique ». Sarkozy, c'est
la France. Et la France est le pays qui a aidé la Chine
populaire à intégrer la communauté internationale.
De Gaulle, le premier, a reconnu le pays de Mao.
Par conséquent, l'accueil que fait la France au dalaï-
lama n'a pas du tout la même valeur qu'une audience
accordée au chef spirituel du Tibet par un « non-ami »

de longue date, quel que soit le leader du moment, qu'il soit apprécié ou non.

Au fil des ans, j'ai vu la Chine se transformer. La modestie de mes interlocuteurs a disparu, laissant place à une certaine fierté, voire à un fort chauvinisme. On a désormais affaire à une Chine puissante, qui connaît son poids et le fait sentir. Depuis le milieu des années 1990, j'ai un bureau à Beijing, car je participe au développement de la coopération entre la Chine et l'Afrique. Cette position d'observateur privilégié m'a permis de constater que, malheureusement, l'Afrique se livre à la Chine pieds et poings liés. La dépendance du continent s'accroît de jour en jour alors qu'entre cinq cent mille et un million de Chinois ont émigré en Afrique au cours des quinze dernières années. Les Occidentaux et beaucoup d'Africains pensent, à tort, qu'ils viennent seulement dans le cadre de grands projets d'infrastructure, qu'ils n'occupent que des chantiers provisoires, des enclaves appelées à disparaître une fois le contrat exécuté. Or, sans parler de l'absurdité de faire venir des travailleurs chinois sur le continent du chômage pandémique, les grands chantiers ne sont qu'un aspect d'une « présence » beaucoup plus importante. Aujourd'hui, l'on trouve des Chinois jusque dans les villages les plus reculés de l'Afrique. Ils ont investi le petit commerce, c'est-à-dire l'économie « informelle » où ils rivalisent directement avec la grande masse des Africains. J'ai vu des dames chinoises vendre des beignets sur le bord de la route à côté de « mamans » congolaises ! C'est cette

« colonisation » et cette coexistence à fleur d'étal qui ne manqueront pas d'engendrer des frictions et, à terme, des violences.

Trois fois hélas, la France n'a rien proposé à l'Afrique pour éviter cette montée en puissance de la Chine. Nous sommes devenus incapables de financer la construction de ports, de routes ou de barrages à des prix compétitifs. Le cas du Congo-Brazzaville l'illustre parfaitement. Revenu au pouvoir en 1997, Denis Sassou Nguesso cherchait des financements pour goudronner la route entre Pointe-Noire et la capitale, l'axe vital pour l'économie du pays. Pas moyen de trouver un sou en France ! Aussi, ce sont les Chinois qui l'ont goudronnée – et à quel rythme ! Quant aux projets de développement proposés par les Européens, ils nécessitent un si grand nombre d'interventions, auprès de diverses instances de la bureaucratie bruxelloise, que cela en devient ridicule. L'Europe peut dépenser en préétudes de faisabilité ou d'impact écologique cinq millions de dollars pour un projet qui en vaut deux ! Les Chinois, eux, vont droit au but : « Vous voulez une route ? Quelle longueur ? Mille kilomètres ? Très bien ! Ça vous fera deux milliards de dollars que vous paierez sur vingt ans, ou bien l'équivalent en pétrole à livrer selon tel ou tel échéancier. » Tope, et c'est parti !

Avec Grainex, dans les années 1970, je trouve un moyen de gagner beaucoup d'argent en Chine grâce au système européen des « restitutions ». Pour encourager la vente à l'export de ses céréales, la Communauté européenne rembourse en effet les frais de stockage des grains. Or, je découvre que les échéances pour ces remboursements courent d'août à juillet, alors que la France commence à récolter le blé dès la mi-juillet. Je peux donc vendre la nouvelle récolte et récupérer l'argent de la restitution pour les douze mois d'un stockage non effectué ! Je peux même vendre à un prix si bas que j'ai l'air de vendre à perte alors qu'en réalité je réalise des marges confortables – et légales – avec ma petite astuce. Il suffit que je fasse embarquer mes céréales pour la Chine avant le 1er août, dès le début de la récolte. Je bénéficie alors du remboursement de douze mois de stockage, en guise de prime. Hélas, en 1981, Grainex perd des sommes importantes parce que les Chinois achètent en « coût et fret », c'est-à-dire en intégrant le fret dans le prix convenu ; or, le coût du fret triple cette année-là, suite à une crise chez les transporteurs. Ma belle marge est ainsi avalée. Je cesse alors d'exporter du grain en Chine.

L'évolution de l'un de mes plus fidèles interlocuteurs, M. Li, longtemps ambassadeur de Chine auprès de la Communauté économique européenne (CEE) à Bruxelles, m'a beaucoup amusé. Il a d'abord été un fervent partisan de la « bande des quatre » et de la Révolution culturelle. Quand j'ai fait sa connaissance, il vivait dans l'austérité prolétarienne, conformément à la ligne du Parti. Plus tard, il a ouvert le bureau de liaison de Beijing à Washington, un poste très important avant la reconnaissance de la Chine populaire par les États-Unis. Les années passant, M. Li a changé de mode de vie. Il a d'abord abandonné son costume Mao pour le

costume-cravate ; puis il a cessé de choisir pour nos
déjeuners des bistrots infâmes, tel Chez Léon, préférant
désormais les restaurants raffinés et coûteux ; enfin, il
commence à me demander de lui rapporter ceci et cela,
des sacs Chanel, des parfums de marque… Un jour que
nous étions à La Maison du Cygne, à Bruxelles, à la fin
d'un dîner arrosé, je lui dis : « À l'époque, tu m'aurais
fait mettre en prison si je t'avais offert un cigare et
maintenant tu me demandes des sacs Chanel pour ta
femme. Tu as drôlement changé ! » Il me regarde sans
se départir de sa placidité, puis me répond : « Moi, je
n'ai pas changé, ce sont mes enfants qui m'ont fait
changer. » Ce n'est sans doute pas toute la vérité, mais
sa réponse permet d'en comprendre un aspect essentiel
dans la mesure où la chaîne de transmission génération-
nelle a propulsé la Chine dans la mondialisation depuis
maintenant quarante ans. Durant toute cette période,
M. Li m'a ouvert de nombreuses portes dans son pays.
Bien plus tard, en août 1993, quand la France a vendu
six frégates à Taïwan et s'est inquiétée d'une réaction hostile voire d'éventuelles mesures de rétorsion de
Pékin, Thomson-CSF et les autorités françaises se sont
souvenus de mes entrées en Chine populaire. Ils m'ont
confié la mission de « déminer » le dossier à Pékin.
Ce que j'ai fait, avec succès. À l'annonce publique
du contrat d'armement conclu avec Taïwan, la Chine
populaire s'est bornée à une protestation minimaliste,
de pure forme.
    En 1969, de retour à Paris après avoir remporté mon
premier gros contrat en Chine, j'essaie de comprendre

les raisons de mon succès inopiné. Cette réflexion va m'empêcher – heureusement – de devenir un *trader* céréalier comme un autre. D'entrée de jeu, je mesure le poids de la politique dans le négoce des matières premières et, au-delà, dans toute affaire économique d'une certaine envergure. Mao et ses diktats, d'un côté, les subventions de la CEE, de l'autre... À partir de là, je réfléchis à la valeur ajoutée que je pourrais apporter dans mes futures négociations. Pas à pas, je trouve ma voie : offrir un produit et l'entourer d'avantages souvent non pécuniaires pour que l'on vienne acheter chez moi et non pas ailleurs. C'est ainsi que, tout au long des années 1970, je développe ma spécificité en apprenant mon métier, le négoce international des matières premières. Je vais là où les autres, notamment les grandes multinationales, ne vont pas. J'invente ce qu'elles n'oseraient faire. Par rapport à ces mastodontes, je dispose d'une plus grande marge de manœuvre. Je voyage dans les endroits les plus improbables, noue des contacts avec des hommes de pouvoir sans exclusive, avec des chefs d'État, des patrons de banque, des ministres et autres *missi dominici*... Je pénètre peu à peu la sphère des vrais décideurs, et j'y prends plaisir. Lorsque, encore mineur, j'étais détenu à la Santé, je m'étais juré de ne plus jamais me mêler de politique, mais j'y reviens par la force des choses, par mon monde professionnel où la politique est omniprésente. Les céréales sont une matière stratégique et, à ce titre, étroitement contrôlées par les États *via* leurs offices d'achat ou par le biais de mécanismes financiers particuliers : ce n'est pas une spécificité du tiers-monde ou de l'Europe en construction. Aux restitutions à l'exportation de la CEE, qui sont des subventions déguisées aux producteurs européens pour compenser la différence des cours, correspond le mécanisme de soutien américain connu sous le nom barbare de « PL 480 » : il s'agit d'un crédit sur vingt ans, sans intérêts, que Washington accorde aux États clients achetant du blé *made in USA*.

Je me spécialise dans les pays difficiles, par exemple ceux qui n'ont pas de quoi payer comptant leurs céréales. En Égypte et au Bengladesh, j'aide les autorités à trouver des financements. Au Japon, je monte les premiers crédits jamais adossés aux grains. Je découvre également les possibilités qui s'offrent aux coopératives argentines, qui n'exportent rien alors qu'elles disposent d'importants surplus de blé : je les guide dans leur conquête de marchés extérieurs. Sur ces entrefaites, je quitte Grainex pour la Compagnie algérienne de meunerie (CAM) et un poste plus important. Dès 1971, des négociants égyptiens et libanais m'ont proposé de prendre une participation dans Arinco, société qu'ils venaient de fonder. Malheureusement, la guerre du Liban éclate en 1975. Dans les bureaux parisiens d'Arinco débarquent les enfants et les neveux de mes coactionnaires, qui estiment normal de trouver un emploi dans « leur » société, pour faire la soudure. Je résiste quelques mois avant de me séparer de mes partenaires, qui resteront cependant mes amis. Arinco fermera. Pour ma part, je décide d'abandonner le secteur des céréales, puisque leur négoce est envahi par de nouvelles régulations qui étouffent toute possibilité d'innovation. J'explore d'autres produits, comme les haricots blancs. J'en exporte vers l'Algérie mais, en fin de compte, ce n'est pas non plus passionnant.

En revanche, depuis le premier choc pétrolier, en 1973, le monde des hydrocarbures s'ouvre. C'est un univers scindé en deux : le marché libre de Rotterdam pratique des cours variables, tandis que l'Organisation des pays exportateurs de pétrole (OPEP) fixe des prix officiels pour des contrats à plus long terme. Or, les prix de l'OPEP sont souvent inférieurs de cinquante pour cent à ceux du marché « spot » qui ne porte, lui, que sur environ cinq pour cent du brut vendu dans le monde. Il est donc tentant de chercher des entrées auprès des pays producteurs de l'OPEP pour obtenir des contrats au prix officiel et pour ensuite revendre sur le marché libre ce pétrole peu cher. Bien entendu, je ne suis pas le seul à avoir cette idée. Je dois trouver mes marques dans un milieu concurrentiel, complexe et délicat où le relationnel joue énormément. Pour pouvoir présenter une affaire, encore faut-il qu'on vous reçoive ! J'ai une introduction dans le monde arabe grâce à l'appui d'un ami, le Grand Mufti du Liban, dont j'ai fait la connaissance au cours d'opérations céréalières en Syrie, depuis le Liban. Une société locale, Semno & Jabour, qui voulait absolument développer ses activités dans les grains, m'avait sollicité. Je m'étais même installé un temps à Beyrouth. Mais notre *joint-venture* n'avait pas porté ses fruits, même si je reste à ce jour ami avec la famille Jabour. Vers la fin des années 1970, je parviens donc à percer les premiers cercles du pouvoir en Arabie saoudite, au Qatar et au Soudan. Je réussis quelques jolis coups, notamment avec le Soudan, pays que je découvre en 1979. Khartoum a obtenu de l'Arabie saoudite du pétrole au prix officiel de l'OPEP dans des quantités supérieures à ses besoins. L'excédent est revendu sur le marché « spot ». Grâce à mes contacts au Soudan, je suis le réceptionnaire de quelques-unes de ces cargaisons de pétrole.

Après avoir dissous ma petite société libanaise, je fonde en 1980, avec deux associés, une société de négoce pétrolier, Vitank. Mon principal partenaire est Henk Viëtor, personnage mythique dans le monde du pétrole pour avoir bâti un empire en établissant à Rotterdam la première société de négoce de l'or noir en 1966, Vitol. À l'époque, quand on parle du « marché libre de Rotterdam », on pourrait aussi bien dire le « marché Vitol », qui a créé le « spot » et l'a longtemps contrôlé… jusqu'à ce que Henk Viëtor voie sa société rachetée par ses employés et qu'il se fasse virer. Il a une revanche à prendre. Sachant que j'avais des relations dans le monde arabe et, en particulier, au Qatar, il est venu me trouver peu après son éviction de Vitol, en compagnie de Peter de Savary. Ce dernier est surtout connu pour avoir été le premier Européen à défier les Américains dans leur prestigieuse course de voiliers, l'*America's Cup*. Personnage haut en couleur, d'une remarquable intelligence, il a dépensé toute sa fortune dans ce challenge. Je n'ai jamais vraiment accroché avec lui et, en définitive, nous ne nous fréquenterons que quelques mois.

Notre société, Vitank, prospère et génère d'appréciables marges. Malheureusement, Henk Viëtor, qui en est l'actionnaire principal, est persuadé que la vraie fortune se fera à travers l'exploration et le forage aux États-Unis. Tout l'argent que je gagne dans le négoce est englouti dans des recherches pétrolières au Texas qui ne donnent rien. Je garde de cette époque une méfiance terrible envers l'exploration, véritable jeu de hasard. Or, je ne suis pas joueur. Je suis prêt à prendre des risques physiques ou politiques, mais pas des risques financiers. Par exemple, j'ai été actionnaire de casinos – et je le suis toujours, au Mozambique –, mais je déteste mettre de l'argent sur une table de jeux ! Je me sépare donc de Henk Viëtor en 1981. Il s'agit d'un divorce par consentement mutuel qui est prononcé dans de bonnes conditions : Henk quitte la société que je conserve avec un associé qatari, Ahmed Mannai, à cette époque très puissant dans son pays. Je ne fermerai Vitank qu'en 1988, quand les conditions de son succès – la politique de l'OPEP et mon portefeuille relationnel dans le monde arabe – auront changé.

C'est aussi au cours des années 1980 que je commence à m'intéresser à l'Afrique du Sud, toujours à l'affût d'idées originales et de destinations atypiques, peu prisées par les négociants. Je m'y rends pour la première fois en 1981. Comme on dit familièrement, je ne suis pas déçu du voyage ! Je découvre avec stupeur une société qui me rappelle l'Algérie de ma jeunesse : un univers manichéen, en noir et blanc ; un pays hors du temps, totalement isolé ; un monde d'une incroyable rigidité morale, lyophilisé dans sa foi calviniste, les femmes corsetées dans de longues robes, le dimanche-jour-du-Seigneur à peine adouci par le *brai*, le barbecue rituel dans le jardin. Comme dans un film américain des années 1950, tout le monde vaque à ses occupations mécaniquement, comme si chacun avait été remonté à l'aide d'une clef mécanique que l'on s'attend à découvrir à tout instant dans le dos des acteurs. Il n'y a pas de débat public ni de presse digne de ce nom, seulement un ou deux journaux ; la télévision nationale s'arrête à 10 heures du soir sur une prière et la diffusion de l'hymne national, les nouvelles sont lues, alternativement, un jour en anglais et le lendemain en afrikaans, la langue des Boers, les colons venus majoritairement des Pays-Bas. Je n'en reviens pas ou, plutôt, j'ai le sentiment de revenir un quart de siècle en arrière. Est-ce que ces gens se rendent compte que, comme hier en Algérie, il y aura ici demain des tanks dans les rues, des sacs de sable empilés devant les édifices publics, des militaires armés de fusils-mitrailleurs ? Lors de mon premier voyage, je reste une semaine, pas plus, mais je suis bien décidé à revenir régulièrement. Voilà, en effet, un pays à nul autre pareil. Sous peine de disparaître, ce *Jurassic Park* de la gouvernance devra s'inventer un avenir radicalement différent.

À l'époque, l'Afrique du Sud est un pays si riche qu'il n'a pas besoin de fabriquer quoi que ce soit. En exportant en quantité de l'or, des diamants, du charbon, divers minerais stratégiques et des produits agricoles, il peut s'offrir le luxe d'importer tout ce dont il a besoin, y compris les cahiers et crayons de ses écoliers. La main-d'œuvre noire est abondante et bon marché ; les « Blancs » – les Boers au pouvoir et les anglophones qui dominent les affaires, notamment le secteur des mines – jouissent d'une vie de rentiers. « Je préfère me faire tuer dans mon lit par un domestique plutôt que de le faire tous les jours moi-même » aurait pu être leur devise. En 1976, la révolte des écoliers et étudiants noirs à Soweto, le vaste *South Western Township* aux abords de Johannesburg, a été le fanal d'une résistance massive s'organisant contre la ségrégation raciale. Basé dans les « pays de la ligne de front », tout autour du pays de l'apartheid, l'ANC entraîne des soldats de l'ombre, ses *freedom fighters*. Condamné à vie en 1964 mais, par la suite, *de facto* oublié derrière les barreaux par l'opinion publique sud-africaine et internationale, le leader de l'ANC le plus charismatique, Nelson Mandela, vient seulement de faire reparler de lui. À l'étranger plus particulièrement, où la campagne « Libérez Mandela » prend vite de l'essor. Parallèlement, des sanctions toujours plus contraignantes sont imposées à l'Afrique du Sud : elles transforment le pays de l'apartheid sur le plan économique, l'obligeant à créer des industries de substitution aux produits d'importation soumis au boycottage. Par exemple, des arbres ont été plantés pour faire de la pâte à papier et fabriquer sur place les cahiers des écoliers. Paradoxalement, les sanctions entraînent une diversification et une accélération du développement du pays. Bien sûr, elles le handicapent aussi, en particulier en étranglant son approvisionnement en énergie. Pretoria doit se mettre en quête de partenaires « compréhensifs », c'est-à-dire de pays souvent eux-mêmes isolés, à des titres divers, et en quête de soutien, tels que Taïwan, Israël ou l'Iran. Fait peu connu, tout comme le Shah avant la révolution islamiste de 1979, les ayatollahs garantiront jusqu'au bout la fourniture en pétrole du régime de l'apartheid.

À propos des sanctions, un souvenir personnel m'a beaucoup marqué. En 1983, le Grand Mufti du Liban organise pour moi une rencontre avec Yasser Arafat, qui dirige l'Organisation de libération de la Palestine (OLP) depuis Beyrouth. Au cours d'une longue conversation, nous abordons la question des sanctions. Arafat se saisit du sujet et m'explique : « Le monde ne se rend pas compte qu'en répondant à nos demandes de sanctions contre Israël il nous a aidés à nous piéger nous-mêmes. Nous nous sommes coupés de possibilités d'échanges et, donc, de dialogue. Le commerce et les affaires sont des vecteurs remarquables pour éliminer les tensions et pour dégager l'horizon politique. Isoler un pays, c'est l'enfermer dans une voie sans issue. Il ne faudrait pas répéter cette erreur en Afrique du Sud. » Depuis, j'ai toujours veillé à faire la différence entre l'efficacité – indéniable – des sanctions comme moyen de pression politique et l'opportunité – beaucoup moins certaine – des sanctions comme vecteur d'une évolution dans le bon sens.

IV

Diplômé de la chiraquie

10 mai 1981. Avec l'accession de François Mitterrand au pouvoir, je songe à quitter la France. Je
déteste chaque mot de son Programme commun. Ce
n'est pas le volet social qui m'effraie, pas plus que
la présence de ministres communistes au gouvernement, mais sa vision de l'économie : les nationalisations, le contrôle des changes, les entraves posées
à la libre circulation du capital, le tout-État... Pour
faire bonne mesure, ce que l'on appellera bientôt la
« gauche caviar », donneuse de leçons, m'horripile.
J'ai mal pour mon pays. Finalement, au lieu de m'en
aller attendre des jours meilleurs ailleurs, je décide
de me réinvestir dans la politique. Mon expérience
algérienne avait entraîné un rejet viscéral de la chose
publique. Les hommes politiques nous avaient trahis,
nous les pieds-noirs, ils avaient déraciné ma famille et
nous avaient jetés dans une précarité tant morale que
matérielle. Par conséquent, la politique me paraissait
un monde immoral, sale, sans honneur. Cependant,
je m'en étais rapproché à nouveau dans la mesure où

elle conditionnait tous les espaces de mes interventions professionnelles. En 1981, à l'obligation de me mêler de politique, liée à mon métier, s'ajoute ma volonté de contribuer à retourner la situation politico-économique en France pour que celle-ci soit plus conforme à ce qui, selon moi, servirait les intérêts du pays. En un mot, je m'engage pour un renversement de tendance, pour un retour à l'économie libérale. Or, c'est plus facile à dire qu'à faire. Je ne suis pas un fervent chiraquien, encore moins gaulliste ! Mon hostilité à Mitterrand ne suffit pas à me donner une famille politique naturelle.

Mon ami Raymond Marcellin, vieux routier de la vie politique française – fameux ministre de l'Intérieur après Mai-68, nommé le 31 de ce mois d'agitation estudiantine pour succéder à un Christian Fouchet débordé, dont la nomination avait été saluée par de Gaulle d'un : « Enfin Fouché, le vrai ! » en référence au chef de la police de Napoléon –, va m'aider à trouver ma place. Nous sommes en 1984. Il me faut choisir entre Raymond Barre et Jacques Chirac. Marcellin, lui-même giscardien, est à l'UDF. Il me répond pourtant : « Il faut aller là où il y a le plus de tripes, donc vers Chirac parce que Barre est trop professoral. En politique, on ne gagne pas avec la théorie mais avec les tripes. Chirac en a. Barre se voit trop comme l'homme désigné. » Dans la foulée, il me présente Robert Pandraud qui vient de rejoindre Jacques Chirac dans la fonction de directeur de cabinet du maire de Paris, après une traversée du désert au poste de directeur général de la police nationale. J'accroche bien avec ce personnage bourru, doté d'un sacré caractère. Il a connu la gloire et l'exil, l'ingratitude. Il me présente à Chirac comme étant un homme très influent dans le monde arabe et en Afrique, comme quelqu'un ayant la capacité d'apporter beaucoup de choses à « la cause » – en politique, c'est le terme à la fois le plus flou et le plus précis, la mesure de tout. Pandraud a aussi recommandé à Chirac de faire de Michel Roussin son chef de cabinet : « Roussin a le sens du secret, on peut lui faire confiance », lui a-t-il déclaré au sujet de l'ancien directeur de cabinet d'Alexandre de Marenches, le patron des services secrets français, le Service de documentation extérieure et de contre-espionnage (SDECE), ancêtre de la Direction générale de la sécurité extérieure (DGSE), que la gauche a viré en 1981. Pandraud me présente donc Michel Roussin, avec lequel je vais bâtir une solide relation de confiance. Grâce à Pandraud et à Roussin, j'ai désormais un accès facile à Jacques Chirac.

À la veille des élections législatives de 1986, il devient évident qu'en cas de victoire Chirac hériterait du « problème des otages ». Il cherche donc un moyen pour retourner la situation à son avantage, de la même façon que Ronald Reagan avait bénéficié de la libération des otages américains à Téhéran le jour de son investiture alors que la dernière année du mandat de son prédécesseur et rival, Jimmy Carter, avait été assombrie par son impuissance à ramener les « captifs des mollahs » au pays. Pour rappel, voici l'affaire française : le 22 mars 1985, le Hezbollah libanais, qui est sous influence iranienne, a fait prisonniers à Beyrouth deux diplomates français, Marcel Fontaine et Marcel Carton. Deux mois plus tard ont été également kidnappés le journaliste Jean-Paul Kauffmann et le chercheur Michel Seurat. L'affaire émeut et passionne la France, elle empoisonne aussi nos relations avec l'Iran. Tous les soirs à la télévision, au début du JT, on annonce le nombre de jours que les quatre hommes ont passés en détention. Pour moi, le casse-tête des otages est un point d'entrée idéal dans le système chiraquien. Je convaincs Pandraud qu'il faut réaliser une « étude de marché » dans les pays – notamment les États-Unis et l'URSS – qui ont réussi à faire libérer leurs otages. Comment ont-ils procédé ? En activant quels réseaux ? Je propose de chercher à identifier les interlocuteurs iraniens avec lesquels il serait possible d'ouvrir un dialogue. Finalement, un soir, Pandraud m'emmène chez Chirac.

Dans son grand bureau de l'Hôtel de Ville, le maire de Paris est assis dans une bergère bleue près d'une immense cheminée devant laquelle se dresse une petite table de conférence entourée de chaises dorées. Pandraud lui expose mon plan. Chirac n'hésite pas une seconde, il est partant. Je me mets aussitôt au travail mais ne rendrai ma copie qu'après l'arrivée de Chirac à Matignon, en mars 1986.

C'est ma première grande aventure politique. Pour commencer, je demande à Pandraud de me mettre en contact avec les Américains et les Russes, qui ont eu à gérer des crises similaires. Il m'introduit auprès de

Michael Ledeen, qui travaille pour Robert McFarlane au National Security Council (NSC) et qui a été le conseiller spécial du général Alexander Haig, quand celui-ci était le chef de la diplomatie américaine, au début des années 1980. Ledeen est alors activement impliqué dans ce qui va devenir l'« Irangate » : l'échange de six otages américains aux mains d'un groupe islamiste sous influence iranienne contre des livraisons d'armes à l'Iran, et ce malgré l'embargo international – un *deal* qui, une fois révélé en novembre 1986, va faire scandale. C'est Ledeen qui persuade Israël de livrer ces armes à son pire ennemi, la République islamique d'Iran, pour rendre service aux États-Unis, qui ne vont pas manquer de vendre à l'État hébreu le même armement en remplacement. Aucune charge ne sera retenue contre Ledeen qui, quel que soit le jugement politique ou moral que l'on porte sur son action, n'a pas enfreint la légalité. Il s'expliquera sur son rôle précis en 1988, dans un livre intitulé *Perilous Statecraft: An Insider's Account of the Iran-Contra Affair* (« Politique de tous les dangers. Le récit d'un acteur de l'Irangate »).

Tout cela pour dire que je découvre alors un drôle de personnage. Sioniste jusqu'à la moelle, Ledeen fait partie de ces Juifs américains qui ont choisi, au début des années 1970, de devenir républicains dans le seul dessein d'influencer la politique étrangère de ce parti en faveur d'Israël. Notre premier rendez-vous doit avoir lieu dans un café de Washington. Naïf, je présume que c'est pour des raisons de discrétion.

Aussi suis-je fort étonné quand devant l'établissement s'extirpe d'une voiture déglinguée un sosie du lieutenant Columbo, l'imper fripé, taches comprises, qui me demande de monter : « Venez, je vous emmène à mon bureau. » Nous voilà partis dans sa guimbarde, dont le sol est jonché de gobelets en plastique et de boîtes en carton vides, en direction de la *Grey House*, le bâtiment situé à droite de la Maison-Blanche qui abrite la vice-présidence et le National Security Council. Dans son imposant bureau, Ledeen me relate dans les moindres détails, avec son accent californien et une franchise déconcertante, l'opération qui sera bientôt appelée dans la presse l'*Irangate*. « Barbara nous a préparé quelque chose », conclut-il, sans transition. « Allons dîner à la maison ! » Après trois quarts d'heure de trajet pour sortir du centre-ville, nous nous attablons dans un pavillon typique des *suburbs* américains en compagnie de sa seconde épouse, appelée plus tard à diriger l'organisation des femmes juives républicaines.

Grâce à Michael Ledeen, je rencontre les Iraniens impliqués dans la négociation secrète avec les Américains, dont un personnage particulièrement intéressant, Manucher Ghorbanifar, ancien responsable de la Savak – la redoutable police politique du Shah –, récupéré et recyclé par les ayatollahs après la révolution de 1979. Côté russe, Pandraud me met en relation avec Victor Louis, joliment surnommé l'« émergence du KGB », officiellement journaliste. Il passe aux médias occidentaux des informations, souvent des scoops, que le KGB veut diffuser sans apparaître. Avant de servir de canal de diffusion de nouvelles orientées, Victor Louis avait purgé une peine de dix ans dans un goulag. Au moment où je le fréquente, il vit dans le luxe sybaritique d'une *datcha* non loin de Moscou, au milieu d'un parc de voitures de collection. Je le rencontre successivement à l'hôtel Sheraton de Francfort, puis dans sa *datcha* et, enfin, à Londres dans un lieu sélect où j'ai déjà mes entrées, le Mark's Club. Naturellement, le MI6 – le service d'espionnage britannique – est au courant de notre rencontre et garde un œil sur nous, mais peu me chaut. Je n'ai aucune raison de me cacher. «Je suis finalement autorisé à vous raconter comment nous avons obtenu la libération de nos otages», m'apprend Victor Louis lors de notre soirée londonienne : «Nous savions depuis un certain temps que le Hezbollah cherchait à prendre en otages des membres de notre ambassade [au Liban]. Nous avions donc mis en place un système de réaction immédiate. Lorsque la prise d'otages a eu lieu, nos commandos basés à l'ambassade sont allés s'emparer des responsables du Hezbollah que nous avions précédemment localisés aux quatre coins de Beyrouth. Nous les avons mis en lieu sûr, puis nous avons averti le Hezbollah que, si nos gens n'étaient pas libérés immédiatement, nous leur renverrions leurs gars rondelle par rondelle. Pour preuve de notre sérieux, nous avons joint à notre avertissement quelques morceaux choisis... Notre personnel a été libéré en moins de vingt-quatre heures. » Cette stratégie a le mérite de la simplicité. Je rentre à Paris pour l'exposer à Jacques

Chirac. Ses yeux s'écarquillent : « Mais enfin Ollivier, nous, on ne peut pas faire une chose pareille ! » La voie soviétique est donc abandonnée. Il me reste à explorer plus avant la voie américaine.

Je rencontre Ghorbanifar à plusieurs reprises à Francfort, mais aussi à Munich et à Londres. Finalement, les Iraniens me demandent de venir à Téhéran. Cette proposition n'est pas du tout rassurante dans le contexte de l'époque mais je ne saurais la décliner, sous peine de couper les ponts. Pour m'assurer les meilleures conditions de sécurité possible, je tente une manœuvre diplomatique : je sollicite le président du Mozambique, Samora Machel, dont j'ai fait la connaissance dans le cadre de mes activités commerciales en Afrique australe, pour qu'il m'intègre à la délégation qui doit accompagner son ministre des Affaires étrangères, Joaquim Chissano, lors d'une de ses missions à Téhéran. Samora Machel, qui périra peu après, en octobre 1986, dans un accident d'avion, accepte de me fournir cette couverture. Me voici donc doté d'un passeport diplomatique au nom de Joan Oliveira et inclus dans la délégation mozambicaine comme chargé des questions pétrolières.

Pour des raisons logistiques, deux – vrais – Mozambicains et moi-même partons pour Téhéran vingt-quatre heures avant le reste de la délégation, depuis Francfort. Mon assistant à l'époque, mon ami Nicolas Pinel, m'accompagne à l'aéroport dans le seul dessein de récupérer mon passeport français une fois que je serai dans la zone de transit. J'ai pris le soin d'effacer tout signe qui pourrait trahir ma « francité » : j'ai même enlevé les griffes de mes costumes afin de n'être pas trahi par mon faiseur parisien. Mais il y a des limites à ce que je peux faire. J'ai beau avoir une vraie-fausse identité diplomatique, je reste quand même un Mozambicain blanc ne parlant pas portugais ! Nous arrivons à Téhéran vers 11 heures du soir. On nous avait dit que le protocole d'État nous accueillerait sur le tarmac pour nous accompagner au Hilton. Tous les passagers montent dans le bus tandis que nous attendons sagement au pied de l'avion. Rien... Nous sommes trois âmes perdues sur le bitume, seules dans la nuit persane. Un long moment d'angoisse s'écoule avant qu'un véhicule vienne finalement nous chercher pour nous conduire au salon d'honneur où nous sommes priés d'attendre sous les portraits des deux grands ayatollahs, Khomeiny et Khamenei. On nous dit qu'on va « se renseigner »... Les heures passent, nous finissons par nous écrouler de sommeil dans nos fauteuils. Le lendemain matin, la porte s'ouvre enfin et, telle une volée de chauves-souris, une flopée d'aya-tollahs froufroutant fait irruption dans la pièce. Ces saints hommes sont tout à fait aimables. Je me réveille à peine. Au premier monsieur qui me tend la main, je dis : « Bonjour, Jean-Yves Ollivier. » Quelle bourde ! Heureusement, il ne parle ni le français ni l'anglais. Il a dû prendre ma présentation pour un borborygme matinal.

Le lendemain, je rencontre Joaquim Chissano pour la première fois. Je découvre alors un homme fin comme

l'ambre, chaleureux de surcroît. Il me confirme que je
serai sous sa protection. Les services secrets iraniens,
informés de ma venue, prennent contact avec moi au
Hilton. Nous tentons de définir un cadre de négociations. Je les vois pendant la journée en ville mais rentre
le soir à l'hôtel. Nos conversations tournent autour de
ce que la France serait éventuellement prête à concéder
en échange de l'intercession de l'Iran auprès du Hezbollah pour libérer nos otages. L'Iran ne cherche pas
à obtenir de rançon mais souhaite développer son programme nucléaire avec la France et voir débloqués ses
comptes bancaires dans l'Hexagone. Cette deuxième
demande ne pose pas de problèmes insurmontables.
La première, en revanche, fait suite à l'imbroglio de
la coopération nucléaire franco-iranienne sous Valéry
Giscard d'Estaing et à la prise de participation en 1975
– à hauteur de dix pour cent – du Shah Reza Pahlavi
dans le capital d'Eurodif, consortium européen pour
l'enrichissement d'uranium par diffusion gazeuse. Ce
dossier – un champ de mines politique – ne trouvera
un règlement négocié qu'en 1991 – et certaines dis-
positions de l'accord demeurent toujours sujettes à
controverse entre Paris et Téhéran.

À mon retour à Paris, Robert Pandraud me demande
de rédiger un rapport confidentiel expliquant dans
le détail tout ce que j'ai appris sur la question des
otages et sur les circuits à emprunter pour négocier
leur libération. Je lui rends ma copie, l'une des rares
traces écrites de mes activités de l'ombre. Mon rapport
part directement au coffre. Et puis ? Rien. On ne me

reparle plus des otages ! Bien sûr, je sais que Jacques Chirac s'y intéresse toujours. Je sais aussi que Jean-Charles Marchiani, ancien officier du SDECE passé au secteur privé, s'active sur le dossier et j'apprends par la bande que Charles Pasqua envoie des gens en Côte d'Ivoire pour y rencontrer des chiites libanais... J'en conclus que j'ai été écarté du dossier. Je n'en fais pas une question de principe. La lutte entre Pandraud et Pasqua auprès de Chirac bat alors son plein – les deux hommes occupent des bureaux mitoyens, seulement séparés par une porte – et les enjeux de leur affrontement dépassent largement ma personne. Il se sait que l'un, ancien directeur de la police nationale et haut fonctionnaire au ministère de l'Intérieur, comme l'autre, ancien créateur du SAC avec Foccart et sénateur des Hauts-de-Seine, souhaitent devenir l'année suivante locataires de la Place Beauvau. Je me dis : le prince donne, le prince reprend. Je ne vais ni me rouler par terre ni affûter ma dague pour garder le monopole de ses faveurs.

Une fois que Jacques Chirac sera devenu, en mars 1986, le Premier ministre de la première cohabitation sous la Ve République, le sort des otages français au Liban sera partiellement soldé dans le cadre de l'« affaire Gordji », également connue sous le nom de « guerre des ambassades ». Wahid Gordji est le numéro deux de l'ambassade d'Iran à Paris, où il s'occupe des filières islamistes en France, mais il a pour couverture le statut de simple « interprète » et ne jouit donc d'aucune protection diplomatique. Après la série d'attentats terroristes perpétrés sur le sol français en 1986, le juge d'instruction chargé de l'enquête, Gilles Boulouque, veut l'entendre, puis, le 2 juin 1987, signe un mandat d'arrêt contre lui. Mais Gordji se retranche dans son ambassade. La situation est bloquée. Le 14 juillet, des diplomates français à Téhéran sont pris en otage. Ils vont servir de monnaie d'échange, ce qui entraîne la rupture des relations officielles entre la France et l'Iran. Charles Pasqua, ministre de l'Intérieur depuis seize mois, en négociation depuis plus longtemps encore avec les Iraniens au sujet du sort des otages français au Liban, propose alors de troquer ceux-ci contre Gordji. Le 28 novembre 1987, deux des otages français, Roger Auque et Jean-Louis Normandin, sont libérés par le Hezbollah, tandis que Gordji est expulsé par la France vers l'Iran après avoir été entendu par le juge Boulouque, qui n'a retenu aucune charge contre lui. Le marché politique est si évident qu'il suscite des protestations internationales. En décembre 1990, le juge Boulouque, dont l'indépendance paraissait bafouée, se suicide. Qui plus est, Gordji rendu aux Iraniens, il reste toujours trois otages français – Jean-Paul Kauffman, Marcel Carton et Marcel Fontaine – aux mains du Hezbollah.

Pour l'épilogue, je suis remis en selle. En mars 1988, environ un mois avant le premier tour de l'élection présidentielle, Michel Roussin, chef de cabinet à Matignon, me téléphone et me demande de foncer Place Beauvau, où il m'attend avec Charles Pasqua. Sans excès de finesse, ce dernier me flatte pour mieux se servir de moi : « Ollivier, je voulais vous dire que vous avez fait du bon travail. Vous aviez vu avant tout le monde qui était capable de libérer les otages. Comme vous nous avez déjà rendu de grands services, je vais vous demander de nous en rendre un autre encore. Demain, vous partez pour Bagdad. Michel Roussin va s'arranger pour vous mettre dans un avion Irak Air pour que vous puissiez aller rencontrer Monsieur X. Une des conditions posées par les Iraniens à la libération de nos derniers otages est en effet qu'on leur livre l'un de leurs opposants, qui vit à Paris mais se trouve actuellement à Bagdad. Moi, je ne veux pas d'une deuxième affaire Ben Barka [l'opposant marocain enlevé à Paris en 1965 et disparu depuis]. Il faut donc que vous arriviez à convaincre Saddam Hussein qu'il garde ce type au frais pendant quelques mois, le temps pour nous de solder l'affaire. On ne peut pas utiliser les services pour ce genre de mission. » J'accepte. Depuis Matignon, Michel Roussin appelle l'ambassadeur de France à Bagdad, Maurice Courage, pour lui annoncer mon arrivée par le prochain vol en provenance de Paris. Il me faudra rencontrer le patron des services secrets irakiens, qui est un beau-frère de Saddam (et qui sera plus tard fusillé).

Le lendemain, à Orly, un agent de la DGSE me fait passer les contrôles sans que je sorte mon passeport. À Bagdad, où je débarque sans visa, l'ambassadeur m'attend au bas de l'échelle de coupée et m'emmène directement à sa résidence, où je séjourne quatre jours. Chaque matin, une voiture des services secrets irakiens vient me prendre pour me conduire dans leurs bureaux où nous négocions. Fait imprévu, Saddam

Hussein vient de lancer sa grande offensive contre les marais kurdes. En représailles, l'Iran balance des Scud sur Bagdad ! La guerre Iran-Irak connaît ses derniers mois. Tous les soirs, nous montons sur la terrasse de la résidence de France pour voir cette pluie de missiles s'abattre sur la ville. La nouvelle tournure prise par la guerre ne facilite pas les discussions. Mes interlocuteurs ont l'esprit ailleurs. Sans réponse au bout de quatre jours, je rentre à Paris, déçu. Je suis donc d'autant plus agréablement surpris quand Pasqua m'appelle, une dizaine de jours plus tard, pour m'annoncer : « Ollivier, vous avez gagné. Nous avons leur accord. » L'opposant iranien est resté bloqué à Bagdad jusqu'à la libération de nos trois derniers otages, le 4 mai 1988.

Quelques jours avant cet heureux dénouement, j'assiste dans le bureau de Jacques Chirac à une réunion qui me marque profondément. Le Premier ministre doit prendre la décision de faire aboutir, ou non, la négociation pour la libération des trois otages en question. Il est abattu, conscient qu'il va perdre au second tour, dans les prochains jours, l'élection présidentielle. Il sait pertinemment que la libération des otages ne changera pas l'issue du scrutin. Au contraire, en les faisant rentrer au pays, il risque de se voir accusé de manipuler la souffrance humaine à des fins électoralistes. Charles Pasqua, Robert Pandraud, Jacques Foccart et Maurice Ulrich se prononcent tous contre cette libération. Leur raisonnement, en substance : « Il ne faut pas obtenir cette libération dans les circonstances actuelles. On va vous accuser de vouloir gagner des points politiques par une opération de relations publiques entre les deux tours de l'élection. » Chirac réfléchit brièvement puis balaie d'un revers de main ces arguments : « Cela fait trois ans que nous essayons de libérer ces Français. Ce n'est quand même pas au moment où je tiens leur liberté entre mes mains que je vais y renoncer pour des raisons politiciennes. On y va ! »

Michel Roussin et Jean-Charles Marchiani partent donc immédiatement récupérer les otages à Beyrouth et, le 5 mai, trois jours avant le second tour, Jacques Chirac et Charles Pasqua les accueillent au petit aéroport de Villacoublay, près de Paris.

Je n'étais qu'observateur lors de la réunion décisive à Matignon, sans voix au chapitre. Mais je veux rendre ici hommage à Jacques Chirac pour son geste désintéressé qui l'a grandi dans mon estime. Lors du débat télévisé précédant le second tour, le 28 avril, il avait perdu des points quand Mitterrand lui avait rappelé, en le regardant « dans les yeux », qu'il l'avait assuré disposer des preuves de la culpabilité de Wahid Gordji, mais qu'il l'avait quand même échangé contre des otages retenus au Liban. Bref, les otages ne lui ont pas porté profit. Il avait décidé de passer outre ces considérations et de les faire rentrer au pays au plus tôt, dès que ce serait possible. Le fait que les propos échangés lors de cette réunion à huis clos à Matignon n'aient jamais été divulgués prouve d'ailleurs, à mes yeux, que Chirac a agi sans arrière-pensée.

En mars 1986, quand Chirac était devenu Premier ministre, il m'avait demandé ce qu'il pouvait faire pour me remercier des services que je lui avais rendus. « Nommez-moi au conseil d'administration de Charbonnages de France », lui avais-je répondu sans fausse pudeur. C'est ainsi que j'avais obtenu cette excellente carte de visite, d'autant plus précieuse pour moi que j'étais déjà membre du conseil de surveillance de CdF Chimie, alors rebaptisé Orkem, et dont Serge Tchuruk avait pris la présidence. Dans le sillage de Tchuruk était arrivé Alfred Sirven. Les deux hommes se connaissaient pour avoir travaillé ensemble chez Mobil Oil. Lors d'un déjeuner au restaurant de CdF Chimie à la Défense, l'unique fois où je l'ai rencontré, Sirven m'avait fait mauvaise impression. Apparence négligée, langage relâché, vulgarité en bandoulière... Il n'avait pas sa place au sein de la direction d'un grand groupe. Cela dit, avais-je davantage moi-même une place ? Je n'oublierai jamais mon premier conseil d'administration de CdF. Serge Tchuruk, tout juste nommé, m'avait pris à partie : « Qui êtes-vous ? Quel cursus vous a permis d'atterrir dans mon conseil ? » Je lui avais répliqué : « La prison. » Il avait fait une de ces têtes ! Je n'avais même pas mon bac. D'une certaine manière, c'est Chirac qui m'a délivré mes diplômes, c'est lui qui m'a installé dans l'*establishment* en France.

J'avais demandé à pouvoir effectuer un audit de la filiale commerciale de CdF Chimie. Ce travail, qui m'a pris six mois, confirmait ce dont je m'étais déjà douté : la situation de l'entreprise était malsaine. Toutes sortes d'intermédiaires vendaient toutes sortes de produits, et l'on décelait sans peine que ces personnes n'étaient pas à leur place, ni pour la qualité de leurs marchandises ni pour leurs compétences. Un Yougoslave, en particulier, avait capté la part du lion de l'approvisionnement pétrolier de CdF Chimie. Or, il vendait à des prix inacceptables. Dans mon rapport d'audit, je recommandais de couper les ponts avec ce fournisseur dont, du reste, je n'avais auparavant jamais entendu parler. Au lendemain de la victoire socialiste aux élections législatives en juin 1988, je suis convoqué par Pierre Bérégovoy, redevenu ministre des Finances. Il me reçoit avec froideur : « Écoutez, vous nous créez quelques soucis. Je voudrais que vous alliez voir l'un de mes collaborateurs qui vous expliquera la conduite à tenir. » Sur ce, il m'envoie chez son secrétaire dont le bureau est alors le point de passage obligé pour le financement occulte du PS par de grandes entreprises. À ma surprise, il est en conversation avec le fameux Yougoslave et me prend de haut : « Voilà, comprenez que ce monsieur est très utile chez nous. Vous êtes en train de lui faire des misères, alors nous voudrions que les paragraphes de votre audit le concernant soient réécrits. » Je m'en sors par une pirouette : « Je vais faire bon usage de mon sens de l'État. » À l'arrivée, je ne change pas un mot dans mon rapport, et ledit Yougoslave est éliminé du circuit.

Cependant, je ne suis pas Don Quichotte cherchant à ferrailler contre des moulins à vent. À l'époque, les nominations à la tête des entreprises publiques obéissent à des objectifs politico-économiques. Les

partis assurent leur financement par ce jeu de go dont
les pièces sont les grands patrons. Et la libéralisation
de la distribution de l'eau, au niveau municipal, est
l'occasion d'un autre partage, la Compagnie générale
des eaux emplissant les coffres de la gauche, tandis
que la Lyonnaise des eaux constitue la cagnotte de
la droite. Dans le groupe Charbonnages de France,
une filiale injustement méconnue du grand public,
l'Association technique de l'importation charbonnière
(ATIC), qui jouit d'un monopole depuis 1945, sert
de relais au financement des partis. Au milieu des
années 1980, la France importe la quasi-totalité de
son charbon d'Afrique du Sud. Ce positionnement
spécifique attise l'intérêt des partis politiques français, et le mien. Puisque je cherche à m'implanter
en Afrique du Sud, le commerce de charbon m'attire autant que ces partis ont intérêt à tenir à l'écart
quelqu'un qui risque de troubler leurs cercles. Aussi,
pour calmer mon zèle à traquer surcoûts et étranges
circuits financiers au sein de CdF Chimie, m'est-il
proposé de monter ma propre société de commercialisation de charbon. Je fonde donc la Coal Trading
Corporation (CTC), société d'économie mixte dont
je deviens le patron, l'ATIC et l'État français en étant
aussi les actionnaires. Je peux ainsi importer une partie
du charbon sud-africain, à condition, bien sûr, de ne
plus mettre mon nez dans les affaires de l'ATIC, mon
associé en affaires. Tout le monde trouve son compte
dans ce montage. Tout le monde est content.

Toutefois, je suis beaucoup moins content quand, par la suite, je me vois gratifié du label de *sanction buster*, « briseur de sanctions » imposées au pays de l'apartheid. Non pas que je prétende n'avoir jamais ignoré les sanctions votées à l'Organisation des Nations unies. Au contraire, je le revendique et pense l'avoir fait pour de bonnes raisons – sur lesquelles je m'expliquerai plus loin. Mais, en l'occurrence, il m'eût été difficile de briser un embargo qui n'avait pas été décidé par les Nations unies ! S'il avait existé, aurais-je été capable d'entraîner l'État français dans une opération de contournement ? Je ne le sais pas. Je sais seulement que des pièces détachées pour des Mirage et des hélicoptères Puma vendus à l'Afrique du Sud ont bel et bien été fournies, leur livraison transitant par Singapour au vu et au su des autorités françaises. Quel en était le risque ? Un blâme des Nations unies, rien de plus. L'embargo est une notion morale et diplomatique, mais pas juridique. Le contourner ne pose un problème commercial qu'en cas de litige, le contrat violant une interdiction internationale étant alors considéré comme inexistant en vertu du principe selon lequel « nul ne peut se prévaloir de sa propre turpitude ».

À la Coal Trading Corporation (CTC), un homme lige d'Alfred Sirven, Hubert Le Blanc-Bellevaux, m'a été imposé comme directeur général. Quelques années plus tard, tous deux seront mêlés à l'affaire Leuna-Elf concernant des versements et commissions occultes lors du rachat en 1992 par Elf et le groupe allemand

Thyssen de la raffinerie de Leuna, en ex-Allemagne de l'Est. Cette affaire, comme d'autres, voit se confondre le bien et le mal : d'un côté, le souci du chancelier Kohl de préserver autant que possible des emplois dans l'ancienne RDA et la détermination du président Mitterrand à aider son partenaire dans la délicate gestion de la réunification allemande ; de l'autre, le contresens industriel qu'est le sauvetage d'une mégaraffinerie mal située à grand renfort de subventions publiques et, surtout, le versement illégal de 46 millions de francs – 40 millions d'Elf et 6 millions de Thyssen – aux parrains politiques de cette opération. Dans la coulisse, trois hommes que je connais bien servent de *missi dominici* discrets entre les deux rives du Rhin : Hubert Le Blanc-Bellevaux, mon directeur général à la CTC ; Dieter Holzer, ancien des services secrets allemands qui m'a été recommandé par Pandraud et qui est devenu un ami ; enfin, Pierre Lethier, colonel de la DGSE, ancien directeur de cabinet du général Imbot qui a quitté en 1988 le service d'espionnage français pour le privé, et dont je suis l'associé dans Comoil, une société de commercialisation de pétrole. Pendant quatre ans, nous travaillons ensemble dans nos bureaux parisiens, jusqu'au jour où, ayant eu vent de rétrocommissions dans l'affaire Leuna-Elf, je dis à Pierre : « Je n'en serai pas. » Pierre est resté mon ami mais, ce jour-là, nos chemins se sont séparés. L'argent facile l'a rendu fou. Il y a une part d'aveu dans le titre sous lequel il fera paraître, en 2001, sa version de l'histoire, *L'Argent secret : l'espion de l'affaire*

Elf parle. Deux ans plus tard, en novembre 2003, il sera condamné à quinze mois de réclusion criminelle, tout comme Dieter Holzer, tandis que Hubert Le Blanc-Bellevaux sera sanctionné par une peine de deux ans de prison dont un avec sursis.

Bien auparavant, par un bel après-midi où nous étions réunis, avenue Foch, dans les locaux de prestige que Charbonnages de France louait pour la CTC, j'ai vu ce qu'une âme plus pieuse que moi appellerait le buisson ardent. Tout à coup m'est apparu comme malsain et contreproductif le mélange des genres entre politique et *business*. Avec l'État français comme actionnaire, nous n'arrivions pas à obtenir de nos fournisseurs du charbon à des prix permettant de le revendre avec des marges : la CTC n'a jamais pu présenter un bilan positif. J'ai donc préféré donner ma démission. Quelques années plus tard, une avalanche de scandales politico-financiers, dont l'affaire Elf, a emporté tout ce monde sur son passage. J'étais déjà ailleurs, loin de la France et de ses financements occultes, dont une grande partie était liée à la « Françafrique ».

V

L'Atlantide franco-africaine

Dans la perspective des élections législatives de mars 1986, un débat télévisé est prévu, le 27 octobre 1985, entre Laurent Fabius, Premier ministre en fonctions, et Jacques Chirac, maire de Paris et leader de l'opposition. Chirac est tétanisé à l'idée de devoir mener ce débat. Il veut « quelque chose » pour « tuer » Fabius devant les caméras. Je fais partie du *brain trust* qui réfléchit à la préparation de l'affrontement. Or, Fabius a fait de la lutte contre l'apartheid en Afrique du Sud son flambeau politique. Il vient de faire le piquet devant l'ambassade sud-africaine à Paris parce que deux militants de l'ANC ont été exécutés. Son credo peut être résumé ainsi : « Moi, je suis un socialiste qui lutte pour une cause noble et juste. La bande en face, la droite, c'est la compromission, Thatcher, Reagan et Chirac qui abandonnent l'Afrique aux racistes »... Affligeant, mais efficace. J'ai ma petite idée sur la meilleure manière de lui clouer le bec. Je l'évoque pour la première fois en montant les escaliers de la mairie de Paris : « Il faut faire libérer Mandela. » Je m'explique alors que nous gravissons les marches : nous devons faire en sorte que Chirac puisse jeter à la tête de Fabius, en plein débat, que les négociations secrètes qu'il a initiées, lui, sont autrement plus efficaces que de faire le pied de grue devant l'ambassade d'Afrique du Sud pour le JT de 20 heures. Chirac, qui a deux ou trois marches d'avance sur moi, se retourne, diablement intéressé :

— Vous croyez que c'est possible ?

— Je crois qu'il y a une chance.

— Alors on essaie ! Roussin, organisez une réunion avec Ollivier !

Le lendemain, Michel Roussin m'appelle : « On va se réunir, Messmer, Foccart, Pandraud, toi et moi. » Je le rejoins à l'Hôtel de Ville pour que nous nous rendions ensemble rue de Lille, au siège du RPR. Il profite du trajet pour m'avertir : « Jean-Yves, là tu vas voir des mammouths, nos vrais mammouths, alors garde tes réflexions pour toi. Tu fermes ta gueule et tu dis "oui" à tout. » C'est précisément ce que je vais faire. Par la suite, je développerai une très bonne relation avec Pierre Messmer, un homme chaleureux, réservé, d'une grande délicatesse. À l'époque, il préside le groupe RPR à l'Assemblée nationale. Il a été ministre des Armées du général de Gaulle de 1960 à 1969, et à ce titre a rencontré son homologue sud-africain, à qui il a vendu des Mirage. Depuis, Pieter Willem Botha, plus connu comme P.W. Botha, sinon dit le « grand crocodile », est devenu président de la République sud-africaine. Messmer est notre atout pour percer la carapace du principal défenseur d'un apartheid pur et dur.

La réunion au siège du RPR est l'occasion de ma première vraie découverte de la « Françafrique ». Notre conciliabule a un seul objectif, faire sortir Nelson Mandela des geôles sud-africaines. Comment la France peut-elle y parvenir ? En faisant appel à son plus fidèle allié au sud du Sahara, le président ivoirien Félix Houphouët-Boigny. À l'époque, cela semble un bon raisonnement – aujourd'hui, avec le recul, c'est beaucoup moins évident. Ainsi mesure-t-on le temps qui passe, et les transformations qui ont affecté la relation franco-africaine... Houphouët-Boigny avait inventé le néologisme « Françafrique », traduisant dans son esprit la nature étroite des relations entre la France et ses anciennes colonies d'Afrique. En 1985, lorsque nous nous asseyons autour d'une table rue de Lille, le mot ne circule pas, il n'est pas encore tombé dans le domaine public. Signe d'une relation qui s'abîme au fil du temps, le terme passera du sens de congratulation fusionnelle à un sens polémique, proche de l'insulte, quand son usage deviendra courant dans les médias, à la fin des années 1990. Vulgarisé dans son sens péjoratif par François-Xavier Verschave, auteur de *Noir silence* et d'autres pamphlets contre la « Françafrique », le terme servira alors à désigner l'Atlantide franco-africaine de la corruption, des « magouilles » et des « tripatouillages ». Qu'importe que ce continent voué, en bloc, à la criminalité en col blanc n'ait jamais existé ! Qu'importe que le principal témoin de l'accusation

– feu François-Xavier Verschave – n'ait jamais mis les pieds en Afrique ! Après la fin de la guerre froide, au moment historique où la France solde sa « présence » séculaire en Afrique, l'opinion publique hexagonale baigne dans l'idéologie. Elle n'a cure d'une réalité autrement moins simpliste. « Qui veut noyer son chien l'accuse d'avoir la rage » : la France n'a plus les moyens de peser sur le cours de l'histoire dans une Afrique dont le poids démographique a quintuplé, passant de 200 millions d'habitants en 1930 à un milliard en 2010 ; de son côté, cette jeune Afrique se demande à quoi l'ancienne puissance tutélaire pourrait encore lui servir, si ce n'est comme bouc émissaire commode de ses propres faiblesses. Dans ces circonstances, la rupture est consommée, et le divorce moche, forcément moche.

En 1985, la France-Afrique – sans troncation – n'est pas un fantasme, mais une réalité. Issu d'un processus de décolonisation négocié, un État franco-africain s'affirme à travers tout un système d'accords de défense et de coopération. N'en déplaise aux pourfendeurs de la « Françafrique », qui nourriront les chimères d'une toute-puissance blanche, la France-Afrique, bien réelle, repose non seulement sur l'Élysée, et son hôte du moment, mais, aussi, sur un triptyque africain : Houphouët-Boigny en Afrique de l'Ouest, Omar Bongo en Afrique équatoriale et, charnière au Maghreb, le roi Hassan II du Maroc. À Paris, le « conseiller Afrique » du président de la République est l'interlocuteur attitré de ces chefs d'État. Comme les présidents de la République française, leurs conseillers se sont succédé. Seulement l'un d'entre eux, Jacques Foccart, a partagé avec les piliers africains de la France-Afrique une longévité exceptionnelle dans ses fonctions et dans l'exercice d'un pouvoir *de facto* sans bornes. Foccart a été le « Monsieur Afrique » successivement du général de Gaulle, de Georges Pompidou et de Jacques Chirac. Il a été une institution, au même titre que Houphouët-Boigny, qui a gouverné de 1960 à 1993, Omar Bongo (1963 à 2009) ou Hassan II (1961 à 1999).

Foccart, c'est la Résistance, les « réseaux », le gaullisme, les « services » et les secrets – tout un *package* ! On l'a surnommé « le Sphinx ». Je pense qu'il devait ce surnom au fait qu'il était toujours à l'écoute, ne cherchant guère à projeter sa propre opinion ou à engager un dialogue. Quand il venait dîner à la maison, il parlait peu mais, si on lui posait une question, il s'efforçait d'y répondre. Il ne tapait sur le ventre de personne, ne racontait pas d'histoires cochonnes et ne faisait pas de grosses blagues de tablée. On a pris sa retenue pour de la froideur, de la prétention. En réalité, il était simplement réservé. Il était par ailleurs un grand travailleur, disponible tous les jours, à toute heure, week-ends compris. Il vivait sa fonction comme un sacerdoce, son épouse chaleureuse toujours à son côté. Le couple n'avait pas d'enfants, et n'en manifestait que plus d'affection ou, tout au moins, d'attention à ceux des familles présidentielles africaines. Foccart était d'une probité totale. Entrepreneur financièrement indépendant du pouvoir, il possédait sa célèbre « case à fétiches » près de Paris, la Villa Charlotte, et une maison sur la Côte d'Azur achetée bien avant l'envolée des prix. Depuis qu'il avait quitté l'Élysée, il occupait un petit bureau rue de Prony. Il aurait pu demander ce qu'il voulait à n'importe quel chef d'État, français ou africain, il l'aurait obtenu. Mais il n'a jamais pris un sou à quiconque.

À l'origine de sa puissance en Afrique, il y avait de Gaulle, mythe absolu sur le continent. Foccart était l'estafier du Général. Il portait le manteau et les armes du grand homme, il lui mettait le pied à l'étrier et, au besoin, lui servait de garde du corps. À ce titre combatif, il était le fidèle parmi les fidèles, l'ombre du Général. Il était respecté par tous les chefs d'États africains pour avoir trempé son caractère dans l'essence du pouvoir gaulliste, parce qu'il bénéficiait du charisme du « chef ». Foccart vouait lui-même une vénération quasi mystique au Général. Lorsqu'il parlait de lui, sa voix changeait. À la fin de sa vie, quand le « mythe de Gaulle » s'est estompé auprès des jeunes générations africaines, Foccart avait lui-même acquis une valeur intrinsèque. Il était devenu une légende vivante, « le sage qui donne les bons conseils et fait les recommandations qu'il faut respecter, sous peine de sortilège ».

J'ouvre ici une parenthèse frivole : des années plus tard, je me suis moi-même servi de l'aura du Général sur le continent africain. J'avais rencontré Charles de Gaulle, son petit-fils homonyme, qui avait épousé une amie argentine, Sandra Dolorès Porati devenue Sandra

Dolorès de Gaulle. Lassé de son métier d'avocat, Charles voulait faire fortune en Afrique. Or, j'avais vu évoluer sur le continent l'un des enfants de la famille Kennedy, qui monnayait avec succès le nom de son père pour conclure de juteuses affaires, sous couvert d'une fondation qui ne trompait personne. J'ai donc engagé Charles de Gaulle, sans jamais le dire à mes parents. Moi, associé à un de Gaulle ? Ma mère aurait fait une crise cardiaque, ma grand-mère en serait morte ! Pour ma part, ayant le sens pratique des affaires, j'ai vaincu mes réticences et réussi quelques belles opérations en Afrique en la bonne compagnie de ce Charles de Gaulle. Cependant, notre association n'a pas résisté à l'épreuve du temps en raison des errances politiques de mon porte-nom. Charles a fini par atterrir au Front national après un passage au Mouvement pour la France de Philippe de Villiers. Comme quoi, trêve de frivolités, l'héritage gaullien n'est jamais à l'abri de dérives...

Nul n'est exempt de contradictions. Animal politique à sang froid, grosse tête sur un corps plus raide que carré, Foccart aimait l'Afrique pour sa « chaleur humaine ». Il est paradoxal qu'un homme si réservé se soit tant plu dans un univers plutôt exubérant. Quoi qu'il en soit, Foccart n'avait aucun préjugé à l'égard du continent noir. Chez lui, pas une trace de racisme, aucun mépris. Bien entendu, il était paternaliste. Il voyait les Africains comme des « enfants » manquant encore un peu d'éducation, des enfants qu'il entendait instruire davantage avant de les laisser partir à l'aventure. Il croyait sincèrement à une communauté de destin entre la France et « son » Afrique. En 1958, il avait mis Sékou Touré, premier président de la République de Guinée, « au coin » – l'expression est encore d'Houphouët-Boigny – parce qu'il lui tenait rigueur de vouloir tout, tout de suite. Au lendemain des indépendances, il avait laissé en place, et souvent placé, de nombreux administrateurs auprès des nouveaux chefs d'État, dans les antichambres du pouvoir, dans les ministères ou encore dans l'armée. Était-ce un système « néocolonial » ? Tout dépend du degré de consentement mutuel, qui variait d'un pays à l'autre. Le Sénégal de Senghor ou la Côte d'Ivoire d'Houphouët n'étaient pas le Niger de Hamani Diori ou le Cameroun d'Ahmadou Ahidjo. Par-dessus tout, Foccart était convaincu que la France sans l'Afrique ne serait plus qu'un petit pays. Sa « grandeur » dépendait du nombre de voix qu'elle était capable d'entraîner dans son sillage aux Nations unies. C'était cela qui lui conférait son statut de puissance, son « rang » et son « rayonnement ». Perdre l'Afrique, cela aurait été devenir une grande Belgique... Foccart voulait conserver à l'Hexagone son « pré carré » africain qui en faisait une plus grande France.

Lorsque je rencontre les « mammouths » du RPR, à l'automne 1985, je connais Houphouët-Boigny depuis un an environ. Foccart m'a présenté au « Vieux » à la faveur d'un dîner à la résidence présidentielle à Abidjan. Houphouët-Boigny était entouré des soins de l'incontournable Georges Ouégnin, son chef de protocole, majordome et intendant, la clef de son coffre... Ouégnin avait à son égard les gestes d'un fils envers son père : il l'aidait à enfiler son manteau, époussetait ses habits, veillait sur chacun de ses pas, prêt à intervenir à la moindre défaillance du président. Houphouët-Boigny ne mangeait pas beaucoup, mais il devait employer un cuisinier trois-étoiles à en juger par sa soupe aux truffes à la Bocuse qui avait failli me faire perdre le fil de la conversation. Houphouët m'avait d'autant plus impressionné qu'il ne cherchait pas à éblouir. C'était un homme de petite taille, aux yeux pétillants mais durs, gris bleuâtre en raison d'un glaucome avancé. Sa voix nasillarde était célèbre, reconnaissable entre toutes. Cependant, on l'entendait peu. Le « Vieux » préférait écouter plutôt que s'écouter parler. Quand il voulait mettre une idée en avant, il s'accordait un temps de silence, puis citait un proverbe africain. Cette référence constante et naturelle à la sagesse populaire le distinguait des autres présidents et intellectuels africains, qui passaient leur temps à faire le guide dans le panthéon scolaire de la culture française. Houphouët-Boigny me fascinait à double titre : il avait reçu la reconnaissance de l'Occident, il avait été plusieurs fois ministre et même ministre d'État de la République française, dont il connaissait les honneurs et les ors, mais il n'avait jamais renié son socle africain. Senghor était un Français noir tandis qu'Houphouët était universel. L'Ivoirien vivait dans une maison occidentale, confortable, agrémentée de meubles du XVIIIe siècle tout en conservant ses facettes africaines.

Mon ami Amara Essy, l'un de ses plus proches collaborateurs, me raconta un jour qu'Houphouët-Boigny
s'était lavé toute sa vie à la manière traditionnelle.
Il se mettait tout nu, on lui apportait un bac d'eau
chaude, il s'asseyait sur un tabouret et Amara Essy ou
un autre intime le savonnait à l'éponge avant qu'il ne
se rinçât le corps.

Au cours de notre première rencontre, Houphouët-
Boigny m'avait dit une chose, d'apparence anodine,
qui est devenue par la suite une règle essentielle
pour moi : « Si vous voulez connaître l'Afrique, n'entrez jamais dans un village sans être accompagné de
quelqu'un que le village connaît déjà. » C'est avant
tout en respectant ce principe de base que j'ai eu
quelque succès dans mes efforts d'intercession, que
j'ai pu gagner la confiance de certains protagonistes
de l'échiquier africain. Quand bien même j'aurais pu
voir quelqu'un du fait de ma fonction, du fait de la
sienne ou pour une raison si évidente qu'elle se serait
passée d'explication, je l'ai toujours d'abord rencontré
en présence d'un ami commun. En Afrique, et sans
doute pas seulement en Afrique, c'est le meilleur gage
d'une confiance naissante.

Pour Houphouët-Boigny, l'instruction des hommes
au sens large était la priorité des priorités parce que
la base de l'avenir. Dans les années 1960 et 1970, il
a consacré un tiers du budget de la Côte d'Ivoire à
l'Éducation nationale – un record mondial. Il a aussi
envoyé des émissaires partout en Afrique francophone
pour proposer aux jeunes gens brillants de s'installer

dans son pays et d'y prendre femme. Aucun poste
de responsabilité ne leur était interdit. Les immigrés,
en Côte d'Ivoire, jouissaient du droit de vote à l'égal
des nationaux. Houphouët a tout fait pour former
une élite. Ainsi a-t-il gagné le pari qu'il avait engagé
en 1958 avec Kwame Nkrumah, son voisin ghanéen
venu le défier chez lui, à Abidjan. Au charismatique
héraut du panafricanisme, qui promettait aux foules
de les faire entrer au « royaume politique » de l'Indépendance qu'il venait de conquérir pour son pays – il
a été le premier leader à mettre fin au colonialisme
au sud du Sahara –, Houphouët-Boigny avait répondu
que « l'assiette de l'indépendance [serait] vide tant que
nous [les Africains] ne [saurions] pas faire tourner
l'économie de nos pays ». Il avait plaidé pour une
association, d'égal à égal, avec l'ancien colonisateur, en
lieu et place d'une souveraineté creuse qu'il percevait
comme un péché d'orgueil. « Persévérons chacun dans
sa voie, dans le respect mutuel et sans interférence, et
revoyons-nous dans dix ans pour faire le bilan et pour
voir qui a apporté plus de bien-être à son peuple »,
avait-il proposé à Nkrumah. Lequel, dix ans plus tard,
vivait en exil, victime d'un putsch en 1966. Le Ghana
s'enfonçait dans une longue instabilité alors que la
Côte d'Ivoire d'Houphouët-Boigny s'apprêtait à vivre
un « miracle » économique.

Ceux qui, rétrospectivement, caricaturent l'association entre la France et l'Afrique voient la France
comme le cavalier et l'Afrique comme la monture.
Mais l'inégalité entre un pays riche et un continent

pauvre – une inégalité que je n'aurais évidemment pas la sottise de nier – ne signifie pas que, en toutes circonstances, le premier se sert du second et le manipule à sa guise, le mors aux dents. « La main qui donne est toujours au-dessus de la main qui reçoit », enseignait Houphouët-Boigny, à qui on n'avait rien à apprendre sur ce sujet. Seulement, au lendemain de l'indépendance ivoirienne, le nombre des expatriés français est passé de dix mille à cinquante mille ; qui donnait et qui recevait, entre Paris et Abidjan ? La Côte d'Ivoire rémunérait et logeait les coopérants et conseillers techniques ; son économie florissante – entre 1960 et 1978, elle tient le record mondial de croissance ! – nourrissait les PME françaises. La situation était semblable au Gabon, dont le pétrole et le manganèse faisaient vivre une forte communauté française. Bien sûr, la situation était différente en Haute-Volta, l'actuel Burkina Faso, au Tchad et au Niger. Encore que, dans ce dernier pays, la France a longtemps « reçu » son uranium à un prix politique compensant en partie son « aide », qui pouvait aussi être considérée comme une subvention à un approvisionnement stable et garanti. Une matière première aussi sensible que l'uranium valait bien cet effort consenti, dont la nature n'était pas purement humanitaire.

Quand Houphouët-Boigny employait des conseillers français, ceux-ci étaient à son service et non pas au service de la France – et ils avaient intérêt à ne pas l'oublier ! De même, quand Houphouët rencontrait Foccart, ce dernier était là pour prendre conseil, et non l'inverse. Je me souviens d'avoir accompagné Chirac lors d'une tournée africaine dans un avion affrété, qui était équipé de deux chambres à coucher. Nous avons fait escale à Abidjan à 3 heures du matin. Foccart, en survêtement, est sorti de sa chambre au milieu de la nuit. Une limousine noire l'attendait sur le tarmac. Il est parti seul, sans garde du corps ni secrétaire. Il s'est entretenu pendant trois heures en tête à tête avec Houphouët-Boigny, qu'il appelait par ailleurs rituellement au téléphone, le mercredi, toujours à la même heure, qu'il y ait ou non une actualité à commenter. Dans l'esprit de Foccart, Houphouët était l'*alter ego* africain du Général et, à ce titre, l'autre « chef » de l'État franco-africain.

Ce statut particulier jouait dans le respect qu'inspirait à tous les présidents de l'Afrique francophone celui qu'ils appelaient « le doyen ». Cependant, il ne faut pas être naïf : Houphouët-Boigny était puissant de par sa relation avec la France et en tant que « sage », mais aussi parce qu'il donnait beaucoup d'argent aux autres chefs d'État africains. Il avait dans son bureau un coffre dont Ouégnin avait les clefs. Dans ce coffre, il y avait des enveloppes de couleurs différentes, correspondant à des sommes bien précises. Il suffisait donc à Houphouët-Boigny de quérir « deux enveloppes rouges » ou « une enveloppe bleue » pour remettre un montant exact à la personne venue le solliciter. Beaucoup d'hommes politiques africains et français, au pouvoir ou dans l'opposition, étaient ses obligés.

C'est également vrai pour Omar Bongo, deuxième point d'appui africain de la France-Afrique. Toutefois, malgré tous les mérites qu'on peut lui trouver, le président gabonais n'était pas un « sage ». Lui-même faible devant les tentations, il misait sur la faiblesse des hommes – et se trompait rarement. La cupidité, la vie privée, les désirs, la jalousie, la vanité... Ce bon père de cinquante-sept enfants officiellement reconnus était familier de tous les répertoires. Auprès de ses pairs africains, il tirait un grand prestige de son accès privilégié à la classe dirigeante française et de sa connaissance inégalée de la vie politique tricolore. Il « investissait » énormément en ce sens. Outre les premiers couteaux, il recevait Bayrou, Longuet, Le Pen, tout le monde, hauts fonctionnaires utiles et journalistes serviles inclus... Il donnait un « coup de main » lors des élections. Il était très influent. Les ministres français de la Coopération étaient nommés à son instigation, au minimum avec son accord. En retour, la DGSE avait des bureaux au sein même du palais présidentiel gabonais : ce bâtiment a été l'un des premiers endroits où des écoutes satellitaires ont été pratiquées. Bongo se faisait remettre les transcriptions de conversations téléphoniques dans le monde entier. Autre spécialité locale, qui a enrichi bien des sources vénales dans des capitales étrangères : Bongo adorait se procurer des télégrammes diplomatiques – des « TD » – pour embarrasser les ambassadeurs accrédités au Gabon. « Ah ! alors comme ça, vous écrivez à votre gouvernement que je suis corrompu et que mon entourage ressemble à une cour royale au Moyen Âge ! » Après une remarque de ce type, le diplomate hésitait beaucoup avant de coucher à nouveau sur le papier un mot critique...

C'est encore Foccart qui m'a introduit auprès de Bongo, mais seulement en 1988. Après notre première rencontre, le président gabonais avait appelé directement Chirac pour se renseigner davantage sur moi. Chirac m'a lui-même rapporté le fait, en glissant naturellement : « Je lui ai dit qu'il était important que vous vous rapprochiez. » Avec de tels parrainages, j'étais très bien traité ; j'ai été gratifié d'un passeport diplomatique gabonais et chargé d'emmener Pascaline Bongo, la fille aînée du président, pour son premier voyage en Afrique du Sud. Libreville et Pretoria étaient engagés dans un commerce important – pétrole, manganèse, produits frais, viande... – et peut-être même dans une discrète coopération militaire. Cherchant à mieux connaître son partenaire inavouable, Bongo avait décidé que sa fille aînée irait voir à quoi ressemblait l'apartheid.

Comme Houphouët-Boigny, Bongo aimait se mêler de tout. Mais il prenait parti, souvent avec fougue et parfois avec beaucoup de mauvaise foi. Il lui arrivait même d'allumer des incendies pour mieux les éteindre ensuite. Il lui arrivait aussi de se tromper lourdement et de semer le désordre. C'est ainsi qu'il a financé à la fin des années 1990 d'anciens généraux de Mobutu réfugiés au Congo-Brazzaville, afin qu'ils traversent le fleuve et renversent Laurent-Désiré Kabila, celui-là même qui a renversé le maréchal-président en mai 1997. Cela a été un fiasco total, en dépit de tout l'argent que ces généraux, qui n'ont de leçons à recevoir

de personne en matière de corruption, ont gardé pour
eux sans rien entreprendre. D'ordinaire, Bongo était un
homme malin, un hâbleur doté d'une gouaille imbat-
table. Il recevait à longueur de journée, voire la nuit,
et, malgré la batterie d'écrans vidéo placée derrière son
bureau – dont une caméra de surveillance dans la salle
d'attente que son visiteur vient de quitter ! –, il n'avait
pas son pareil pour créer un sentiment d'intimité avec
son interlocuteur qu'il tutoyait facilement. Pourtant,
sous la plaisanterie facile, un esprit vif et soupçonneux
veillait toujours.

Quand Omar Bongo voulait honorer quelqu'un, il
l'invitait à dîner dans son salon marocain, une pièce à
dimension humaine dont Hassan II lui avait fait cadeau
en lui envoyant ses meilleurs artisans. Mais même ceux
qui ne partageaient pas l'intimité du président gabonais percevaient l'influence du roi du Maroc en fran-
chissant le dernier rempart de sa sécurité rapprochée,
composée d'une garde marocaine. Ce n'était là qu'un
signe parmi d'autres – souvent discrets – de l'impli-
cation de Hassan II en Afrique noire. Prolongeant
une tradition multiséculaire qui fait du Maroc – dont
toutes les dynasties ont surgi du Sahara pour se lancer
à la conquête du trône – le pays du pourtour méditer-
ranéen le plus investi en Afrique noire, le royaume a
servi de relais efficace à la France au sud du Sahara,
en particulier sur le plan militaire, pour la formation
d'officiers ou, plus directement, lors des interventions
au Shaba (Katanga) en 1977 et 1978. S'il est vrai
que Hassan II a été un pilier de la France-Afrique,

il est aussi certain qu'il avait d'autres titres à faire valoir, du fait de son influence au Maghreb et, au-delà, à travers le monde arabe. Enfin, il ne serait pas excessif de dire qu'il existait sous son règne à la fois une « Maroc-Afrique » et une « Maroc-France », c'est-à-dire une collusion d'élites liant la cour marocaine – le *makhzen* – aux leaders d'Afrique noire, d'un côté, et à la classe dirigeante française, de l'autre. Tant au sud du Sahara qu'au nord de la Méditerranée, quel membre de la *nomenklatura* n'était pas, d'une façon ou d'une autre, l'obligé de Hassan II ?

En 1985, l'État franco-africain fonctionne toujours et Foccart est encore puissant. C'est donc avec une certaine confiance que, lors de la rencontre organisée par Michel Roussin à la demande de Jacques Chirac, nous arrêtons le plan suivant : la Côte d'Ivoire va nouer des relations diplomatiques avec l'Afrique du Sud en échange de l'engagement de Pretoria de libérer Nelson Mandela ; cette reconnaissance officielle, à rebours des appels au boycottage de l'Organisation de l'unité africaine, sera scellée lors d'une visite d'État que fera le président sud-africain P.W. Botha à Yamoussoukro, la capitale politique ivoirienne ; en cette occasion solennelle, Félix Houphouët-Boigny annoncera la prochaine libération de Mandela comme un premier pas sur la route du démantèlement de l'apartheid ; à la veille du débat télévisé entre Chirac et Fabius, le président ivoirien rendra hommage au maire de Paris pour avoir initié et parrainé les négociations secrètes entre la Côte d'Ivoire et l'Afrique du Sud. Cela permettra à Chirac de lancer à Fabius une phrase assassine : « Pendant que vous vous couvriez de ridicule en protestant devant l'ambassade d'Afrique du Sud, rive gauche, à Paris, j'ai agi discrètement et avec efficacité en Afrique dont je connais les arcanes. La preuve, Mandela va être libéré grâce à moi. »

Nous disposons de très peu de temps, car les tractations pour l'élargissement de Mandela débutent un mois seulement avant le débat télévisé. Pierre Messmer est chargé d'amener à résipiscence P.W. Botha lors d'un voyage éclair en Afrique du Sud que j'ai organisé dans le plus grand secret. Il déjeune avec P.W. Botha, tandis que Michel Roussin et moi-même sommes assis à une petite table voisine. L'accord du président sud-africain semble acquis. Il tient à se rendre en visite d'État en Côte d'Ivoire pour briser définitivement l'isolement diplomatique de son pays, dix-huit mois après avoir signé un pacte de non-agression avec son voisin mozambicain dans le port de Nkomati. Aux côtés d'Houphouët-Boigny, le « grand crocodile » devra faire une promesse assortie d'un gage : il annoncera l'amélioration progressive du sort des Noirs en Afrique du Sud et offrira comme gage de bonne volonté la libération de Mandela. S'il tient parole, il sera ensuite également reçu officiellement à Paris au cours d'un déplacement qu'il fera au prétexte de venir inaugurer, en Normandie, un monument honorant la mémoire des soldats sud-africains morts pour la France pendant la Première Guerre mondiale. Cette dernière idée est ma trouvaille, la valeur ajoutée que je veux apporter à un marché dont la conclusion ferait de moi un « négociant » heureux.

Pendant ce temps, Jacques Foccart se charge de la Côte d'Ivoire. Il rencontre Houphouët-Boigny, qui entérine le scénario soumis à son approbation. Le « Vieux » a été le partisan d'un dialogue avec Pretoria dès les années 1970 et il n'a pas peur de se retrouver une fois encore seul contre tous sur le continent. C'est un vrai leader sachant fixer un cap et s'y tenir, à la différence des politiciens girouettes qui suivent les masses – et que le premier coup de vent emporte. Sur ce, des négociations directes s'ouvrent entre les services secrets sud-africains et ivoiriens. Elles vont vite s'enliser. De jour en jour, les exigences protocolaires des Sud-Africains se font plus exorbitantes. Ils veulent des kilomètres de tapis rouge, des drapeaux partout, leur hymne en afrikaans chanté en chœur dans les rues de Yamoussoukro... En même temps, ils mollissent sur leur promesse de libérer Mandela. Cela ne se ferait pas tout de suite mais seulement « à terme »... Outragé, Houphouët-Boigny décide de couper les ponts. Il renvoie le chef de la délégation sud-africaine, Gerrit Badenhorst, qui est aussi le chef de la sécurité de P.W. Botha, sur un propos cinglant : « Vous vous êtes présentés à nous comme la "tribu blanche" de l'Afrique mais, en fait, vous n'êtes pas africains. En Afrique, dans aucun village il n'y a une case avec le mot "prison" écrit dessus. Nous, on tue ou on condamne à l'exil, mais on n'enferme pas. Or, non seulement vous avez enfermé Mandela depuis tant d'années, mais vous ne voulez pas le relâcher. Vous venez de perdre un allié parce que vous vous moquez de la tradition africaine. »

Ce fut un échec. Cette première tentative pour aboutir à la libération de Nelson Mandela était précipitée. Les dirigeants sud-africains n'étaient pas encore prêts. Quant au débat télévisé entre Chirac et Fabius, ce faux-semblant franco-français dont j'aurais voulu qu'il enclenche le démantèlement négocié de l'apartheid, il a pris une tournure totalement inattendue. Le soir du 27 octobre 1985, Laurent Fabius se révèle au grand public comme un homme hargneux. Sans relâche, sur un ton de plus en plus agressif, il coupe la parole à Jacques Chirac. Jusqu'à ce que celui-ci lui ferme le clapet : « Cessez d'intervenir incessamment un peu comme le roquet ! » La phrase a fait mouche. Pourtant, elle n'était ni particulièrement bien tournée ni, à plus forte raison, sortie des cogitations anticipatrices de notre *brain trust*. Elle a probablement été inspirée à Chirac par son satané caniche blanc, Sumo, dont les attaques gratuites étaient notoires, mais qui était protégé en toutes circonstances par Bernadette. Cela rend modeste.

VI

Ma longue marche en Afrique australe

Les événements qui forment une vie sont rarement rangés dans des boîtes séparées. Ce sont plutôt des *matriochkas*, des poupées russes. CdF Chimie m'a remis sur la piste du charbon sud-africain, alors que, depuis un voyage d'exploration, je suis fortement intrigué par le pays de l'apartheid. Voilà une poupée qui ne va pas rester seule. Mon petit tour à Téhéran sous le nom de « Joan Oliveira » au sein de la délégation mozambicaine, pour aider à la libération des otages français au Liban, est venu conforter la relation de confiance que j'étais en passe de construire avec de hauts responsables à Maputo. Encore une poupée qui va, elle aussi, rapidement s'emboîter dans d'autres. Enfin, même si la première tentative de ramener Nelson Mandela du pénitencier de Robben Island a tourné court, les liens tissés avec Jacques Chirac et son entourage m'ont permis de devenir un *missi dominici* en dehors du champ d'action traditionnel de la France sur le continent noir. Cette poupée aussi porte de belles promesses d'avenir.

Dans la première moitié des années 1980, je me
constitue un carnet d'adresses en Afrique du Sud qui
va sûrement faire de moi le Français, et peut-être
même l'étranger, le mieux connecté au pays de l'apartheid. On me dira plus d'une fois, souvent sur un ton
plus que vif, qu'il n'y a pas là de quoi se vanter, que ce
n'est pas un titre de gloire... Cela dépend. D'abord, je
suis pied-noir et, par conséquent, je perçois la situation
sud-africaine à travers un prisme particulier, celui du
drame algérien. Est-ce à dire que je ne suis pas sensible
à la souffrance des Noirs sud-africains, victimes d'un
racisme érigé en raison d'État ? Je ne le pense pas.
J'abhorre la ségrégation du fait de la couleur de la peau
autant que tout autre type de discrimination. Et je ne
serais pas devenu, par exemple, l'ami de Winnie Mandela si, devant la persécution dont elle faisait l'objet
pendant les longues années où son mari était en prison,
je n'avais pas spontanément choisi mon camp. Seulement, l'expérience algérienne m'inspire alors deux
idées forces qui ne naissent peut-être pas d'un réflexe
de pure compassion : d'une part, je sais d'emblée que
l'avenir appartient aux Noirs sud-africains, qu'ils vont
remporter la victoire et façonner une nouvelle Afrique
du Sud ; d'autre part, je sais aussi combien le risque
est grand que les Blancs, après avoir imposé l'apartheid à la majorité du pays pendant des générations,
ne fassent pas partie de cet avenir mais soient « jetés
à la mer ». Pour beaucoup d'observateurs, ce n'est là
qu'un cliché de propagande, un chiffon rouge agité
sous les yeux des Blancs sud-africains pour qu'ils ne

flanchent pas dans leur défense jusqu'au-boutiste de l'apartheid. Cependant, nous – moi, ma famille, les miens – avions vu un million de Blancs, la totalité, jetés à la mer en 1962 ! Je n'ai donc aucune difficulté à m'imaginer une fin dramatique au système ségréga-tionniste en Afrique du Sud. Et je fais tout ce qui est en mon pouvoir pour atteindre simultanément deux objectifs : la fin de l'apartheid, qui est un crime contre l'humanité, et « un atterrissage en douceur » – *a soft landing* – de l'Afrique du Sud afin que le triomphe sur la discrimination ne s'accompagne pas d'un nouveau drame qui viderait cette victoire de son sens.

Ensuite, je demande à ceux qui me voient comme un « ami de l'apartheid », voire un « suppôt du régime de la suprématie blanche », de me juger sur mes actes et non pas en se grisant de paroles. Oui, c'est vrai, je n'ai pas été un « porteur de valise » de l'ANC, je n'ai pas animé de comités prônant le durcissement des sanctions contre le « système raciste », pas plus que je ne me suis enchaîné au grillage d'une ambassade d'Afrique du Sud dans une capitale occidentale. Cependant, dès mon implantation en Afrique du Sud, à une époque où cela n'était pas encore banal, j'ai établi des contacts à tous les niveaux avec le mouvement antiapartheid et ses alliés à l'étranger, notamment dans les « pays de la ligne de front », voisins de l'Afrique du Sud. De ce fait, après la fin de l'apartheid, je serai tout aussi bien introduit que je l'avais été sous le défunt régime. Mieux, je dois être l'unique personne à avoir été décorée à la fois par les tenants de l'apartheid et par leur victime la plus connue,

Nelson Mandela, une fois que celui-ci fut devenu président. Pourtant, Mandela savait que, oui encore, j'avais violé des sanctions imposées par l'ONU au pays de l'apartheid, que j'avais vendu du pétrole – quelques cargaisons, une goutte dans l'océan des approvisionnements – au gouvernement de P.W. Botha. Il était aussi informé du fait que j'avais emmené des dizaines d'hommes d'affaires sud-africains dans une demi-douzaine de pays africains où j'avais mes entrées et qui, tous, étaient prêts à faire du *business* avec l'État paria du continent la nuit, alors que le jour, ils le clouaient au pilori. Mais enfin, on n'attrape pas des mouches avec du vinaigre ! Si je n'avais pas donné ces gages, jamais je n'aurais pénétré le cœur du système d'apartheid : les sphères où les vraies décisions se prennent, c'est-à-dire le pouvoir exécutif, les milieux d'affaires, l'armée, les services secrets et le Broederbond, la « ligue des frères afrikaners » qui fut le Saint des saints de l'apartheid.

Il faut se poser les bonnes questions, celles qui permettent de distinguer apparence et réalité, fausse posture et vraie conduite : ai-je voulu intégrer le système d'apartheid pour en tirer un avantage personnel ? Concrètement, ai-je voulu faire fortune en brisant les sanctions ? La réponse est de toute évidence négative. Car si j'avais lié mon sort et ma prospérité au bastion de l'apartheid, j'aurais défendu mon pactole et le régime en place au lieu d'en accélérer la fin, de travailler à sa perte. En vérité, j'ai dépensé bien plus d'argent pour mon travail de sape que je n'aurais jamais pu en gagner avec l'apartheid. *For full disclosure,* comme on dit en anglais, j'ai été défrayé entre 1986 et 1989 d'une partie de mes dépenses logistiques par le ministère sud-africain des Affaires étrangères, à hauteur d'environ quarante mille dollars par an. Mais ces sommes ne représentent qu'une petite fraction de ce que j'ai investi pendant des années dans une diplomatie parallèle qui, elle aussi, a été très singulière, à une époque où le monde entier voulait frapper l'apartheid « au cœur » pour supprimer « la source du mal en Afrique australe ». Je me suis dit, au contraire, que la citadelle de la suprématie blanche ne tomberait pas tant qu'elle serait assiégée par toute la région. Pour commencer, il fallait donc faire la paix en Afrique australe pour enlever aux partisans de l'apartheid la raison – le prétexte – de leur enfermement obsidional, de leur mentalité du *laager*, le fameux cercle de chariots à bœufs formé par les colons pour se défendre contre les « hordes noires ». Je me suis dit que, une fois que les Blancs sud-africains se seraient assis à la table des négociations pour établir des relations de bon voisinage avec les Noirs au pouvoir dans les pays voisins, en particulier avec les marxistes au pouvoir en Angola et au Mozambique, ils ne pourraient plus justifier de ne pas en faire autant avec les Noirs chez eux, et notamment avec les dirigeants de l'ANC. C'était mon raisonnement. Je prétends qu'il a été bon. À l'arrivée, la paix en Afrique australe, signée en décembre 1988, précède de quatorze mois seulement la libération de Nelson Mandela en février 1990. C'est bien la preuve qu'un verrou avait sauté !

Bien sûr, au lieu de lutter contre l'aveuglement de ceux qui en étaient frappés, j'aurais aussi pu transporter un engin explosif pour l'ANC et – pourquoi pas, tant que j'y étais ? – le placer dans une galerie marchande pour déchiqueter quelques Blancs, au hasard. Drôle de pureté morale ! En ce qui me concerne, j'avais suffisamment payé pour me méfier désormais des âmes cristallines. À travers mon engagement pour l'Algérie française, un engagement pur comme on le vit à l'âge tendre, j'avais appris dans ma chair que l'Autre, l'ennemi en face que je n'arrivais pas à comprendre, n'était que moi-même dans d'autres circonstances. Si j'avais été arabe dans l'Algérie d'avant l'Indépendance, j'aurais sans doute adhéré au FLN. Cela eût été tout aussi « pur » que mon engagement pour l'Algérie française, c'est-à-dire tout aussi dépourvu d'expérience de vie et d'intelligence, de sagesse en somme. Car si l'Autre n'est que moi-même dans d'autres circonstances, pourquoi devrais-je le combattre l'arme à la main, chercher à le tuer ? Ne vaudrait-il pas mieux le sortir de son enfermement en changeant la situation dont il est prisonnier et, parfois, otage ? Bien entendu, les tenants de l'apartheid étaient des racistes. Ils n'en restaient pas moins des êtres humains. Quelle « juste cause » leur mort violente aurait-elle fait avancer ? En revanche, en les ramenant de leurs errements, il devenait possible de bâtir un avenir en commun. J'y tenais d'autant plus que j'avais aussi appris dans ma chair, toujours en Algérie, que les victimes d'injustices, parvenues au pouvoir à leur tour, n'étaient pas forcément justes. Il est une chose de se servir de valeurs dans le combat pour sa dignité et une autre d'avoir la dignité, quand on a gagné, d'incarner ces mêmes valeurs.

Dans la première moitié des années 1980, en me rendant de plus en plus fréquemment en Afrique du Sud, puis en y élisant domicile, j'identifie de manière très large les gens avec lesquels il serait utile ou agréable – idéalement les deux – d'être en relation. Les circonstances font que telle rencontre sera possible, telle autre pas, un rendez-vous en amenant souvent un autre, par effet de cascade. Mon portefeuille relationnel à travers le monde me sert grandement. Par exemple, quand je fais venir à Paris le ministre sud-africain du Pétrole, Peter du Plessis, pour qu'il y rencontre le prince héritier du Qatar, je m'ouvre l'accès au plus haut niveau à Pretoria. Du Plessis fait son rapport de mission au cabinet et, quand j'approche par la suite son collègue des Affaires étrangères, Roelof « Pik » Botha, celui-ci me prend au sérieux. Parallèlement, je fais la connaissance d'un diplomate de carrière, Leo Henry « Rusty » Evans, avec lequel je vais me lier d'amitié. Numéro deux de l'ambassade d'Afrique du Sud à Londres, où il mesure la force montante du mouvement anti-apartheid en Occident, il devient le bras droit de Pik. Il coiffera le département Afrique à Pretoria pendant la période de transition, entre 1989 et 1992, puis tout le ministère sud-africain des Affaires étrangères, en tant que directeur général entre 1992 et 1997, sous la présidence de Nelson Mandela.

Au milieu des années 1980, Pik Botha est déjà une institution. L'homme finira par devenir une légende – le « doyen » des ministres des Affaires étrangères, qui aura passé sa vie professionnelle à défendre un pays mis en quarantaine par la communauté internationale. Et avec quel panache ! L'homme me plaît. Il est très humain, aussi passionnel que passionnant. Bien qu'il soit le « visage de l'apartheid », il parvient à nouer des relations personnelles avec des dirigeants des quatre coins du monde. Il a accès à Margaret Thatcher, aux sénateurs américains les plus influents, à Franz Josef Strauss, le « roi » de Bavière... Pik décèle en moi un atout pour la diplomatie sud-africaine. J'ouvre à ses émissaires, si ce n'est à lui-même, des portes un peu partout en Afrique francophone, au Cameroun, au Congo-Brazzaville, en République centre-africaine, au Zaïre... Sous peu, il va augmenter la mise en me demandant de lui organiser une rencontre avec Jonas Savimbi, le chef rebelle à la tête de l'UNITA. Cette requête ne manque pas de sel dans la mesure où c'est l'armée sud-africaine qui porte à bout de bras, à travers son service action du renseignement militaire, la lutte de l'UNITA contre le pouvoir marxiste en place à Luanda, pouvoir soutenu par trente-cinq mille soldats cubains au nom de la « solidarité internationaliste » du camp de l'Est. Or, quel délice pour Pik Botha de rencontrer Savimbi sans rien demander à son collègue de la Défense, le général Magnus Malan, ni dépendre de l'aide logistique du chef d'orchestre de la déstabilisation régionale, le général Niels van Tonder ! Car une guéguerre intestine oppose les militaires et les diplomates sud-africains. Même s'ils vivent tous sous le toit de l'apartheid, les galonnés et les queues-de-pie ne s'entendent pas. Les faucons ne volent pas avec les colombes.

Pik Botha se sert de moi quand sa diplomatie est impuissante. Il m'utilise quand il ne peut pas agir à découvert en raison soit de l'isolement imposé au pays de l'apartheid, soit de l'emprise exclusive que s'arrogent les militaires sud-africains sur les pays de la ligne de front. La primauté militaire alimente un cercle vicieux : Pretoria lâche son armée sur des États hostiles à son régime de discrimination, qui accueillent des bases d'entraînement de l'ANC ; par conséquent, la communauté internationale durcit sa mise en quarantaine, et les militaires sud-africains finissent par être les seuls à intervenir au-delà des frontières, dans des pays limitrophes qu'ils transforment en chasses gardées ; la résistance – ou subversion, c'est selon – fait ainsi tache d'huile, et l'Afrique du Sud combat de plus en plus d'ennemis qu'elle connaît de moins en moins. Pour amorcer un dialogue et pour faire la paix, il n'y a pas pire.

En revanche, moi, je vais où je veux, bien souvent sans avoir besoin ni de visa ni même de droit d'atterrissage. À tout moment, je peux débarquer chez un certain nombre de chefs d'État en étant sûr d'être reçu. Il en va de même pour toute personne en ma compagnie, quelle qu'elle soit, car « le village vous accueille si vous êtes introduit par quelqu'un que le village connaît déjà ». En outre, ces dirigeants savent d'expérience que je ne viens pas pour leur créer des problèmes mais pour les aider à en résoudre. Ils se disent aussi qu'ils ont tout à gagner en ne refusant pas de m'écouter. Ils me voient avec un gros panier d'œufs – dont certains ont déjà passé la date de péremption mais ça, ils ne le savent pas. Ils ne voient que les œufs, beaucoup d'œufs ! Faire tomber le panier de Jean-Yves Ollivier, cela ferait une grosse omelette : les relations avec la France, avec l'Afrique, avec les États-Unis, avec le Moyen-Orient, avec la Chine... Plus on me prête, plus on me prend avec des pincettes. Voilà ma force. Comme l'affirme Thomas Hobbes : « La réputation de pouvoir, c'est du pouvoir. » Sans ma réputation, je ne serais rien, ne représenterais rien.

Je suis désormais bien implanté en Afrique du Sud. Le Mozambique est le premier pays de la région qui m'attire, pour bien des raisons : Maputo se situe à une heure de vol seulement de Johannesburg – six heures en voiture –, et préserve malgré les ravages d'une effroyable guerre civile à l'intérieur du pays quelque chose du charme de l'ancien Lourenço Marques colonial : c'est un univers latin, lusophone, à mille lieues de la rigidité des Afrikaners et du monde mené à la schlague de l'apartheid. J'y ai déjà noué des relations d'affaires, en particulier pour le *trading* du pétrole avec la société d'État mozambicaine, qui détient le monopole d'importation. Comme souvent, les circonstances – en l'occurrence dramatiques – feront le reste.

Dès 1985, avec l'accord du président mozambicain Samora Machel, j'ai initié un dialogue entre son pays et l'Afrique du Sud pour trouver une solution au conflit armé entre le parti au pouvoir à Maputo – le Front de libération du Mozambique (Frelimo) – et la rébellion de la Résistance nationale du Mozambique (Renamo) soutenue par le pays de l'apartheid. J'avais organisé dans mon appartement parisien une série de dîners mensuels qui réunissaient le ministre mozambicain de la Sécurité, Jacinto Veloso, et, côté sud-africain, un diplomate – généralement le directeur de cabinet de Pik Botha, Glenn Babb – ainsi qu'un militaire, le général Niels van Tonder. Il s'agissait d'amener la Renamo à engager avec le Frelimo un processus de réconciliation pour apporter la paix au moins à l'une des deux grandes ex-colonies portugaises – l'autre étant l'Angola – en proie à des guerres civiles doublées d'opérations de déstabilisation sud-africaines. Pour la bonne cause, je jouais le Monsieur Loyal et, parfois, le rôle d'un juge-arbitre.

Le 19 octobre 1986, notre quatrième dîner enregistre des progrès sensibles. Aussi nos discussions s'achèvent-elles seulement vers une heure du matin. Je me couche, exténué mais satisfait, après que mes invités ont pris congé, les Sud-Africains regagnant le George-V et la délégation mozambicaine l'hôtel de Crillon. Vers 3 heures du matin, un appel téléphonique du général van Tonder me réveille en sursaut : « Un drame s'est produit. Samora Machel est mort dans un accident d'avion. » Encore aujourd'hui, malgré une commission d'enquête dont le rapport a été accepté par l'Organisation de l'aviation civile internationale, la thèse de l'accident est controversée. Régulièrement, des théories conspirationnistes plus ou moins fantaisistes étayent des scénarios d'assassinat. L'une d'elles soutient que les services secrets sud-africains auraient « brouillé » le radar de l'avion présidentiel afin qu'il percute le Lebombo, une montagne située dans le triangle entre l'Afrique du Sud, le Swaziland et le Mozambique. Une autre prétend que l'URSS se serait entendue avec l'Afrique du Sud – le mariage de la carpe et du lapin... – pour se débarrasser de Samora Machel, pas assez révolutionnaire au goût de Moscou. À l'époque, pour en avoir le cœur net, j'ai transmis le rapport de la commission d'enquête au général Norlain, aviateur et, à cette époque, chef d'état-major particulier du Premier ministre. Michel Roussin me l'avait présenté. Après examen, Norlain m'a livré ses conclusions : « C'était un accident. L'équipage avait été surmené par des dépassements d'horaire de vol, et ils avaient trop bu. » J'ai donc bien peur que la vérité soit triviale, voire caricaturale : les pilotes russes du Tupolev TU-134 avaient abusé de l'alcool en vente libre à Lusaka, la capitale zambienne. À Maputo, où ils étaient stationnés, les spiritueux ne se vendaient que sous le comptoir.

En cette nuit fatidique du 19 octobre, il me revient d'aller informer aussitôt Jacinto Veloso de l'accident. Celui-ci me reçoit à 4 heures du matin, en peignoir de bain, dans sa suite du Crillon. Je lui demande de s'asseoir et lui annonce la mort de son président. Livide, il me fait répéter plusieurs fois le peu de choses que je sais, soit le fait que dix personnes, dont le pilote, ont survécu, mais que trente-trois autres, dont Samora Machel, ont péri dans le crash. Jacinto est un familier de l'aviation, un ancien as de la chasse portugaise qui, en 1963, avait fait défection avec un camarade en décollant du centre-nord du Mozambique, en pleine guerre coloniale, pour Dar es Salam, qui était alors la capitale de l'Afrique progressiste. Il avait rallié la cause des nationalistes-marxistes du Frelimo et était devenu, lui le « petit Blanc » né à Lourenço Marques, non seulement l'inamovible ministre d'État de la Sécurité, mais aussi le directeur national des services secrets. Cette nuit, cependant, il est hébété. « Qu'est-ce que je dois faire ? murmure-t-il. Mais qu'est-ce que je dois faire ? » Je réfléchis à mille à l'heure. Je sais comment fonctionne un système marxiste-léniniste décapité : le bureau politique du Frelimo va se réunir en urgence pour combler le vide à la tête du parti-État. Il faut donc agir vite. Je propose à Veloso d'organiser son retour immédiat à Maputo par le prochain vol pour Johannesburg, puis grâce à un saut de puce qu'assureront mes contacts au sein de l'armée sud-africaine. Il faut impérativement qu'il arrive à temps pour le vote qui va départager deux candidats, Marcelino dos Santos et Joaquim Chissano. Je lui dis et lui répète que, pour donner une chance à la paix, Chissano doit avoir sa préférence. Il partage mon avis. Finalement, il arrive sur place au moment précis où le bureau politique entre en conclave. Chissano sera élu avec deux voix d'avance sur son rival !

Joaquim Chissano avait été le Premier ministre du gouvernement de transition, mis en place à la suite de l'accord de cessez-le-feu signé avec les Portugais, le 7 septembre 1974, en attendant l'accession formelle à l'indépendance du pays, neuf mois plus tard, en juin 1975. S'il y avait eu plus de modérés comme lui, les quelque deux cent mille Portugais vivant alors au Mozambique n'auraient peut-être pas fui le pays par peur du Frelimo. Mais, de part et d'autre, les extrémistes l'avaient emporté. Les ultras parmi les colons cherchaient à empêcher le cours de l'histoire. Les sectaires au sein du Frelimo rêvaient d'un « paradis socialiste » à faire surgir de terre du jour au lendemain, à coups de nationalisations et d'une réforme agraire coercitive. Les « hameaux stratégiques » – *aldeamentos* – dans lesquels l'armée portugaise avait regroupé de force les villageois pour priver les nationalistes de soutien avaient été rebaptisés « villages communaux », *aldeias comunais*, par ceux-là mêmes qui les avaient dénoncés auparavant comme étant des « camps de concentration ». Dans ces conditions, les bastions blancs dans l'hémisphère austral, à cette époque non seulement l'Afrique du Sud mais également la Rhodésie de Ian Smith, avaient beau jeu de trouver des mécontents à instrumentaliser pour qu'ils embrassent leur cause. Ainsi était née la Renamo (Resistência Nacional Moçambicana), créée de toutes pièces par les puissances « blanches » extérieures, mais non sans raison sociale au Mozambique.

Informé de mon soutien dans les heures incertaines de la succession à Samora Machel, Joaquim Chissano, qui me connaissait déjà de par notre aventure commune à Téhéran, me témoigne désormais une confiance totale, que rien n'est venu entamer à ce jour. Président du Mozambique pendant dix-neuf ans, de 1986 à 2005, il est mon premier « grand frère » africain – je pourrais aussi l'appeler mon « sponsor » ou mon « parrain » si les connotations négatives de ces termes ne risquaient pas d'entacher la nature de notre relation. Bref, il est un vrai ami à qui je peux tout demander, et qui fait de même. Aussi quelques mois après son arrivée au pouvoir me fait-il venir à Maputo pour me saisir d'un « grave problème ». Il a l'impression de ne recevoir que des informations biaisées sur la Renamo. L'appareil d'État, des services de renseignement à l'armée en passant par les instances du Parti, lui décrivent invariablement les rebelles comme des « bandits » sans cause. Chissano craint de se faire manipuler. Il me demande d'aller à la rencontre d'Afonso Dhlakama, le leader de la Renamo, avec deux objectifs : brosser le portrait du chef rebelle et, tout particulièrement, sonder sa bonne foi quant à l'ouverture de négociations de paix. À l'époque, Dhlakama semble sous l'influence des militaires sud-africains et d'évangélistes américains, au point de ne rien décider seul. Il a la réputation d'être impulsif et violent. Cependant, parmi ceux qui le décrivent ainsi, très peu l'ont en fait rencontré en personne. Il y a là un défi qui m'attend. J'accepte la mission, sous réserve d'établir moi-même le contact avec Dhlakama et d'organiser mon voyage en toute indépendance. Néanmoins, il faut que ma relation privilégiée avec le chef de l'État soit connue de la Renamo qui, autrement, n'aura aucun intérêt à me recevoir. Avec Chissano, nous mettons au point un petit stratagème : le quotidien national *Noticias* publie en première page une photo me montrant aux côtés du chef de l'État, portant la légende : « Le président de la République a accordé une audience à son ami, l'homme d'affaires Jean-Yves Ollivier. » Nul ne comprend pourquoi ce cliché se trouve imprimé à la une... Qu'importe ! Un numéro du journal sous le bras, je peux partir à la rencontre de Dhlakama.

Pour établir le contact avec le chef de la Renamo, je demande de l'aide à Jean-Christophe Mitterrand, « conseiller Afrique » de son père à l'Élysée. « Christophe », comme l'appellent ses proches, me réfère à l'une de ses connaissances, un journaliste portugais qui vient de réaliser une interview avec le leader rebelle dans son fief. En cette circonstance, comme, par la suite, dans bien d'autres, il agit avec professionnalisme et amabilité. Rien à voir avec l'image que l'on a voulu donner de « Papa-m'a-dit », raillé par ses pourfendeurs dans les médias. Le fils du président sait bien que je suis proche de Jacques Chirac et que je travaille avec Jacques Foccart. Il s'en soucie comme d'une guigne tant que mon action en Afrique lui semble aller dans le bon sens. En fait, rien ne l'exaspère autant que l'esprit de clocher, fût-il celui du village PS de la Force tranquille.

Il est prévu que je rencontre Dhlakama dans un grand hôtel de la capitale kenyane, Nairobi. Trop facile... J'en suis presque un peu déçu. À tort. Sur place, un évangéliste américain m'apprend que le chef de la Renamo m'attend en fait dans la capitale du Malawi. Pas de problème, juste un avion de plus à prendre. Or, à Lilongwe, je comprends que le jeu de pistes ne fait que commencer. En effet, Dhlakama se trouverait dans un village au Mozambique, dans le parc national de Gorongosa, qui s'étend tout de même sur quatre cents kilomètres carrés de brousse... La Renamo m'a envoyé un « guide », à qui je suis prié de faire confiance. Je veux bien, mais pas en chaussures de ville ni en bas de soie ! Je me précipite dans un magasin pour troquer mes habits parisiens contre une tenue kaki de garde-chasse et des bottes de marche. Bien m'en a pris. Lestés de deux caisses de Fanta orange, le péché mignon de Dhlakama que mon cornac vient de me révéler fort à propos, nous voici en route pour la frontière mozambicaine. Là, à peine descendu du bus, mon « guide » me désigne une petite hutte prête à m'accueillir pour que je puisse m'y reposer « avant de commencer à marcher ». Déjà fourbu par ce qui, apparemment, n'était qu'un tour de chauffe, je m'écroule sur une paillasse posée à même la terre battue. Pendant la nuit, je me fais dévorer par les moustiques. Le départ à pied, dès l'aube, est doulou-reux. Je ne savais pas que j'avais tant de muscles qui pouvaient faire mal ! D'un pourtour impressionnant, je ne pratique aucun sport et ne suis donc aucune-ment porté sur l'endurance. Inutile de préciser que les douze heures de marche de ce premier jour, à travers un terrain accidenté, ne font pas partie de mes meilleurs souvenirs de voyage. D'autant moins que mes compagnons de misère ont la tête de l'emploi : les quatre hères de mon escorte sont des va-nu-pieds vêtus de loques ; l'un d'eux porte en bandoulière un arc et des flèches rudimentaires dans l'espoir de tuer je ne sais quel gibier, les autres transportent mon sac de voyage et les caisses de Fanta. Le soir venu, sans avoir dîné, je m'effondre de nouveau dans une hutte – vide – censément « préparée » pour mon repos. On a dû en damer le sol tant il est dur ! Avant de trouver refuge dans le sommeil, ma bouteille d'eau étant aussi épuisée que moi, je commence à boire les Fanta de Dhlakama, au grand dam de mes gardes du corps.

Nouveau réveil pénible, nouveau départ dès potron-minet. Rebelote, de longues heures de marche. La piste qui serpente à travers la forêt n'est pas plus large qu'un pneu de vélo. J'y pose les pieds précautionneuse-ment, l'un devant l'autre, comme si j'avançais sur une poutre horizontale. Au-dessus de ma tête, la canopée a par moments la densité d'un bouquet de persil. Il fait nuit en plein jour, et même un peu frais. Au bout de l'effort, un camp composé de petites cases me fait anticiper, sans joie excessive, une nouvelle bataille de moustiques après quelques Fanta du chef. Erreur ! Un homme aussi déguenillé que mes « guides » m'an-nonce que « le président » va me rejoindre ici. Il dit vrai. En fin d'après-midi, Afonso Dhlakama arrive sur une moto tout-terrain, seul, sans escorte. Il descend de sa bécane pétaradante et me salue. Sans plus de cérémonie, nous commençons nos discussions.

Je le fais parler longuement de son mouvement, de ses intentions, de ses objectifs. Je lui demande comment il envisage d'éventuels pourparlers avec le pouvoir en place. Il ne me faut pas beaucoup de temps pour m'apercevoir qu'il souffre de deux maux bien différents : d'une part, atteint d'une extrême myopie, il porte des lunettes si inadaptées qu'elles lui procurent des maux de tête permanents, ce qui ne le rend pas aimable ; d'autre part, il est persuadé d'agir au nom de Dieu et en veut pour preuve le fait que « tous les soirs, la Vierge s'illumine » pour lui témoigner son soutien. En pesant mes mots, cauteleux comme un vendeur d'assurances-vie, je lui demande des preuves de sa mission divine. Il me conduit alors vers une case isolée, dans laquelle une vieille photo, épinglée sur une ronce, montre la Vierge Marie en tunique phosphorescente. J'imagine sans peine la couleur jaune-vert dont elle doit briller à la lueur de la lampe à pétrole, à la nuit tombée. J'y puiserai une vocation de marathonien.

Le lendemain, je repars en sens inverse. Mes bottes neuves m'ont bien servi mais m'ont aussi gratifié de nombreuses ampoules. Mes cent kilos avancent mal sur les cloques, et, n'étant plus tendu vers un but, j'ai hâte d'en finir. D'humeur exécrable, mourant de soif, je bois de l'eau croupie dans un village. Je regretterai ce geste d'abandon du fond de mes entrailles. Enfin, de retour à Lilongwe, à bout d'inconfort, j'affrète un petit avion pour regagner Maputo au plus vite. Or, à l'arrivée, on m'apprend que le président est parti dans son village natal... Montagnes russes d'émotions. On m'informe ensuite qu'il a laissé pour consigne de m'y emmener à bord de son hélicoptère. Je le retrouve donc peu après à Malehice, dans la province de Gaza, où il m'accueille chez lui, dans une grande maison sans ostentation mais construite par un architecte mozambicain ayant su recréer la circulation d'air qui, traditionnellement, « climatisait » les maisons coloniales. Avant toute chose, Chissano souhaite que je rende visite à sa mère. Nous traversons le village, jusqu'à une hutte au sol en terre battue qui me rappelle de mauvais souvenirs. Une vieille dame, toute petite et légèrement sourde, nous reçoit. Chissano lui parle dans leur langue. Sur ce, sa mère se lève et m'embrasse. Je suis très ému. Ce n'est que le soir, quand nous dînons en tête à tête, que Chissano me demande, en français, la langue de ses études qu'il maîtrise aussi bien que l'anglais, de lui faire le compte rendu circonstancié de ma mission. Je lui explique, en substance, que Dhlakama m'a semblé un homme sincère, « mi-Pancho Villa mi-Zapata », le genre de type qui attaque des trains au profit des pauvres. Je me dis convaincu qu'il accepterait de négocier de bonne foi et suggère d'associer de près les Sud-Africains, dont la Renamo dépend largement. Chissano est enchanté. Pour me remercier, il m'offre une boîte de cigares cubains en m'expliquant que, depuis des années, Fidel Castro lui en envoie une à la fin de chaque mois de décembre et qu'en échange il expédie au *líder máximo* des crevettes mozambicaines. Or, Chissano ne fume pas. « Continuez de nourrir Castro de crevettes, ce n'est pas perdu pour tout le monde ! » lui dis-je en guise d'adieux.

Dès son retour à Maputo, le chef de l'État s'adresse au Parlement : « Je veux vous parler de Dhlakama et vous dire qui il est vraiment. C'est un mélange de Pancho Villa et de Zapata ! » Je suis fier et heureux. C'est alors qu'aurait pu débuter la réconciliation. Hélas, malgré la bonne volonté des deux leaders, la paix au Mozambique se fera attendre jusqu'en 1992. Que de temps perdu, et à quel coût humain ! En 1992, Nelson Mandela sera depuis deux ans déjà un homme libre en Afrique du Sud.

À l'automne 1985, ma première tentative pour obtenir la libération de Mandela avait échoué. Mais, entre-temps, Jacques Chirac est arrivé à Matignon, et n'a pas abandonné l'idée de faire de la France le catalyseur d'une solution pacifique en Afrique australe. En fait, ce qui a pu paraître un simple « truc » pour briller dans un duel télévisé est devenu chez lui une vraie conviction, un projet politique qu'il est décidé à poursuivre. Rétrospectivement, je m'étonne qu'aucun observateur averti n'ait relevé le fait que, à peine installé dans ses fonctions, le Premier ministre gaulliste ait reçu une kyrielle de leaders – dont plusieurs marxistes – d'Afrique australe, une région du continent pourtant lointaine de la France-Afrique. En quelques mois, le tapis rouge a été déroulé à Paris pour le président angolais Eduardo dos Santos et son ministre de l'Intérieur, Manuel « Kito » Rodrigues, pour le chef de l'État mozambicain Joaquim Chissano et son ministre de la Sécurité, Jacinto Veloso, puis pour le chef rebelle angolais Jonas Savimbi et le leader du parti zoulou Inkatha, Mangosuthu Buthelezi. Surtout, personne n'a imaginé un seul instant que le président sud-africain en personne, P.W. Botha, le « grand crocodile » dans le marigot boueux de l'apartheid, pourrait venir couronner ce ballet diplomatique.

Pourquoi Jacques Chirac me laisse-t-il gérer son agenda en Afrique australe ? Je ne fais partie ni de sa « cellule diplomatique » ni de sa « cellule africaine ». Je n'ai même pas accès aux télégrammes diplomatiques que les ambassadeurs de France en poste en Afrique australe envoient à Paris pour faire « remonter » l'information sensible. Je suis en roue libre. Je n'ai pas, et je n'aurai jamais, une position dans l'appareil de l'État français. Je n'ai même jamais été l'envoyé de Chirac, muni d'un mandat officiel. Pourquoi les présidents africains croient-ils à leur tour que ma parole vaut celle du chef du gouvernement et, plus tard, du chef de l'État français ? En ce qui concerne Chirac, ce qui compte est la confiance qu'il a en moi, ou plus exactement celle qu'il témoigne à son entourage direct, c'est-à-dire à Michel Roussin, à Robert Pandraud et, par-dessus tout, à Jacques Foccart. Pour ce qui est des présidents africains, ils savent que je peux voir Chirac quand je le veux, et que j'ai son oreille. Dès lors, ils me prêtent attention pour ne pas endommager leurs relations avec la France, pays influent, membre permanent du Conseil de sécurité des Nations unies. Partout, à Paris comme dans les capitales africaines, le principe de précaution s'applique. Dans l'univers de l'intermédiation, il faut projeter l'idée que l'on peut être soit utile soit dangereux – au mieux, les deux. Il faut à la fois donner envie et faire peur. Le message implicite est le suivant : si vous traitez avec moi, vous allez faire la différence et l'emporter sur votre rival. En revanche, si vous me congédiez, non seulement vous perdrez le plus que j'aurais pu vous apporter, mais vous paierez aussi le prix pour m'avoir écarté.

La politique africaine de Chirac se résume en un mot : Foccart. Chirac lui fait une confiance absolue. Il ne peut pas rencontrer un homme politique africain ou se rendre dans un pays du continent sans que Foccart lui fasse auparavant un point sur l'homme, la situation... Or, j'ai un accès direct et immédiat à Jacques Foccart, qui est fondé sur une forme de symbiose ou – un vilain mot – de commensalisme. Foccart m'introduit dans la France-Afrique, qui est son domaine exclusif ; je ne fais qu'y passer pour des missions qui ne sauraient le gêner ou remettre en question son monopole sur cette juridiction. De mon côté, je sers à Foccart de vecteur de puissance en Afrique australe ou anglophone, dans un monde qu'il ne connaît pas et où il est désavantagé par le fait qu'il ne parle ni l'anglais ni le portugais. Voilà l'accord tacite entre nous. Il repose sur une division du travail qui, la plupart du temps, se matérialise par un coup de fil. Foccart n'hésite jamais à décrocher son combiné pour moi. Et *vice versa*. C'est du donnant-donnant, gagnant-gagnant.

Un soir, par exemple, il m'appelle vers minuit :

— Oui, Monsieur le Secrétaire général ?

— Ollivier, j'ai besoin de vous. Cette nuit, il va y avoir un vote aux Nations unies. On vient de déposer une motion condamnant la France à propos du statut de Mayotte [qui, à la différence des autres îles de l'archipel des Comores, est restée dans le giron de la République française]. Il me faut un pays africain non lié à la France qui vote contre cette condamnation. Avez-vous une idée ?

— Je peux appeler le président Chissano.

— Faites-le, et rappelez-moi à n'importe quelle heure.

Je réussis à joindre Chissano. Je lui explique la requête de Foccart, précisant qu'elle émane en dernière instance du Premier ministre français lui-même. Chissano me répond qu'il donnera immédiatement des instructions dans le sens voulu par Paris. Je rappelle Foccart pour lui annoncer la nouvelle. « Vous y croyez ? » me demande-t-il, sceptique. J'y crois, et j'ai raison. Le Mozambique sera la seule voix africaine à voter contre la motion à l'ONU. Les autres voteront pour, ou s'abstiendront. Foccart me revaudra cela, lui qui prend toujours soin de rester créditeur auprès de tout le monde.

VII

Prisonniers de guerre

Paris au temps de la cohabitation entre le président socialiste François Mitterrand et « son » Premier ministre gaulliste Jacques Chirac. Ce jour pluvieux de novembre 1986, un ciel gris étain met la capitale française sous cloche. Je suis presque trop occupé pour m'en apercevoir. Dans moins de trois semaines, le président sud-africain P.W. Botha va venir en visite en France – c'est moi qui lui ai porté l'invitation. Je suis absorbé par les préparatifs de ce voyage sans précédent, mille détails restant encore à mettre au point. Jacques Chirac a donné son accord pour un déjeuner de travail avec le chef d'État du pays de l'apartheid. Il accepte de prendre un risque énorme pour donner une chance à mon plan de paix pour l'Afrique australe. Il va se mettre à table avec l'homme qui, voici quelques mois, a imposé l'état d'urgence dans les *townships* noirs sud-africains. Depuis, tous les soirs ou presque, des reportages filmés depuis Soweto ou Alexandra embrasent les petits écrans du « monde libre ». La lutte anti-communiste saurait-elle justifier que l'Occident perde son âme en cautionnant la discrimination raciale en Afrique du Sud ? Le Congrès américain vient de forcer la main à Ronald Reagan pour que la politique américaine donne un sérieux tour de vis aux sanctions frappant le pays de l'apartheid. Brisant dans une houle de plus en plus agitée, Margaret Thatcher est désormais seule à s'opposer à des mesures punitives. Au pouvoir depuis 1979 et victorieuse contre l'Argentine dans la guerre des Malouines, redevenues les Falkland britanniques, « Maggie » n'a pas de problème de cohabitation.

Chirac sait ce qu'il fait – mais il ne peut pas le faire savoir, voilà tout le problème. En déjeunant avec P.W. Botha, officiellement dans le but de lui « rappeler son opposition au système de l'apartheid », le Premier ministre clora la liste de ses rencontres avec toutes les parties en conflit en Afrique australe. Ensuite, en confiance, il pourra entreprendre son travail de médiateur en vue de pacifier l'une des régions les plus troublées du monde. L'objectif est double : en finir, à la pointe de l'Afrique, avec les conflits de substitution de la guerre froide, cette période pendant laquelle la peur d'une troisième guerre mondiale aura attisé de nombreux conflits dans le tiers-monde, et obtenir la libération de Nelson Mandela, c'est-à-dire enclencher le début de la fin de l'apartheid. Bien sûr, il s'agit aussi pour lui de révéler qu'il a l'étoffe d'un homme d'État, de damer le pion à François Mitterrand et de rehausser le prestige de la France. Mais qu'y a-t-il de mal à vouloir entrer dans l'Histoire si c'est en écrivant l'une de ses plus belles pages ?

Le téléphone sonne. C'est Michel Roussin, le chef de cabinet de Jacques Chirac. Il m'apprend que le Premier ministre souhaite me voir de toute urgence. Quelques minutes plus tard, je suis à Matignon. Michel Roussin m'introduit aussitôt dans le bureau du patron. Comme à son habitude, Chirac ne s'embarrasse pas de préliminaires :

— Ollivier, on annule tout !

— Mais monsieur le Premier ministre, qu'est-ce que vous voulez dire ? Comment ça, on annule tout ?

— Plus de déjeuner avec le président Botha !

— Pourquoi, s'il vous plaît ? Qu'est-ce qui se passe ?

— Écoutez, c'est assez compliqué, mais le président Sassou Nguesso nous a fait savoir qu'il n'assisterait pas au sommet franco-africain de Lomé si je recevais P.W. Botha. Or, il préside actuellement l'OUA [Organisation de l'unité africaine]. Dans ces conditions, vous comprendrez que je n'ai pas le choix. Je ne peux pas prendre le risque d'un boycottage du sommet France-Afrique, sans parler des pressions que je subis de l'Élysée à ce sujet.

— Mais avez-vous essayé d'expliquer au président Sassou Nguesso que, derrière cette visite, il y a tout autre chose qui est en train de se passer ? que ce n'est pas un soutien au pays de l'apartheid mais l'ouverture d'une négociation régionale qui vient en aboutissement de toutes les rencontres que vous avez déjà eues, notamment avec ses amis, les présidents angolais et mozambicain ?

— Ollivier, ma décision est prise. Je n'y peux rien. Si vous voulez, allez voir Foccart pour qu'il fasse une dernière tentative auprès du président Sassou.

Jacques Foccart me reçoit au pied levé. Cependant, je n'ai pas encore franchi le pas de sa porte qu'il m'annonce : « On n'arrivera à rien. » J'insiste. Je le supplie d'appeler, malgré tout, le président congolais pour lui expliquer pourquoi nous voulions recevoir Botha en France. Foccart cède. Il demande au standard de la présidence de lui passer le chef de l'État congolais. Quand celui-ci est en ligne, il met le haut-parleur :

— Mes respects, Monsieur le Président.

— Bonjour, Monsieur le Secrétaire général.

— Monsieur le Président, nous avons parfaitement compris votre message nous indiquant que vous n'iriez pas à Lomé si nous recevions P.W. Botha en France. Cependant, avec votre permission, je voudrais vous apporter des éclaircissements supplémentaires à ce sujet. Sans pouvoir entrer dans les détails au téléphone, je souhaite vous dire que cette rencontre devait s'inscrire dans un schéma plus large, qui a pour objectif de modifier la donne en Afrique australe et, *in fine*, de faire disparaître l'apartheid. Au vu des informations que je vous livre, j'aimerais que vous puissiez reconsidérer votre décision.

— Monsieur le Secrétaire général, ma décision est arrêtée. Je vous le redis à la fois en tant que président en exercice de l'OUA et comme président du Congo : si le Premier ministre Chirac – qui est mon ami – devait serrer la main ensanglantée du président Botha, un homme qui fait tant souffrir les Noirs d'Afrique du Sud, il ne me serait pas possible de lui serrer la main à mon tour à Lomé. Dans ce cas, je préférerais ne pas m'y rendre.

— Bien, Monsieur le Président.

La conversation s'arrête là. En réajustant le veston de son costume, Foccart se lève derrière son bureau Empire : « J'ai fait le maximum. » Il me rejoint sur le canapé trois-places à l'autre extrémité de son bureau. Je suis désespéré. « S'il vous plaît, ne pourriez-vous pas m'arranger un rendez-vous avec le président Sassou pour que je lui donne des explications plus précises ? » Cette fois, la réponse est sans appel : « Non, Ollivier, je connais l'homme, ce serait une erreur. Il faut accepter les choses et démonter le voyage de Botha. »

Voilà ce qu'il me reste à faire : « démonter » le voyage du président sud-africain. Pour moi, c'est une catastrophe. Je perds la face auprès de tous mes interlocuteurs à Pretoria. L'hôtel de Crillon sur la place de la Concorde est déjà réservé, un Boeing 747 a été affrété et les derniers vétérans sud-africains de la Grande Guerre sont fin prêts pour venir assister à l'inauguration du monument aux morts à Longueval, en Normandie, qui honore les soldats d'Afrique du Sud tombés sur les champs de bataille français ou sur d'autres fronts entre 1914 et 1918... Le 24 novembre 1986, soit dix jours après le sommet de Lomé qui s'est déroulé sans anicroche, P.W. Botha se rend en France comme prévu, mais en « visite privée ». Il est conspué par des manifestants jusque dans le bois de Delville où ses compatriotes combattirent si vaillamment. La veille, à Paris, il a rasé les murs. Il n'a vu personne. Mon espoir de percée diplomatique se solde par une terrible humiliation. D'un seul coup, le capital de confiance que j'ai patiemment thésaurisé depuis mon installation en Afrique du Sud se trouve anéanti. J'ai perdu ma crédibilité, le viatique d'un médiateur, et la France ne pourra plus jouer le rôle que j'avais conçu pour elle. Tout est à terre.

Il reste cette voix, qui me hante depuis que je l'ai entendue dans le bureau de Foccart. La voix de Sassou Nguesso. Le ton était ferme, c'est sûr. Était-il orgueilleux ? Ou, tout simplement, était-ce la première fois que j'entendais un dirigeant africain autre que le « Vieux », Houphouët-Boigny, s'affirmer sans complexes devant Foccart ? Sassou-le-marxiste se dit l'ami de Chirac-le-gaulliste tout en restant à cheval sur ses principes, intraitable au sujet de la lutte antiapartheid alors que le Congo-Brazzaville n'est pas un pays de la ligne de front. Pas question de transiger sur la condition des Noirs en Afrique du Sud. Cet homme me plaît ! Bien qu'il m'ait « cassé la baraque », il n'est pas comme les autres. Il faut que je le voie, absolument !

À l'époque, la compagnie pétrolière Elf est bien en cour à Brazzaville. Je demande à l'un de ses cadres, Bernard de Combret, de m'introduire auprès de la présidence congolaise comme marchand de grains. Il me fait rencontrer un certain Pierre Otto M'Bongo. Il faudrait un décodeur pour comprendre ce qu'il dit tant il avale les mots. Mais il est efficace. Trois jours après notre entrevue à Paris, dans mon petit bureau de la rue de la Renaissance, il m'obtient une audience à Brazzaville où je me rends sur-le-champ pour... attendre trois jours de plus. Quand le protocole vient enfin me chercher à l'hôtel Marina, on m'enjoint de ne pas dépasser les quinze minutes qui me sont imparties avec le chef de l'État. Pas une de plus ! Denis Sassou Nguesso me reçoit en uniforme militaire. Il est raide comme un piquet. J'ignore ce qu'on lui a dit de moi, s'il connaît mon rôle auprès de Foccart et de Chirac. Un quart d'heure seulement... Je n'y vais pas par quatre chemins. « Monsieur le Président, je ne suis pas venu pour vous vendre des céréales. Je veux vous parler de l'Afrique du Sud. Sans le savoir, vous avez saboté mon plan de paix pour l'Afrique australe... » Au lieu des quinze minutes imparties, je reste plus de deux heures avec le président. À la fin, Sassou m'autorise à revenir le voir quarante-huit heures plus tard en compagnie des premières personnalités officielles sud-africaines à fouler le sol congolais. Le Congo est en effet pur et dur dans son rejet de l'apartheid. À Brazzaville, il n'y a jamais eu de droit d'escale, pas même la nuit, pour des avions en provenance ou à destination de l'Afrique du Sud ; ici, il n'y a pas de « représentant commercial » faisant office d'ambassadeur caché, pas plus qu'il n'y a de « fermes pilotes » dirigées par des Blancs à l'accent guttural mais munis de passeports botswanais. Tant mieux. Pour le projet qui commence à germer dans mon esprit, j'ai besoin d'un dirigeant africain et d'un lieu de rencontre au-dessus de tout soupçon. Pourvu qu'à Pretoria ils comprennent !

Je me précipite en Afrique du Sud. Voici, en substance, l'argument que je développe au ministère des Affaires étrangères à Pretoria : pour négocier une sortie de l'apartheid sans bain de sang, il faut prendre l'Afrique à témoin. Mais, attention, pas l'Afrique que vous vous êtes mise dans la poche, des dirigeants achetés qui n'ont plus de crédibilité. Pour survivre comme la « tribu blanche » d'Afrique, il faut lier votre sort au continent et chercher des garanties auprès de ceux qui ont une parole, qui la tiennent et savent se faire entendre. Sassou Nguesso ne vous fera pas de cadeau. Mais il tient entre ses mains les clefs d'une négociation de paix en Afrique australe parce qu'il est respecté par vos adversaires, à commencer par les dirigeants du Mozambique et de l'Angola. Ce sont ses amis, ses « camarades de lutte ». Ils lui feront confiance. Encore faut-il qu'il s'engage avec vous. Ce n'est pas acquis...

La composition de la première délégation est cruciale. Je propose Robert Du Plooy, ambassadeur d'Afrique du Sud à Paris. Non seulement son français est impeccable mais, en plus, il en impose du fait de son âge et de ses cheveux blancs dans une partie du monde où le « principe de séniorité » prime en toute circonstance. L'autre émissaire sera un conseiller de Pik Botha, Glenn Babb, lui aussi parfaitement francophone. Pas question, en effet, de s'encombrer d'interprètes pour cette première prise de contact, qui doit être directe, franche et chaleureuse. Enfin, je refuse toute escorte de sécurité. Quand le premier avion sud-africain à s'être jamais posé à Brazzaville s'immobilise sur le tarmac en bas de la tour de contrôle, cette décision ne manque pas d'inquiéter les deux diplomates sud-africains qui m'accompagnent. Ils découvrent, dès la sortie de l'aéroport, des banderoles rouges frappées du marteau et de la faucille marxistes égrenant des slogans antiapartheid. En route pour le centre-ville, une artère principale porte le nom de Nelson Mandela. Enfin, l'emblème de l'ANC, l'organisation « terroriste » bannie en Afrique du Sud, est affiché partout. Pour trouver un terrain d'entente, il y a du chemin à faire.

Le président Sassou Nguesso nous reçoit en civil et tente de mettre les officiels sud-africains à l'aise. Il traite l'ambassadeur Du Plooy avec le respect dû à son âge. Mais les deux hommes sont quand même les premiers Blancs du pays de l'apartheid qu'il ait jamais rencontrés en chair et en os. Après l'audience, il partage avec moi sa découverte : ils ne ressemblent pas aux nazis sanguinaires qu'il s'imaginait. Il se soucie aussi de savoir ce qu'il convient de leur servir le soir, au dîner. « De la nourriture africaine ! lui ai-je répondu spontanément. Ils vont être contents, ils se disent être des Africains blancs. » Le soir, au buffet, j'aurai à expliquer aux Sud-Africains, mets par mets, ce qui leur est offert : « Qu'est-ce, s'il vous plaît ? — C'est de l'iguane, un grand lézard très apprécié au Congo. — Et ça, alors ? — C'est de la tortue. » Et ainsi de suite jusqu'à ce qu'on arrive au dernier plat, des criquets. Là, je prends mon courage à deux mains : « Voici des crevettes d'eau douce ! » Soulagement général. Toute la délégation, qui n'a encore rien dans les assiettes, se sert des monceaux de bestioles et se met à table. Peu après, je croise le regard inquiet de Sassou Nguesso. « Mais ils ne savent pas manger les criquets ! ? » me souffle-t-il. Il ne faut pas manger la tête, c'est très amer. » Et voici donc mes Blancs sud-africains avalant des insectes amers comme chicotin, rien que pour plaire au chef d'État du Congo...

Sur le plan politique, ce premier rendez-vous est un succès. Sassou Nguesso explique aux émissaires de l'apartheid qu'il est prêt à s'impliquer dans la recherche d'une solution négociée qui ne sacrifierait pas la communauté blanche en Afrique du Sud. À la grande surprise de Robert Du Plooy et de Glenn Babb, il n'exclut pas de recevoir le président Botha à Brazzaville, « si les choses évoluent dans le bon sens ». Pour battre le fer tant qu'il est chaud, je suggère alors qu'une délégation congolaise de haut niveau se rende, secrètement mais dans les plus brefs délais, en Afrique du Sud. Sassou saisit la balle au bond. Il sait que la partie se jouera à Pretoria et que le message qu'il cherche à faire passer sera incarné au mieux par les siens. Il désigne son oncle, Antoine Dinga Oba, qui est aussi le ministre des Affaires étrangères, et Pierre Oba, son homme de confiance. « Vous allez les accompagner et veiller à leur sécurité », me dit-il, en ajoutant tout aussi sérieusement : « Et attention, ramenez-les-moi vivants ! »

Nous partons la nuit même à destination du Cap où le Parlement sud-africain est réuni en session. Les émissaires congolais rencontrent discrètement des membres du gouvernement. Le ministre de la Défense, le général Magnus Malan, refuse que j'assiste à l'entretien. Enfin, on ne sait pas où nous loger. L'hôtel ou une résidence officielle, c'est exclu, apartheid oblige. Alors on ouvre pour nous *Groote Schuur*, la « grande grange » de la Compagnie néerlandaise des Indes orientales qui avait été rachetée et transformée en une merveille à gâbles par Cecil Rhodes, le grand bâtisseur d'empire. Sa dernière phrase, avant de mourir, avait été : « Dommage, il reste tant à faire... » Je m'offre le plaisir inespéré de me laver dans sa baignoire, taillée dans un bloc de granit que Rhodes avait fait venir spécialement de Rome... Le lendemain, la délégation congolaise est reçue par le président P.W. Botha, à qui elle porte un message écrit de Sassou Nguesso. Dans sa lettre, le président du Congo – alors également président en exercice de l'OUA – affirme que les Blancs d'Afrique du Sud sont chez eux sur le continent africain, mais que Nelson Mandela doit être libéré et que le régime ségrégationniste doit changer de nature. Il ajoute que, si les dirigeants sud-africains sont prêts à s'engager dans cette direction, le Congo les aidera dans leurs futures négociations. Tout est dit. Mission accomplie, nous quittons l'Afrique du Sud.

Mon amitié avec le président Sassou Nguesso est née dans ces circonstances. J'étais venu apurer les comptes avec un « saboteur » qui m'intriguait. J'ai découvert un

dirigeant capable de voir loin mais aussi assez déter-
miné et assez courageux pour atteindre ses objectifs
dans un horizon lointain. Il m'a compris au quart de
tour. Bien sûr, comme le reste du monde, l'Afrique
est prise dans la guerre froide. Cependant, l'apartheid
est un problème *africain* – comme l'est donc, aussi, la
fin de l'apartheid. J'ai proposé à Sassou le rôle dont il
rêvait, celui d'un faiseur de paix sur un échiquier plus
grand que le Congo. À la place de Jacques Chirac,
c'est lui qui va devenir le pivot de la négociation en
Afrique australe ; à la place de Paris, Brazzaville va
servir de lieu de rencontre acceptable par tous. Voilà
les bases sur lesquelles nous sommes partis. Un bon
quart de siècle plus tard, par-delà les succès et les
échecs que nous avons connus – et dont je parlerai
plus avant –, nous ne sommes toujours pas arrivés au
bout de notre amitié forgée en 1986-1987. À propos
de Sassou Nguesso, je pense souvent à cette formule
proverbiale : « On honore en son ami le formidable
ennemi qu'il aurait pu être. » En l'occurrence, je ne
risque pas de l'oublier puisque le président congolais
a commencé par m'infliger un Trafalgar diplomatique,
qui a failli me couler en Afrique du Sud.

Il me reste un lourd passif à solder : le fiasco de la
visite de P.W. Botha en France. Je ne suis pas pressé.
Finalement, les Sud-Africains s'en chargent avec la
légèreté et l'élégance qu'on leur connaît. En février
1987, je suis formellement convoqué au ministère
des Affaires étrangères à Pretoria pour un « débriefing
d'analyse ». En réalité, cela ressemble à un tribunal.

Pik, le ministre, est assis au milieu d'une longue table, flanqué de chaque côté par plusieurs hauts responsables. Moi qui me tiens debout, en face de lui, je suis agoni de reproches, sinon d'injures. J'ai lamentablement failli, je ne suis qu'un imposteur, j'ai promis la lune, j'ai exposé le président de la République au ridicule, à la pire avanie de sa carrière... Bref, c'est une séance de tirs et je sers de pigeon d'argile. Quand le ball-trap a assez duré, je demande à voir le ministre en aparté. Pik se lève et emporte son vade-mecum, une bouteille de Johnnie Walker. Lorsque nous sommes seuls, il commence par nous verser à chacun une rasade et par se répandre en excuses. « Jean-Yves, je regrette mais il faut me comprendre : j'ai essuyé un retour de flammes terrible de la présidence... » Je coupe court : « Il n'y a pas de problème, j'accepte les risques du métier : quand les nouvelles ne sont pas bonnes, on tue le messager. » Il est un peu gêné. Je lui laisse le temps de siffler son whisky avant d'abattre mon joker. « Comme il y va de ma crédibilité, et aussi un peu de la vôtre, j'ai une proposition à vous faire : que diriez-vous si je ramenais le capitaine Wynand du Toit ? » L'effet sur mon interlocuteur me rappelle les caïmans sacrés à Yamoussoukro, dans la douve autour de la propriété d'Houphouët-Boigny, quand on leur lance un poulet vivant. Déjà, il ne reste plus que quelques plumes... « Vous pensez vraiment pouvoir obtenir la libération du capitaine du Toit ? » Les yeux de Pik ne sont plus que des fentes. « Je crois qu'avec mes entrées j'ai une chance. — Jean-Yves, si vous réussissez cet exploit, alors là vous serez rétabli auprès du président de la République. Et moi aussi, d'ailleurs... » Tope, c'est reparti !

Une fois dehors, au grand air, par une belle journée d'été austral, je dégrise. Je me suis dangereusement avancé. En vérité, je ne tiens en main que la toute récente déclaration du président P.W. Botha au Parlement, le 31 janvier 1986, lorsqu'il a solennellement établi un lien entre, d'un côté, la libération « pour des raisons humanitaires » du capitaine du Toit et de deux dissidents soviétiques, Andreï Sakharov et Anatoly Sharansky, et, de l'autre, la libération pour le même motif de Nelson Mandela. J'ai bien dû être le seul à prendre au sérieux ce que tous les commentateurs se sont accordés à disqualifier, tenant cette déclaration pour la énième manœuvre dilatoire du président sud-africain, sur le mode : mais qu'est-ce qu'il ne va pas encore inventer pour garder Mandela en prison ? Or, avec ma foi du charbonnier, j'ai puisé de l'espoir dans le fait que, le 11 février, soit onze jours plus tard et juste à la veille de ma convocation au ministère des Affaires étrangères, Anatoly Sharansky a recouvré la liberté. Dans l'un de ces épisodes typiques de la guerre froide, le dissident a été relâché et autorisé à émigrer en Israël, parce que les Américains avaient suspendu à cette condition un échange de huit espions de l'Ouest et de l'Est sur le pont de Glienicke, à Berlin. Preuve que les miracles sont possibles... Il en faudra un pour que l'Angola me remette du Toit, le chef du commando d'élite qui devait faire sauter les réserves pétrolières angolaises au Cabinda. Car je ne suis jamais allé à Luanda et ne connais ni d'Ève ni d'Adam le président Eduardo dos Santos. Mais cela ne saurait tarder.

« N'entrez jamais dans un village sans être accompagné de quelqu'un que le village connaît déjà... » Je m'en tiens au conseil du « Vieux ». Je fais appel à mes amis mozambicains, au président Chissano et à son ministre Jacinto Veloso, pour m'ouvrir la voie. Le premier me recommande chaudement dans une lettre adressée au chef de l'État angolais, puis au téléphone, le second me présente à son *alter ego* à Luanda, Manuel « Kito » Rodrigues, ministre de la Sécurité et, de fait, numéro deux du régime. Le jour venu, Jacinto et Kito m'accompagnent tous les deux chez le président dos Santos. La rencontre a lieu à Futungo, le palais présidentiel surplombant la côte à une dizaine de kilomètres au sud de la capitale. Nous sommes introduits dans un petit salon où le chef de l'État m'accueille en la seule présence du général Kopelipa, qui prendra des notes mais ne dira mot. Un membre de la presse présidentielle vient faire un tour, le temps de prendre une photo. Nous devisons en français, une langue que dos Santos maîtrise très bien. Après quelques échanges de politesse, le président se tourne vers moi : « Alors, qu'est-ce qui me vaut le plaisir de votre présence ? » Ce n'est pas une question rhétorique puisque j'ai tenu à garder confidentielle la raison de ma demande d'audience. Avant de la révéler, je tiens toutefois à lever toute hypothèque : « Monsieur le Président, pour que les choses soient claires entre nous, et pour que nous puissions avoir une vraie conversation, je me dois de vous informer qu'il y a quelques jours j'étais chez Jonas Savimbi avec qui j'entretiens des relations de confiance. J'étais dans son QG à Jamba et je lui ai d'ailleurs dit que j'allais venir vous voir. » Une décharge électrique semble traverser le corps de mes deux « garants », Jacinto et Kito. Pour eux, ayant à peine débuté, l'audience vient de prendre fin. À l'époque, nul ne peut se rendre de part et d'autre de la ligne de front qui divise l'Angola. Même les journalistes doivent choisir leur camp, celui du gouvernement marxiste à Luanda ou celui du rebelle Jonas Savimbi, « le fantoche soutenu par l'Afrique du Sud raciste » selon la terminologie officielle. Parler en bien de Savimbi à Futungo, la maison du président, revient donc à invoquer Satan dans le sanctuaire du Bien. Mais Eduardo dos Santos accuse à peine le coup de cette provocation. D'un petit geste de la tête, il m'invite à poursuivre.

Je lui expose ma vision de la situation en Afrique du Sud. Je lui parle du clivage entre diplomates et militaires au sein du régime de l'apartheid. Je fais valoir que les militaires vivent bien plus au contact de la population noire et, de ce fait, la connaissent mieux. En patrouille ou en « mission de maintien de l'ordre », et à plus forte raison dans le *bush war* dans le sud de l'Angola, les officiers blancs partagent le quotidien de leurs supplétifs noirs. C'est autre chose que d'avoir une « nounou » et un gardien de nuit qui

habitent au fond du jardin. Je conclus sur ce point :
« Il faut se méfier du miroir aux alouettes qu'est l'opposition schématique entre "faucons" militaires et
"colombes" diplomatiques. Établissez un lien privilégié avec l'armée sud-africaine. Si vous leur donnez
un gage, les militaires vont se dire qu'après tout vous
voulez la paix et que la paix est possible. Or, ce gage,
c'est le capitaine Wynand du Toit. » J'enchaîne sur
le discours au Parlement du président Botha, et lui
expose que Sharansky est déjà libre et que l'épouse
de Sakharov, Elena Bonner, vient d'être autorisée à se
faire opérer aux États-Unis à la suite de la grève de
la faim de son mari, toujours en résidence surveillée à
Gorki, près du centre de recherche nucléaire où il avait
mis au point la bombe H avant de tourner *refuznik*. « Il
faut prendre P.W. Botha au mot. Si vous lui donnez le
capitaine du Toit, il sera sous la contrainte de libérer
Nelson Mandela. Songez-y, vous tenez peut-être le
destin de l'Afrique du Sud entre vos mains ! »

Après m'avoir écouté avec beaucoup d'attention,
Eduardo dos Santos garde le silence si longtemps
qu'un malaise s'installe dans le petit salon. Enfin,
le président nous dit : « Allez déjeuner, je vous ferai
connaître ma décision. » Je demande à être autorisé à
rencontrer le capitaine du Toit, pour pouvoir témoigner en Afrique du Sud du fait qu'il est toujours vivant
et bien traité. Mais, surtout, je veux franchir ce premier pas indispensable pour amorcer les tractations.
Depuis que l'officier sud-africain a été fait prisonnier
en mai 1985, il n'a eu que très peu de visiteurs : sa

femme est venue une seule fois, grâce à la Croix-Rouge internationale, et il a reçu la visite du pasteur et sénateur américain Jessie Jackson, qui y a vu une occasion de faire son important devant les médias. Après un déjeuner rapide, Jacinto, Kito et moi tuons le temps sous la véranda de la résidence du ministre angolais de la Sécurité, affalés dans de gros fauteuils. Le brassage de l'air moite par le grand ventilateur suspendu au plafond manque d'avoir raison de mes nerfs... Enfin, le téléphone sonne. Kito prend l'appel et raccroche quelques secondes plus tard, rayonnant : « Jean-Yves, vous allez voir du Toit. Venez ! »

Il y a toujours quelque chose d'indécent à se faire amener un homme privé de sa liberté. Le rapport est vicié dès le départ et, de surcroît, le risque est immense d'infliger au prisonnier le supplice de l'estrapade, c'est-à-dire de soulever son espoir avant de le faire retomber de plus haut. Je me montre donc très prudent. Quant au capitaine du Toit, sa méfiance est tangible. Sans un mot d'explication, il vient d'être arraché au camp militaire cubain où il a d'abord été soigné puis enfermé dans une cellule d'à peine sept mètres carrés. Nos échanges sont heurtés. L'officier sud-africain réagit comme cela lui a été enseigné dans le cadre de sa formation de soldat d'élite. Il ne révèle rien tout en essayant de sonder au mieux son vis-à-vis. Mais vingt et un mois de détention à l'isolement l'ont affaibli. Vers la fin de notre entretien, son ton change quand il me demande : « Vous rentrez en Afrique du Sud ? » Je confirme. « Est-ce que je peux vous donner une lettre pour ma femme ? » Je lui tends un morceau de papier et mon stylo. Il rédige quelques lignes et me remet la lettre. Il veut me rendre mon stylo. « Capitaine, gardez-le ! Ce sera un souvenir de ma visite. » Sur le moment, ce n'est qu'une intuition. J'imagine que mon stylo, bel objet d'une certaine valeur, l'aidera au fil des jours à croire à la réalité de notre rencontre et, au-delà, à la possibilité que je puisse obtenir sa libération. C'est ténu mais, à ce stade, lui en dire davantage serait irresponsable de ma part et dangereux pour lui. Je me lève. Il manque de « craquer ». Se levant à son tour, cet homme barbu à la carrure d'un deuxième ligne de rugby souffle en guise d'adieux : « S'il vous plaît, dites à mes gens en Afrique du Sud qu'il faut qu'ils me sortent d'ici ! »

Ainsi débutent les sept mois les plus fous de ma vie. En premier lieu, je fais monter les enchères en impliquant autant de parties que possible pour que mon entreprise devienne *too big to fail*, « trop importante pour que l'on prenne le risque de la faire échouer ». Les intérêts croisés seront le cœur de mon jeu de dominos où chaque pièce est nécessaire pour actionner la suivante. Toujours avec la complicité amicale de Michel Roussin, je retourne voir Jacques Chirac qui me convie à déjeuner : « Je peux obtenir la libération de Pierre-André Albertini. » Un pauvre gallinacé de plus vient de disparaître entre des mâchoires puissantes... « Qu'est-ce que la France serait prête à donner en échange à l'Afrique du Sud ? » Je fais mon marché de la sorte, allant des uns aux autres. En Afrique du Sud et en Angola, côté gouvernemental et côté rebelle ; dans le bantoustan du Ciskei, où Albertini purge sa peine ; enfin je vais voir la SWAPO, le mouvement indépendantiste namibien, et me rends aux Pays-Bas, qui prennent le train en marche pour récupérer Klaas de Jonge, l'anthropologue bloqué dans l'ambassade néerlandaise à Pretoria. Ça commence à faire du monde et, plus ennuyeux, cela risque de se savoir. Or, en Afrique australe, les pays concernés sont en guerre les uns avec les autres. Que l'Angola négocie avec le pays de l'apartheid ne doit pas s'ébruiter, sous peine de tout mettre en péril. Quant à la France, cohabitation n'y rime pas non plus avec transparence ou confiance. Jacques Chirac pose comme condition expresse que « nos services n'en sachent rien ».

Il me faut donc très vite monter ma propre infrastructure et, priorité des priorités, un système de communication sûr et opérationnel. Rappelons que ceci se passe avant l'ère des téléphones satellitaires, d'Internet et de Skype. À cette époque, pourtant pas si lointaine, il était presque impossible d'appeler d'un pays d'Afrique australe à un autre. Alors, comment faire ? J'ai monté mon propre central téléphonique dans mon bureau parisien où mon collaborateur Nicolas Pinel a campé pendant sept mois quasiment vingt-quatre heures sur vingt-quatre pour assurer la veille. Je pouvais l'appeler à tout instant d'un endroit en Afrique australe, cherchant à joindre quelqu'un autre part dans la région ou bien ailleurs dans le monde. Le système était triangulaire, avec une communication « montante » à Paris et une autre « descendante » pour connecter deux lieux en Afrique australe. Évidemment, c'était un cauchemar logistique et une aberration financière. Toutefois, cette folie limitait le risque d'écoutes. Par ailleurs, les liaisons aériennes d'alors, du fait des tropismes coloniaux persistants ou du boycottage du pays de l'apartheid, n'étaient guère plus rationnelles : par exemple, pour se rendre de Brazzaville à Johannesburg, il n'y avait pas d'autre possibilité que de prendre un vol pour Paris puis de redescendre à Johannesburg – soit une fois et demie la longueur du continent, plus l'aller-retour en Europe, c'est-à-dire au total quatre fois la distance à vol d'oiseau entre Brazzaville et Johannesburg.

Pour que je puisse faire la navette entre les huit parties directement impliquées, sans compter certains pays – comme le Portugal ou la Côte d'Ivoire – qui appuyaient mes efforts dans la coulisse et que je devais tenir informés, il me fallait ma propre flotte d'avions. Les autorités sud-africaines ont « emprunté » à la société minière des Oppenheimer deux Falcon 900 ; leurs « services » ont mis à disposition un Learjet immatriculé aux États-Unis et piloté par des militaires – en civil – munis de passeports du Swaziland. Pendant sept mois, ces aéronefs ont été réquisitionnés à mon seul service, constamment en *stand-by* avec leurs équipages, attendant la prochaine feuille de navigation. À trois ou quatre reprises, le *Gulfstream* du gouvernement angolais m'a même été prêté. Naturellement, je ne pouvais pas voyager dans deux avions en même temps mais il arrivait souvent que je me trouve quelque part en situation de blocage ; j'avais alors besoin de faire venir un responsable d'un autre pays pour dénouer la situation, cependant qu'une troisième voire une quatrième personne partait déjà ailleurs pour préparer la prochaine étape ou pour briefer en toute confidentialité une autre partie intéressée. Évidemment, ce chassé-croisé aérien nécessitait des plans de vol, des droits d'atterrissage ou de survol, des escales de ravitaillement en carburant, etc. Enfin, quand les tractations eurent bien avancé et qu'il a fallu identifier les prisonniers de guerre, les soigner puis les préparer pour l'échange le jour J, j'ai dû aller les voir, trouver de quoi les habiller et les nourrir, organiser leurs déplacements, savoir où et pendant combien de temps je pourrais les faire attendre en toute sécurité... Autant dire que je ne me suis pas ennuyé. Or, mis à part Nicolas Pinel, mon « standard » à Paris, je n'avais qu'un seul assistant, Bernard Vinet, qui m'a été d'une grande aide. Malheureusement, il est décédé depuis.

L'Angola a été le nœud du problème. Quand j'ai revu le président dos Santos pour qu'il me précise la contrepartie à la libération de Wynand du Toit, il m'a remis une liste avec les noms de quinze prisonniers de guerre, tous officiers ou médecins militaires. « Le reste, c'est une question de nombre », m'a-t-il expliqué. « Je veux que le maximum de nos prisonniers soient libérés. Mais ces quinze-là, j'y tiens absolument. Sans eux, rien n'est possible. » Or, quand je me rends ensuite à Jamba, la « capitale » de la rébellion dans l'extrême-sud-est de l'Angola, une surprise m'attend : trois des quinze prisonniers indispensables ne veulent pas entendre parler d'un retour à Luanda ! L'un d'eux, un médecin, me dit : « Mais je suis très bien ici. Je travaille à l'hôpital et, surtout, j'ai trouvé une femme. Nous nous sommes mariés et nous avons quatre enfants. Pourquoi voulez-vous que je fasse partie d'un échange de prisonniers ? Je reste où je suis. » Allez expliquer cela au président angolais... J'ai insisté et plaidé en chaque occasion, quand cela semblait décent, et j'ai baissé les bras dans les cas où, humainement, la raison d'État perdait la raison. À l'arrivée, sur le tarmac de Maputo, le compte ne serait donc pas bon, et je tricherais en faisant passer quelques indépendantistes namibiens, dont le nombre total n'était pas précisé, pour des soldats angolais – le temps que la « confusion » soit découverte à leur arrivée à Luanda. Comme disait Frédéric le Grand : « Que Dieu, s'il existe, ait pitié de mon âme, si j'en ai une. »

J'ai dû aller à Jamba une bonne dizaine de fois. Situé juste de l'autre côté de la bande de Caprivi, l'éperon de la Namibie qui s'enfonce au cœur du continent, Jamba était un endroit assez saugrenu. Dans ce bac à sable jaune, où les véhicules ne circulaient que très difficilement (ce qui, avec l'éloignement, était la meilleure défense de la « capitale » rebelle), Jonas Savimbi avait transformé un village de huttes en camp chinois. Des hommes en uniforme, coiffés de casquettes Mao, s'y affairaient dans des « ateliers » de réparation ou de fabrication sous des drapeaux et banderoles qui faisaient penser que la Révolution culturelle avait survécu dans ce coin de désert. Quand Savimbi apparaissait quelque part, entouré de sa garde rapprochée, le silence s'abattait. L'homme était craint. Il était charismatique, brillant et terrible. Il maîtrisait au moins cinq langues à la perfection, dont le français, et avait pour stratégie de gagner la confiance de ses interlocuteurs en donnant à chacun d'eux le sentiment qu'il était le personnage-clef tant attendu. Si j'en parle, c'est que je suis moi-même tombé dans le panneau. Marque d'attention particulière, Savimbi m'avait prêté sa hutte pour que j'y passe la nuit. Elle était pareille à toutes les autres, mais elle abritait sa bibliothèque personnelle. Je me souviens de mon émotion quand, feuilletant des ouvrages au hasard, j'y trouvais les passages soulignés et les annotations d'un lecteur avide à l'esprit pénétrant. Ce n'est que plus tard que j'ai découvert la cruauté d'un « chef » qui tuait les femmes et les enfants de ses rivaux et qui, en 1992, n'hésiterait pas à replonger l'Angola dans dix années de guerre civile supplémentaires, encore plus meurtrières que les dix-sept années de combat qui avaient précédé, parce qu'il ne voulait pas reconnaître sa défaite aux élections organisées par l'ONU qu'il avait pourtant réclamées à cor et à cri.

Un jour, Savimbi me déclara : « Moi, je ne trouve pas mon compte dans cette affaire ! Qu'est-ce que j'obtiens en échange des prisonniers que vous me réclamez ? » Il avait raison, je n'avais pas grand-chose à lui offrir alors que je lui demandais de me remettre *tous* ses prisonniers, sans exception (un but que je m'étais fixé à moi-même pour ne pas avoir à décider qui je prendrais avec moi et qui j'abandonnerais sur place). Au fil des mois, mes échanges avec Savimbi ont été compliqués par la reprise de la guerre à grande échelle : de grandes batailles faisaient rage autour de Mavinga, le long du fleuve Lomba, et Cuito Cuanavale était pris dans le brasier de tirs d'artillerie, entre septembre 1987 et avril 1988. Les rebelles et les Sud-Africains, d'un côté, les soldats angolais et les Cubains, de l'autre, s'y sont livré leur Stalingrad africain. J'arrivais par hélicoptère dans cette zone de guerre, toujours de nuit, et me trouvais transporté au milieu d'un paysage lunaire creusé par les bombes où ma seule protection était la dispersion au hasard de la pluie de projectiles. Après des heures de négociations dans un abri à la lueur d'une torche, je repartais, me faisant tout petit dans l'appareil pour permettre l'évacuation du plus grand nombre possible de blessés graves, qui n'étaient pas beaux à voir et ne donnaient pas envie de revenir.

Savimbi a finalement cédé, grâce à deux types d'arguments. D'abord, j'ai organisé pour lui un voyage en France. Un ami au ministère de l'Intérieur m'a trouvé une voiture blindée et j'ai obtenu qu'il ait une escorte de motards... Savimbi était persuadé que j'étais le tireur de ficelles de la politique africaine de la France, et il ne voulait pas se mettre Paris à dos. D'autant que j'avais réussi à convier de très hautes personnalités de l'État à un dîner secret au Pavillon de musique de Matignon – officiellement, Jonas Savimbi avait seulement rencontré le ministre de la Défense,

François Léotard, mais la version officielle était très en deçà de la réalité. Ensuite, j'avais fait appel aux Sud-Africains, qui tenaient absolument à récupérer le capitaine du Toit. J'ai fait venir Rusty Evans, le diplomate le plus « tout-terrain » du ministère des Affaires étrangères, puis le chef du service action du renseignement militaire, le général Niels van Tonder, l'homme dont les rebelles angolais dépendaient pour pratiquement tout. Conjugués, le *soft power* de Paris et la force brute de Pretoria ont fait plier Savimbi, mais il m'en a voulu de lui avoir forcé la main. Après l'échange des prisonniers, je ne l'ai plus revu.

À l'approche du dénouement, je retourne voir Jacques Chirac à Paris. Il est exclu que j'apparaisse publiquement comme le représentant de la France. J'ai donc besoin d'une « doublure » officielle pour finaliser l'échange des prisonniers. J'ai proposé Fernand Wibaux. Il porte le titre d'ambassadeur de France et a été en poste au Liban et en Nouvelle-Calédonie, notamment. Socialiste proche de Gaston Defferre, il avait été nommé, sur le tard, conseiller diplomatique du gouvernement. Quand Foccart l'avait mandaté pour faire une tournée des pays de la ligne de front, il m'avait appelé pour que je le renseigne sur la région. Nous nous étions rencontrés chez moi, à Paris, et son ouverture d'esprit m'avait plu. J'ai donc pensé à lui pour être le visage public de la médiation française en Afrique australe, d'autant qu'il avait le titre et le physique de vieux sage qui convenaient à l'emploi. Chirac fait tout pour me dissuader de faire appel à lui.

D'abord, il m'explique que Wibaux vient de quitter toutes ses fonctions officielles, y compris celle de conseiller diplomatique du gouvernement – un emploi honorifique qui permet à son titulaire de figurer dans un organigramme. Il a pris sa retraite à Cuers, une ville du Var de dix mille habitants. Ensuite, Jacques Chirac me fait valoir – argument surprenant mais ô combien révélateur du climat politique ! – que, lors d'une précédente libération d'otages par la Somalie, Wibaux était arrivé à l'aéroport de Villacoublay accompagné de l'épouse du conseiller socialiste pour l'Afrique à l'Élysée, Jean Audibert. Pour Chirac, Wibaux et Audibert, c'est du pareil au même, et il est hors de question d'associer un responsable socialiste à une action qui doit lui permettre de marquer des points dans le bras de fer franco-français de la cohabitation. Mais j'ai insisté, et il a cédé.

Me voilà dans l'avion pour Marseille, où une voiture de la préfecture m'attend pour m'emmener chez Wibaux. Pris de court, il me reçoit toutefois aimablement dans son petit salon tandis que son épouse continue de s'affairer dans le jardin. Je lui explique l'affaire et sollicite son concours : « On va tout de suite remonter à Paris pour partir demain en tournée en Afrique australe. Un avion nous attend, nous allons en Angola, au Mozambique et en Afrique du Sud pour finaliser l'échange de prisonniers. — Mais, Ollivier, on n'aura jamais le temps de faire les visas ! » Je le rassure : « On n'a pas besoin de visas. » Il est ravi. À ce moment-là, un grand cri monte du jardin : « Aaaah non !

vous n'allez pas encore le faire travailler, il est à la retraite, laissez-le-moi ! » Quelques instants plus tard, Mme Wibaux entre comme une furie dans le salon et, il n'y a pas d'autre mot, m'engueule. Heureusement, notre brouille sera de courte durée. Grâce à notre mission en Afrique australe, Wibaux sortira de sa disgrâce et aura une seconde vie à l'Élysée, ironiquement en tant que doublure « officieuse » du « conseiller Afrique » en titre de Chirac, Michel Dupuch. Mme Wibaux en sera enchantée.

Le 7 septembre 1987, je suis sur le tarmac de l'aéroport de Maputo. Il est presque minuit. Je me retrouve donc « planté », seul dans la nuit noire. Les cent trente-huit prisonniers de guerre volent tous vers la liberté. L'Afrique du Sud va récupérer son « Rambo », le capitaine Wynand du Toit ; la France s'apprête à accueillir son coopérant antiapartheid, Pierre-André Albertini, et, grâce à un coup de pied dans le sacrum à l'embarquement, même Klaas de Jonge est en route vers son pays, les Pays-Bas. Et moi ? Moi, on m'a oublié là. Alors que je me suis déjà résigné à ma situation, j'aperçois un petit bimoteur sur le point de décoller. Je cours sur la piste en gesticulant comme un naufragé. Toutes hélices tournantes, l'appareil s'arrête et la fenêtre du cockpit pivote. « S'il vous plaît, pouvez-vous me prendre en stop ? — Mais pour aller où ? Nous allons à Port Elizabeth. — Tout me va du moment que c'est en Afrique du Sud ! » C'est ainsi que j'arrive vers 2 heures du matin à Port Elizabeth, d'où je parviens à rallier Le Cap dans la nuit. Je ne

suis pas le seul à voir poindre la lueur du petit matin :
toute l'Afrique du Sud a suivi à la télévision, en direct,
le retour du capitaine Wynand du Toit qui a été reçu
par le président P.W. Botha et la première dame sud-
africaine, en compagnie de sa femme et de son jeune
fils. Un grand moment d'unité nationale autour d'un
guerrier symbole. Bref, une belle page de propagande
pour un régime assailli de toutes parts qui, tel Israël,
« n'abandonne personne ». Après un trop court repos,
ayant remis ma chemise de la veille, je descends dans
le hall de l'hôtel Mount Nelson où j'apprends inci-
demment que P.W. Botha est en train de présider
dans la grande salle à manger un déjeuner rassemblant
une cinquantaine d'hommes d'affaires. N'écoutant
que mon orgueil blessé, qui me parle éloquemment,
je force le passage et me plante devant le président
sud-africain. Il se lève et me dit, embarrassé : « Ah !
vous êtes là ? » Puis, recouvrant sa contenance, il se
tourne vers ses hôtes autour de la table, ajoutant :
« Je vous présente l'homme qui a permis la libération
du capitaine du Toit. » Je repars, pas mécontent de
mon effet. Cependant, quand Pik est informé de mon
arrivée au Cap, il demande au président Botha de me
recevoir pour me remercier plus formellement. Dès le
lendemain, Rusty Evans me conduit à Tuynhuys, la
résidence officielle du chef de l'État au Cap. L'aide
de camp, un officier de marine, me fait entrer dans
un vaste bureau. P.W. Botha s'avance vers moi, me
regarde longuement, puis me pointe du doigt : « Mes
gens m'ont demandé de vous remercier. Alors, je vous

remercie. Je l'ai fait. Au revoir ! » Sur ces aimables paroles, nous nous séparons.

Le « grand crocodile » avait retrouvé toutes ses dents. Bien que je lui aie ramené le capitaine du Toit, il ne voit en moi qu'un ennemi intérieur : un allié dangereux des *verligte*, les libéraux « éclairés » au sein de son régime qui veulent négocier une sortie pacifique de l'apartheid. P.W. Botha ne s'est pas trompé. L'échange des prisonniers a bien été le début et non pas la fin des hostilités, du moins entre nous. Car la grande bataille, celle pour la libération de Nelson Mandela, restait à venir.

VIII

La paix passe par Brazzaville

Pour une fois qu'on me montre à la télévision ! Au lendemain du grand troc régional des captifs de guerre, j'ai les honneurs du petit écran sud-africain puisque Pik Botha nous reçoit, l'ambassadeur Wibaux et moi-même, dans l'ordre de Bonne-Espérance, la plus haute distinction sud-africaine. Mais comment parler d'un homme de l'ombre au JT ? Qu'on me fasse passer pour le porteur d'attaché-case du représentant officiel de la France, Fernand Wibaux, ne me gêne pas – c'était fait pour. En revanche, je me sens comme une phalène engloutie dans une nuit profonde quand le commentateur me présente comme un « mystérieux homme d'affaires français, "Monsieur Jacques" ». Heureusement, un autre « Monsieur Jacques », Foccart, m'enverra une lettre manuscrite de remerciements pour me dire combien il a apprécié ce « service rendu à la France ». Je recevrai aussi les félicitations du président Eduardo dos Santos et, ce qui me touche particulièrement, un album de la famille du Toit avec des coupures de presse, des photos et quelques dessins du petit garçon à qui son père, qu'il n'a pratiquement pas connu, manquait terriblement.

L'effervescence passée, je dresse un bilan d'étape. D'un côté, le bonheur d'avoir obtenu la libération de tant d'hommes dont la vie interrompue peut à présent reprendre ; la satisfaction aussi d'avoir su arbitrer beaucoup d'intérêts *a priori* irréconciliables et de m'être imposé comme un intermédiaire fiable, serviteur de personne mais utile à tout le monde. De l'autre, le goût amer de l'inachevé puisque mon objectif est autrement plus ambitieux. Au meilleur moment, quand les captifs se sont croisés sur le tarmac de Maputo, le fait qu'aucun d'entre eux n'ait tourné la tête en signe de reconnaissance d'une souffrance partagée m'a rappelé le chemin qui restait à parcourir. Oui, ces hommes ont recouvré la liberté mais leurs pays, eux, sont restés prisonniers de la guerre. Les combats se poursuivent partout en Afrique australe, plus que jamais sur les champs de bataille angolais, mais aussi sous forme de raids meurtriers ou d'attentats à la bombe dans le cadre plus flou d'une « sale guerre » opposant le pays de l'apartheid à l'ANC et aux pays de la ligne de front. Des gens continuent de mourir, jour après jour. La fin négociée de l'apartheid reste une chimère.

Sous le trait, mon exploit personnel – ma capacité à « faire lien » entre huit parties, dont plusieurs en guerre, sans un titre officiel ni un mandat quelconque – marque aussi la limite de mon succès. Je parle à tout le monde mais les États de la région continuent de ne communiquer entre eux que par des actes de guerre.

La prochaine étape doit donc me rendre dispensable en mettant les uns et les autres en prise directe les uns avec les autres. Il faut que je partage la confiance que l'on me fait entre ceux qui me font confiance, en d'autres mots il convient que je travaille à ma perte, qui sera un gain pour ma cause. À cette fin, je propose aux Sud-Africains « une autre idée folle » – c'est ainsi que Rusty Evans l'accueille, incrédule mais néanmoins toujours partant pour tenter l'impossible à mes côtés. Mon idée : réunir en « conclave », dans le plus grand secret et sans ordre du jour, les personnages-clefs avec lesquels j'ai « monté » l'échange des prisonniers. Il faut qu'ils se parlent, et, pour cela, il faut qu'ils se connaissent. Une œuvre au noir, qui a besoin d'une formule alchimique.

Voici ma recette : un, le conclave se tiendra en Afrique du Sud pour des raisons logistiques, mais, bien plus encore, parce que le fait de venir au pays de l'apartheid constituera en soi un gage de confiance de la part des dirigeants des États voisins, tous plus ou moins en guerre avec Pretoria. Deux, il n'y aura ni préalable ni agenda, tout pourra être abordé lors de la rencontre *intuitu personae*, sans fonction officielle ni souci protocolaire. Trois, en plus des protagonistes régionaux, j'inviterai des amis vivant ailleurs, qui pourront être pris à témoin et, le cas échéant, cautionner des promesses faites, sans parti pris. Au regard de toutes ces conditions, je propose finalement un relais de chasse assez rudimentaire dans le désert du Kalahari. Loin de tout, cette ferme sera facile à sécuriser pour l'armée sud-africaine, qui établira un discret mais étanche périmètre de contrôle alentour. Les « ennemis » de l'apartheid seront acheminés en toute discrétion à bord d'hélicoptères. Sur le plan logistique, Jean-Christophe Mitterrand, le conseiller Afrique de son père à l'Élysée, décrochera la palme de l'acheminement le plus compliqué : invité en visite officielle au Mozambique, grâce à la complicité du président Chissano, il prétexte un séjour balnéaire privé pour quitter Maputo dans un avion à hélices qui, après avoir mis le cap sur la côte, plonge sous les radars pour faire demi-tour et déposer l'officiel français en Afrique du Sud, où il lui est formellement interdit de se rendre, boycottage de l'apartheid et politique du PS obligent. Muni du seul accord verbal de son père-président, « Christophe » exécute ensuite des sauts de puce, de base militaire en base militaire, à travers l'Afrique du Sud, pour finalement retrouver Pik Botha au pied d'un hélicoptère : « Mais c'est un Puma français, j'espère que vous avez des pièces de rechange, sinon je ne monte pas dedans ! titille-t-il le chef de la diplomatie sud-africaine. — Ne vous inquiétez pas, vous serez en sécurité », lui répond Pik.

J'ouvre ici une brève parenthèse. Au printemps 1988, les élections en France ont mis fin à la cohabitation. François Mitterrand a été réélu président grâce à une nette victoire – cinquante-quatre pour cent des suffrages exprimés – sur « son » Premier ministre sortant, Jacques Chirac. Dans la foulée, les législatives lui ont donné une majorité pour gouverner. C'est pour cette

raison que la France est représentée au Kalahari par
Jean-Christophe Mitterrand. Entre les deux tours de
l'élection présidentielle, je suis allé voir Jacques Chirac
et, avec l'aide de Foccart, l'ai persuadé qu'il était temps
d'informer ceux qui allaient arriver au pouvoir de l'action que je menais en Afrique. Je lui ai dit : « Nous
avons une responsabilité d'État. Nous ne pouvons pas
faire comme pour Albertini et n'informer personne,
pas même la DGSE. Cette fois, ce n'est pas possible.
Nous devons passer les dossiers à vos successeurs... »
Foccart a épousé mon point de vue : « Jacques, nous
devons organiser ça pour Ollivier, et le mieux est sans
doute de passer par Jean-Christophe Mitterrand avec
qui j'ai développé une relation de confiance. » Chirac
est tellement abattu qu'il s'en moque un peu. Son
échec est annoncé, et il a déjà l'affaire des otages
au Liban sur les bras... Foccart a donc appelé Jean-
Christophe Mitterrand, qui m'a aussitôt reçu au 2,
rue de l'Élysée. Le fils du président socialiste ne m'a
pas demandé si j'étais un homme de Chirac. Je lui
ai expliqué les tenants et les aboutissants de ce que
j'étais en train de tenter en Afrique australe, ajoutant
pour conclure : « Je ne vais pas y parvenir sans l'appui
de la France. » Quarante-huit heures plus tard, il m'a
rappelé : « Ollivier, continuez, vous avez notre soutien ! » C'est ainsi que François Mitterrand a autorisé
le voyage secret de son fils en Afrique du Sud, et que
je suis devenu – mon qualificatif usuel dans *La Lettre
du continent* – un « *missi dominici* multicartes ». En réalité, je n'ai jamais été encarté nulle part.

Parmi les invités au « conclave » dans le Kalahari, Jean-Christophe Mitterrand fait partie du cercle des témoins et garants extérieurs, tout comme son ami Jeanny Lorgeoux, député socialiste très actif dans le dossier sud-africain, ainsi qu'un membre des services secrets français. Sont aussi présents un ancien responsable des services allemands, Dieter Holzer, et Max Strauss, le fils de Franz Josef Strauss, le défunt ministre-président de Bavière qui avait joué un rôle considérable en Afrique australe. Enfin, le président ivoirien envoie l'un de ses neveux, Léon Amon. Vient ensuite le cercle des pays de la ligne de front, en guerre avec le pays de l'apartheid. Il y a là, notamment, le ministre angolais du Pétrole, Desiderio da Costa, à ce jour homme-clef du pouvoir à Luanda, et, bien sûr, Jacinto Veloso, mon ami mozambicain. Le troisième cercle est sud-africain. Outre le ministre Pik Botha et le fidèle Rusty Evans, j'ai convié de hauts gradés de l'armée tels que le général van Tonder, et deux membres du Broederbond, la « ligue des frères afrikaners », le Saint des saints du régime. Il est révélateur que le Broederbond, composé d'hommes étonnamment lucides par rapport au rejet quasi universel de l'apartheid, ait été très tôt intéressé par ma démarche. L'élite historique du pouvoir blanc minoritaire a compris que le temps de sa suprématie était désormais compté et qu'à défaut d'organiser l'inévitable sa reddition inconditionnelle allait le devenir.

Pendant trois jours, partageant des chambres spartiates et des grillades autour d'un feu de bois, tous ces gens – chacun « intouchable » dans son pays et ayant l'habitude de vivre retranché derrière le *limes* de sécurité et de luxe propre aux puissants – ont parlé d'égal à égal de tout et de rien. Je garde le souvenir de propos totalement anodins aussi bien que de moments extraordinaires ; par exemple, la nuit où Pik a jeté les osselets pour lire l'avenir. Formidable acteur, il se disait *sangoma*, « sorcier ». Il avait déplié sous le regard de tous une petite peau animale contenant des osselets, qu'il portait sur lui en toutes circonstances. Accroupi près du feu, là où les flammes, à ses pieds, animaient le sol d'ombres et de rutilances, il a prédit à chacun son sort : « Attendez que je comprenne la configuration... Ça y est ! s'exclamait-il. Le Mozambique connaîtra un fulgurant essor économique, dans lequel Jacinto Veloso jouera un rôle important. En Angola, qui va en finir avec la guerre, Desiderio da Costa gardera la confiance absolue de son président. Et, bien sûr, Jean-Yves continuera de faire des miracles tous les jours... » Nous avons ri de bon cœur, ou peut-être nerveusement. Toujours est-il qu'à travers cette mise en scène Pik a fait passer des messages qu'il n'aurait pas pu assumer autrement, pas même dans ce camp retranché du Kalahari. J'y ai souvent repensé par la suite. Des contacts secrets avaient déjà eu lieu, certains alors assez avancés, entre le pouvoir blanc et l'ANC. Nelson Mandela rencontrait des officiels régulièrement depuis qu'il avait été transféré, en avril 1982, de Robben Island, le pénitencier au large du Cap, à la prison de Pollsmoor, sur la terre ferme.

Il était sur le point d'être placé *de facto* en résidence surveillée à Victor Verster, au milieu des vignobles du Franschhoek. C'est dans ce contexte qu'il connaissait parfaitement que Pik nous a dit en substance : « Les lignes sont déjà en train de bouger. Voyons comment, ensemble, nous pouvons élargir les perspectives d'un meilleur avenir pour nous tous. »

Pour autant, nous ne jouions pas aux maîtres du monde. Nous savions parfaitement que nous ne tenions pas le sort de la région entre nos mains. Simplement, à travers l'expérience de l'échange des prisonniers, nous étions conscients de notre utilité et, disons-le, de notre pouvoir dans la poursuite d'un objectif commun. Aussi avons-nous conclu un pacte de soutien informel, qui reposait sur quelques principes simples : nous voulions la paix dans la région et la fin de la discrimination raciale en Afrique du Sud, sans règlements de comptes ; nous voulions que l'Afrique soit le moteur et le conducteur du changement, sans diktat géopolitique extérieur ; enfin, nous étions convaincus que l'émergence d'une « nouvelle » Afrique du Sud passerait par la libération de Nelson Mandela. Ce consensus, qui n'était pas explicitement formulé mais tangible à la fin de notre rencontre, m'a amené à parler d'un « complot pour la paix ». C'est dans le Kalahari, entouré de « conjurés », que j'ai trouvé l'expression en anglais – *a plot for peace* – pour désigner mon travail de sape de l'apartheid.

Pendant la guerre froide, la géopolitique pesait lourd, et le rôle des grandes puissances ne pouvait être ignoré.

Dans la seconde moitié des années 1980, l'Amérique marque des points avec sa politique dite d'« engagement constructif » en Afrique australe. Il était temps. Le concepteur de cette politique, Chester Crocker, est depuis 1981 le sous-secrétaire d'État chargé des affaires africaines du président Reagan. C'est un homme à l'esprit pénétrant. Professeur d'histoire marié à une Zimbabwéenne blanche, il a – au propre comme au figuré – fait le tour de l'Afrique du Sud et des pays de la ligne de front. Il aime faire accroire à son contradicteur qu'il manque de neurones. Autant dire qu'il n'est pas très populaire, surtout pas auprès du puissant mouvement antiapartheid aux États-Unis dont il défie les idées militantes. « Chet » n'aurait sans doute pas survécu aux premières années de vaches maigres de sa politique si l'« acteur de série B » que les progressistes se bornent à voir en Ronald Reagan n'avait pas l'immense qualité de faire confiance à ses collaborateurs et de leur laisser le temps de faire leurs preuves. Vilipendé sur les campus universitaires et dans les grands journaux libéraux, qui le soupçonnent de connivence coupable avec le régime de l'apartheid, Crocker a enregistré un progrès majeur en septembre 1986, quand Fidel Castro a accepté le lien – *linkage* – que le responsable américain cherchait à établir entre le départ des soldats cubains d'Angola et l'indépendance de la Namibie sous occupation sud-africaine.

Dans le contexte de l'époque, l'analyse de Chester Crocker ne manque ni d'originalité ni de courage. Celui-ci voit en l'Afrique du Sud à la fois une grande puissance régionale et le « golfe Persique des minéraux non combustibles » convoité par l'Est et par l'Ouest ; à la différence des militants antiapartheid, il ne se fait guère d'illusions sur la lutte armée ni sur la capacité institutionnelle de l'ANC ; enfin, son hostilité – sincère – envers le régime ségrégationniste ne l'amène pas à conclure, contrairement à tant d'autres analystes, que, l'apartheid étant « la source de tous les maux », il suffirait de l'extirper pour apporter la paix à l'Afrique australe. Au contraire, il renverse le raisonnement et soutient qu'il faut d'abord démêler tous les conflits en cours autour du pays de l'apartheid pour que les tenants de la suprématie blanche, sortis de leur délire obsidional, acceptent de baisser la garde et de s'asseoir à une table de négociations. C'est aussi mon analyse. Cependant, Crocker et moi divergeons sur deux points : d'une part, en ce qui concerne le mode opératoire – lui sur scène, moi dans la régie – et nos personnalités – lui intello, moi diplômé de la vie ; d'autre part, en ce qui concerne le but final que nous visons. Crocker recherche la victoire en Afrique australe pour l'Amérique dans le cadre de la guerre froide, une victoire qui se traduirait par le départ des Cubains, alors que, pour ma part, je veux la fin de l'apartheid sans qu'aucune vengeance soit exercée contre la communauté blanche. La différence est aussi profonde que celle séparant un pied-noir *self-made man* d'un WASP new-yorkais, secrétaire d'État du gouvernement américain.

Le 9 mars 1988, Chester Crocker parvient pour la première fois à réunir, à Londres, Sud-Africains,

Angolais et Cubains autour d'une table de négociations. Ainsi débute une série de rencontres tandis que
la guerre va *crescendo* dans le sud de l'Angola, avec
pour point culminant la bataille de Cuito Cuanavale,
qui a mis aux prises les orgues de Staline avec les G5
sud-africains, et dont tous les belligérants prétendront
être sortis vainqueurs. Après cet épisode, le 3 mai, au
Caire, les pourparlers de paix enregistrent une percée
lorsque Pik Botha et Jorge Risquet, le « Monsieur
Afrique » de Fidel Castro, s'entendent au bar du Sheraton sur une formule *win-win* : Pretoria pourra soutenir avoir bouté hors d'Afrique les Cubains, troupiers
du communisme ; Fidel pourra clamer avoir affranchi
la Namibie du joug sud-africain. Bref, c'est le *linkage*
de Crocker repeint aux couleurs criardes de l'idéologie
de chacun.

Derrière la belle façade des négociations quadripartites, beaucoup de travail ingrat a été accompli
dans l'ombre. En fait, la toute première réunion entre
Angolais et Sud-Africains – celle où l'on s'est disputé
sur la forme de la table pendant deux jours... – a eu
lieu à Brazzaville et a été le fruit d'un travail de rap-
prochement mené par le président Sassou Nguesso
et moi-même. C'est également par l'intermédiaire du
président congolais que Chester Crocker a établi le
premier contact direct avec le gouvernement marxiste
d'Angola que les États-Unis combattent par Jonas
Savimbi interposé. D'ailleurs, la venue de Crocker à
Brazzaville a coûté cher à mon ami Kito Rodrigues,
ministre angolais de la Sécurité. Au moment où le

responsable américain sollicitait l'aide de Sassou pour
qu'il puisse rencontrer un dirigeant angolais, le président dos Santos était en visite en Asie, et, comme toujours, en son absence, il avait confié la charge du pays
à son ministre de la Sécurité. Or, vieux « camarade de
lutte » des Angolais, Sassou a demandé à Kito de venir
rencontrer Crocker à Brazzaville toutes affaires ces-
santes. Cet abandon de poste, bien que pour quelques
heures seulement, n'a pas du tout plu au président
angolais. Malgré ses bons offices, Sassou a retiré à Kito
sa confiance. Tombé en disgrâce, celui-ci sera nommé
dans une ambassade à l'étranger. Tout cela pour dire
que, soutier de la réussite américaine, l'Afrique, parce
que concernée au premier chef, revendique un rôle-
clef dans les négociations en cours. D'autant plus que,
derrière la paix en Afrique australe, l'enjeu, pour le
continent, est la fin de l'apartheid.

C'est alors que je force la main au destin. Je monte
au créneau à la fois auprès des Américains et des Sud-
Africains. *Primo*, au lieu de faire le tour du monde des
hôtels de luxe à Londres, à New York ou à Genève,
les négociations doivent revenir à Brazzaville. *Secundo*,
au-delà de ce symbole, l'Afrique doit avoir son mot à
dire dans la résolution d'un conflit qui n'est pas seulement une guerre de substitution menée pour le compte
de superpuissances, mais aussi un brasier de l'apartheid, et donc un problème africain. En tant qu'hôte et
médiateur de ce qui deviendra le « processus de Brazzaville », Sassou Nguesso, alors président en exercice de
l'OUA, doit veiller aux intérêts du continent.

Sans enthousiasme, Chester Crocker accepte de mettre la scène et la régie au diapason en réunissant dans un même lieu diplomatie officielle et diplomatie parallèle. Il n'a pas tellement le choix, car j'ai fait venir à Brazzaville un « néoconservateur » très influent à Washington, Michael Ledeen, collaborateur de Robert McFarlane au National Security Council et ancien conseiller spécial du général Haig, quand celui-ci était le chef de la diplomatie américaine au début des années 1980. À Washington, dans la régie, mon ami a rencontré le président Sassou et l'a rassuré quant au soutien américain de sa médiation. Ledeen va faire passer les messages nécessaires. Il m'a présenté l'un des adjoints de Chester Crocker, Herman Cohen, chargé de coordonner au plus près les efforts de « Chet » et ceux du président congolais. Désormais, Herman Cohen va me recevoir une fois tous les deux mois au Département d'État. Nous deviendrons amis. Marié à une femme corse, un temps ambassadeur au Sénégal, « Hank » parle le français aussi bien que sa langue maternelle. En 1989, il succédera à Chester Crocker au poste de secrétaire d'État adjoint chargé des Affaires africaines du président Bush père.

S'il est vrai que le diable se cache dans les détails, il faudra créditer Brazzaville du succès des négociations quadripartites. Au fil de cinq rencontres dans la capitale congolaise, entre juin et décembre 1988, l'accord de principe du Caire, où tout le monde se voyait gagnant sur tous les tableaux, prend la forme d'engagements mutuels précis, datés et garantis par

des mécanismes de contrôle. Les différentes délégations occupent chacune un étage du Mbamou Palace,
alors le grand hôtel de la capitale congolaise, un étage
étant réservé au ministre congolais des Affaires étrangères. C'est ici, en « terrain neutre », que tous peuvent
se rencontrer ou venir se plaindre. En cas de conflit,
le ministre saisit le président Sassou, qui reçoit alors
en audience les parties concernées pour les amener à
résipiscence. À défaut, au lieu de risquer une rupture
des négociations, le chef de l'État congolais « renvoie »
les pourparlers à une date ultérieure. Au retour des
délégations à Brazzaville, le temps et le travail dans la
coulisse ayant fait leur œuvre, l'ancien point d'achop-
pement est dépassé sans trop de problèmes – jusqu'au
prochain, et ainsi de suite au fil des accrocs. Le dernier en date, majeur, se produit la veille même de la
signature des accords de paix. Le 12 décembre 1988,
en pleine nuit et sans en souffler mot à personne,
toute la délégation sud-africaine quitte Brazzaville en
traversant le fleuve ! Que s'est-il passé ? On ne le saura
jamais avec certitude, mais, en se conjuguant, deux
facteurs troubles ont bien failli faire dérailler le processus à la dernière minute. D'une part, sur l'autre
rive du « majestueux fleuve », comme on disait alors
à la télévision zaïroise, le maréchal-président Mobutu
voyait d'un mauvais œil que son jeune « frère » du plus
petit Congo s'apprête à conclure la paix en Afrique
australe ; il cherchait à tirer la peau de léopard à lui.
D'autre part, plus inquiétant encore, personne au sein
de la délégation sud-africaine n'était prêt à défendre le

résultat des négociations auprès du « grand crocodile »,
à Pretoria. J'avais assisté en personne au refus des uns
et des autres – de Pik, du directeur général de son
ministère Neil van Heerden, du général van Tonder
et du ministre de la Défense Magnus Malan – de
décrocher le téléphone crypté pour informer le président P.W. Botha de la conclusion. Il est vrai que
l'accord de Brazzaville marquait le début de la fin
du régime d'apartheid – je vais y revenir. Il y avait
donc un côté « fuite de Varennes » dans la traversée
nocturne du fleuve. Mais, comme son précédent historique, l'épisode s'est terminé piteusement : le matin
de la signature du « protocole de Brazzaville », la délégation sud-africaine est revenue penaude. Pas un mot
d'explication, mais tous ont compris : Kinshasa n'avait
été qu'un faux-fuyant.

Pendant la cérémonie de signature, dont le faste
est à la hauteur de l'événement, je reste à l'extérieur
de la salle de conférence, sous la frondaison d'un
manguier, pour suivre de loin les discours de circonstance. Je ne suis pas très flûte de champagne et petits-
fours. Mais même de là où je me trouve, j'entends la
voix de stentor de Pik, un tribun hors pair, raconter
– pour la énième fois, mais toujours comme si c'était
la première – qu'un évêque noir lui avait un jour
expliqué que l'Afrique du Sud était comme un zèbre :
« Il importe peu qu'une balle soit logée dans une bande
noire ou une bande blanche, du moment que l'animal
est touché, il meurt. » La métaphore plaît toujours
autant. Rejoignant le président Sassou sur l'estrade,

Chester Crocker se livre à une brève et brillante exégèse de l'œuvre accomplie. Il a hâte de quitter Brazzaville et de rapporter le « protocole » négocié dans la capitale congolaise au siège des Nations unies où, sans un changement de virgule, il sera signé de nouveau, le 22 décembre 1988, et deviendra l'« accord de New York » pour les livres d'histoire. Ce tour de passe-passe, un peu dérisoire, traduit le mépris du monde pour l'Afrique – et des gens de la scène pour les gens en régie. Dans son livre paru en 1993, *High Noon in Southern Africa: Making Peace in a Rough Neighborhood*, Chester Crocker ne consacre que quelques lignes à Brazzaville. Parmi les manutentionnaires de la coulisse, on est plus généreux dans le partage des mérites...

L'accord de Brazzaville prévoit le départ des cinquante mille soldats cubains d'Angola et, en contrepartie, le repli des troupes sud-africaines non seulement du Sud angolais, mais, au-delà, à l'intérieur de leurs frontières. Ainsi libérée de l'occupation sud-africaine, la Namibie accède à l'indépendance. Voilà pour les conséquences directes de l'accord, qui bouleversent déjà la donne régionale. Mais les conséquences indirectes sont plus grandes encore. En effet, la guerre froide prend fin en Afrique onze mois avant la chute du mur de Berlin ! Les Cubains regagnent leur île, l'Amérique cesse de soutenir la rébellion angolaise et, surtout, les deux superpuissances décident de ne plus se mêler du sort de l'apartheid. Ce dernier point est à proprement parler incroyable. À travers d'innombrables marches de protestation puis un train de mesures punitives, le monde s'était engagé à faire tomber un pouvoir ayant institutionnalisé la discrimination raciale, c'est-à-dire érigé le racisme en ordre public. Or, après Brazzaville, plus rien... Certes, les sanctions restent en place, mais ni l'ONU, ni Washington, ni Moscou ne revendiquent une place à la table des négociations pour en finir avec l'apartheid et dessiner la nouvelle Afrique du Sud ! On laisse aux seules parties directement intéressées – les Blancs toujours au pouvoir et l'ANC toujours dans la clandestinité – le soin de trouver une issue. Quand on pense que le moindre conflit en Afrique occupe toutes les émanations de la « communauté internationale » – des Nations unies aux organisations régionales en passant par l'ancienne puissance coloniale sinon par la Francophonie –, on prend la mesure de l'exception. Celle-ci s'explique par ce qui n'est pas stipulé en toutes lettres dans l'accord de Brazzaville mais en découle logiquement, à savoir la fin *imminente* de l'apartheid. L'affaire est entendue. Une fois que le pouvoir blanc s'est assis avec ses voisins noirs marxistes pour établir des relations de bon voisinage, comment pourra-t-il refuser de faire de même, à l'intérieur de ses frontières, avec l'ANC de Nelson Mandela ?

Après Brazzaville, je passe de nouveau pour un « fou ». Ce que je vois n'est pas évident pour tous, pas même pour mes conjurés du « complot pour la paix ». Il est vrai qu'il est loin de la coupe aux lèvres et, bien sûr, « quelque chose peut toujours arriver » qui vienne entraver la marche du monde. Cela dit, la logique des actes posés est bien celle que je décris. Le vin est tiré,

et, d'une façon ou d'une autre, il va falloir le boire.
Mon plan est en train de devenir réalité. L'apartheid
joue la martingale – à chaque coup, elle double la mise
qu'elle vient de perdre – et, sous peu, le système devra
se rendre, dans des conditions qui restent à déterminer.
Pretoria a abandonné l'Angola, perdu la Namibie et
accepté le retrait dans sa citadelle. À partir de là, je me
préfigure la fin de l'apartheid en « belle capitulation »
– c'est ainsi que l'on appelait au Moyen Âge la reddition négociée d'une cité assiégée, en échange de la
mise à sac épargnée aux habitants et d'un sauf-conduit
pour les seigneurs s'avouant vaincus. Les événements
vont me donner raison : en février 1990, quatorze mois
seulement après la signature de l'accord de Brazzaville,
Nelson Mandela est libéré sans conditions. Quatre ans
plus tard, au terme de négociations sur « les conditions
du coucher de soleil » – une image poétique pour la
fin de l'apartheid –, l'ex-prisonnier devient président
par la grâce du suffrage universel.

Il existe en Afrique un animal extraordinaire, quoique
pas très présentable, un scarabée qu'on appelle *dung
beetle*, littéralement le « scarabée du fumier » ou bou-
sier. Comme son nom le laisse deviner, cet insecte
se nourrit exclusivement de la matière qui l'entoure.
Mieux, il pond ses œufs à l'intérieur d'une boule
d'excréments, ce qui assure à sa progéniture à la fois
protection contre les divers prédateurs et nourriture
après l'éclosion. Il y a trois sortes de *dung beetles* :
ceux qui restent tranquillement dans le fumier ; ceux
qui se creusent un trou dans le sol et s'y retirent avec

assez de provisions pour survivre en attendant la prochaine génération ; et, enfin, les *rollers*, qui roulent leur
boule faite de paille et de fèces. Ce sont ces derniers
qui m'intriguent. Car, à partir de quelques brindilles
et de matière fécale, le minuscule insecte parvient à
construire une sphère d'une dimension et d'un poids
totalement disproportionnés par rapport à sa taille. Et
pourtant, le scarabée déplace cette boule plusieurs fois
plus grande que lui là où il se croit à l'abri. L'autonomie
et la force de cette bête sont telles que les Égyptiens
de l'Antiquité la supposaient « autocréatrice ». En effet,
ils croyaient que les scarabées étaient tous des mâles
et se reproduisaient en injectant leur sperme dans la
boule d'excréments, d'où naissaient leurs fils, sans
autre ingrédient. En raison de ce miracle supposé, les
scarabées sont omniprésents dans les anciens temples
égyptiens et dans l'écriture hiéroglyphique. Leur dieu
est Khépri, « le soleil en devenir ». Ils symbolisent la
création *ex nihilo*, « l'être au moment de naître » ou
la mutation transformative de l'existant.

La comparaison est pour moi aussi désobligeante
que prétentieuse, mais, de l'échange des prisonniers
de guerre à la fin de l'apartheid, je me suis comporté
comme un *dung beetle*. À partir des quelques brindilles qui se trouvaient à ma portée, j'ai construit une
sphère énorme, compacte et solide de confiance, qui
est hélas souvent considérée comme un produit inutile,
un « déchet » dans les rapports de force. Ensuite, j'ai
manœuvré cette boule, incommensurable par rapport
à ma taille, jusqu'à l'endroit où je voulais la placer,

en l'occurrence le Kalahari. Enfin, en bon *roller*, je l'ai poussée plus loin, à Brazzaville, malgré les forces adverses qui cherchaient à me faire sortir de cette orbite. Mais, bien sûr, l'autocréation est un mythe. Je ne serais pas arrivé à ce résultat si je n'avais pas été beaucoup aidé, à commencer par les présidents Chissano et Sassou Nguesso, et par tous ceux que je viens de citer au fil des pages. Il n'en reste pas moins que ce que les anglophones appellent *agency*, c'est-à-dire la capacité individuelle à peser sur le cours des événements, existe réellement. Ce qui nous distingue d'ailleurs des *dung beetles*.

IX

Dédits de presse

En 1989, je tente une nouvelle aventure : patron de presse. J'ai été affligé par la couverture médiatique du « processus de Brazzaville », quasiment inexistante dans les journaux panafricains. Rappelons qu'il n'existait alors que très peu de titres à diffusion continentale et que la presse nationale se réduisait dans la vaste majorité des pays africains à un quotidien officiel, souvent soporifique et édenté. Voilà donc une friche à labourer. J'avais fait rapidement le tour de la question. En langue française, il existait *Marchés tropicaux*, un mélange d'éphéméride et d'agenda économique, plutôt de gauche mais, surtout, sans tonus. C'est un reproche que l'on ne pouvait pas faire à *Jeune Afrique*, l'hebdomadaire de Béchir Ben Yahmed. Sa mise en page était soignée et, dans l'ensemble, ses articles « accrochaient » bien le lecteur. Hélas, le journal était un modèle de mercantilisme et de manipulation, raison pour laquelle *Jeune Afrique* était surnommé par les mauvaises langues du continent « J'aime le fric ». Un article dur, et souvent juste, y précédait un autre qui

« rattrapait le coup ». Entre-temps, le président du pays en question était passé à la caisse ou, ce qui revenait au même, avait signé avec le groupe un contrat de communication. Aussi, à moins de commencer de zéro en lançant un nouveau titre, ne restait-il que *Africa International*, le bimensuel de Joël Decupper, un personnage flamboyant, baroudeur au crâne lisse, marié à une pharmacienne de Dakar. Jeune fils de bonne famille du nord de la France, Joël s'était installé au Sénégal au moment des indépendances, en quête d'aventures et de rupture avec le froid et les briques rouges de sa région d'origine. Il avait bien réussi, vendant mieux son journal que *Jeune Afrique*. Surtout, il s'était bien amusé en sillonnant le golfe de Guinée jusqu'au Gabon, en familier de « la côtière » et des meilleurs hôtels de Conakry, Abidjan, Lomé, Cotonou, Douala, Yaoundé et Libreville. Mais, avec l'âge, le temps de raccrocher était venu pour lui. Cela tombait bien. J'ai racheté son journal en lui proposant de rester six mois auprès de la nouvelle direction pour assurer un bon passage de relais. J'ai nommé mon collaborateur Nicolas Pinel directeur de la publication, et j'ai engagé une journaliste camerounaise, Marie-Roger Biloa, comme rédactrice en chef.

En honorant mes propres intentions et en respectant une promesse que j'avais faite à Joël, je n'ai jamais utilisé le journal à des fins personnelles, à une exception près, en 1989, lorsque « la guerre du cacao » – titre du livre de Stephen Smith et Jean-Louis Gombeaud, tous deux pigistes à *Africa International* – faisait rage en Côte d'Ivoire. Cette guerre commerciale pour le contrôle du plus grand pays producteur de cacao mettait alors aux prises une maison de négoce française, Sucden, avec un concurrent anglo-saxon, Philip Brothers. Sucden soutenait Houphouët-Boigny, qui boycottait le marché mondial en s'asseyant sur ses fèves, dans l'attente que les cours remontent. Hélas, tel Tantale, le « Vieux » ne pouvait que frôler du doigt le fruit désiré de sa stratégie, sans jamais le croquer, puisque les prix montaient tant qu'il ne vendait pas mais s'effondraient dès que l'éléphant ivoirien faisait mine de revenir sur le marché. Dans ce contexte, un ami togolais de Jean-Christophe Mitterrand travaillant chez Sucden, Georges Kentzler, m'a demandé de publier un article de commande. Mal m'en a pris. Smith et Gombeaud ont aussitôt mis les bouchées doubles pour rectifier, à longueur de colonnes, « l'erreur » qui s'était glissée dans le journal. Ayant appris ma leçon, je n'ai pas tenté de les en empêcher.

L'expérience *Africa International* a duré deux ans, et elle a été très coûteuse. Dire que je n'ai pas eu de flair serait un euphémisme. Car, au moment même où je travaillais à la fin de la guerre froide en Afrique, dans la coulisse de Brazzaville, j'investissais dans un monopole qui allait être battu en brèche par le vent de liberté – et aussi de la presse – que le soulèvement de la chape de plomb géopolitique allait faire souffler sur tout le continent. Autour des « conférences nationales souveraines », des journaux naissaient dans tous les pays et l'Afrique devenait une jungle médiatique après avoir été un désert. L'engouement pour la presse dite indépendante, qui était en fait une presse privée, pas forcément privée d'intentions cachées, s'avérait irrésistible pour mille raisons : le besoin de rattrapage après la monoculture médiatique de plusieurs décennies ; un contexte international de rupture radicale, foisonnant de nouvelles ; la fin des partis uniques et, donc, en lieu et place d'une classe dirigeante monolithique, la rivalité d'élites en quête de « support » ; la fusion spontanée du marché informel des nouvelles – la rumeur – avec les nouveaux médias, dirigés par des hommes d'affaires avides de scoops vendeurs, plutôt que par des professionnels de la presse pétris de déontologie ; enfin, tout bêtement, la jubilation carnavalesque du « foutoir ». C'était la fête. On se moquait de la véracité des histoires qu'on racontait. *Si non è vero, è ben trovato...*

Le marché de la presse africaine s'est retourné. Pratiquement du jour au lendemain, il est devenu national – et *Africa International* perdait de l'argent, beaucoup d'argent. Il fallait stopper l'hémorragie. J'avais acheté le titre pour 6 millions de francs français, soit près de un million d'euros, et j'avais provisionné les pertes à hauteur de 2 millions supplémentaires. Pour finir, j'ai revendu *Africa International* à Marie-Roger Biloa pour un franc symbolique. Pour me remercier, la nouvelle propriétaire, pas farouche, a empoché mes 2 millions de caution pour le passif ! Je ne lui ai pas fait de procès.

En réalité, j'ai perdu bien plus, car, parallèlement, j'avais lancé une lettre d'information confidentielle, *US Affairs*. Simon Serfaty, un Américain d'origine marocaine, parfaitement francophone, m'avait convaincu de l'intérêt qu'il y aurait en France pour des « exclusivités » américaines. L'ennui, c'était que l'homme qui avait fait carrière à l'université Johns Hopkins et n'avait des entrées que dans le Parti démocrate était la seule source de nos informations exclusives. Aussi, au bout de deux ans, sans avoir jamais respiré la santé, *US Affairs* est à bout de souffle. J'ai rayé d'un trait rouge foncé mes rêves de patron de presse. Ma consolation : pour gagner, il faut savoir perdre. Alors disons que j'ai préparé au mieux de futures aubaines.

Au fond, ce n'est que justice, car toute ma vie j'ai fui les journalistes, à quelques rares exceptions près. L'une d'elles a été Marie Joannidis, grand reporter à l'AFP. M'ayant repéré lors d'un dîner donné au Quai d'Orsay en l'honneur d'un chef d'État en visite officielle, elle m'avait abordé : « Vous êtes Jean-Yves Ollivier, n'est-ce pas ? — Absolument pas, madame, vous faites erreur ! » Il en aurait fallu bien plus pour la décourager. Aussi sa persévérance et sa connaissance encyclopédique de l'Afrique ont-elles fini par venir à bout de ma réticence. Nous nous sommes parlé, et je n'ai jamais eu à le regretter. Elle était très bien informée, notamment sur l'Angola, et respectait le « off ». J'ai par ailleurs croisé Hubert Coudurier, le directeur du *Télégramme de Brest*, que Yazid Sabeg avait emmené dans nos bagages pour assister à la libération de Nelson Mandela en février

1990. Nous n'avons pas discuté sérieusement mais je garde de lui le souvenir d'un homme agréable, vif d'esprit et bon vivant. En réalité, je n'ai eu de rapports suivis qu'avec Antoine Glaser et Stephen Smith. Ce dernier, l'africaniste de *Libération* puis du *Monde*, m'avait pourtant contrarié en voulant parler de moi dans *La Guerre du cacao*. Comme il collaborait de longue date à *Africa International* et était un ami de Joël Decupper, je n'avais pas pu lui refuser un entretien. Nous avions pris un long petit déjeuner à l'hôtel de La Trémoille. Par la suite, nous nous sommes revus avec son confrère et ami Antoine Glaser, le directeur de la *Lettre du continent*, pour des déjeuners au Chiberta. J'ai beaucoup apprécié Antoine Glaser, que j'ai mieux connu après la publication de *Ces messieurs Afrique*, livre coécrit avec Stephen Smith qui ne m'avait pas fait de cadeau. Glaser avait un comportement opposé aux préjugés que je nourris contre les journalistes : il respectait la confidentialité de ses sources, m'appelait avant d'écrire sur moi pour avoir ma version des faits, donnait lui-même beaucoup d'infos, et ne publiait pas les confidences que je lui faisais. Quant à Smith, d'un commerce bien plus rugueux, on revient toujours vers lui pour ses compétences. Quand, en 2010, le producteur sud-africain de *Plot for Peace* m'a demandé qui pourrait être le consultant historique, interviewer et scénariste de ce documentaire, évoquant ma contribution – et celle des « pays de la ligne de front » – à la libération de Nelson Mandela et à la fin de l'apartheid, je ne voyais que lui. Lui seul serait à son aise dans un film à la trame continentale et en six langues, avec « Chet » Crocker autant qu'avec moi.

Hormis ces quatre journalistes, je me suis toute ma vie bien gardé d'entretenir des contacts avec une profession dont je me méfie. J'ai donné une seule et unique interview, à la revue *Politique internationale*, en 1999, pour offrir une défense et illustration de la diplomatie parallèle et de sa raison d'être. À cette exception près, j'ai gardé mes distances. J'ai très mal vécu que l'on ait cherché à détruire des gens que je savais honnêtes. Je pense, en particulier, à Michel Roussin. Je le connais vraiment bien et depuis bien longtemps. C'est un homme intègre, qui a le sens de l'État et du devoir. Son éthique personnelle tient en deux petits mots mais qui sont une vraie exigence : « se tenir ». En 1994, lorsqu'il quitte son poste de ministre de la Coopération après trente ans au service de l'État, il est embarqué dans une voiture de la police judiciaire, gyrophare allumé, comme un grand criminel arrêté en flagrant délit. Sa vie bascule. Il en aura pour dix-sept années de procédures judiciaires ! Dix-sept années pour avoir levé sur instruction des fonds pour le RPR, comme cela arrivait à tous les autres partis en France ! Au départ, le juge Halphen veut que Roussin lâche Chirac, mais à l'arrivée, c'est Chirac qui lâche Roussin. Voilà la vérité. Elle est toute simple. Or, dans ce cas comme dans tant d'autres, les journalistes n'ont pas cherché à enquêter de façon indépendante, à se forger leur propre conviction. Ils se sont faits les caisses de résonance des juges d'instruction. Cette collusion m'a

profondément déplu. Abrités sous la carapace rédac-
tionnelle de leurs médias souvent influents, certains
desktop murderers – « petits assassins de la console » –
commettent leurs crimes de bureaucrates de la plume,
font et défont des réputations, soulèvent ou écrasent,
sinon soulèvent pour mieux écraser. Un journaliste qui
s'est trompé est rarement sanctionné. Ce qui n'empêche pas la presse de réclamer pour tous, sauf pour
elle-même, plus de transparence, plus d'équité, d'honnêteté et de contrôle, entre autres choses.

Bien sûr, on l'a deviné, je parle en homme blessé.
Je ne m'en cache pas. Depuis tant d'années, alors
qu'aucun des auteurs de ces calomnies ne me reconnaî-
trait dans la rue, il s'est écrit sur moi, souvent sans
recours au conditionnel, que j'étais un « agent des services » français, sud-africains, voire du KGB ou, sans
doute un jour de triste mine, du Mossad ; que j'avais
« corrompu » tel ou tel président africain, « siphonné »
l'argent du pétrole de tel ou tel autre, ou trafiqué
le charbon de l'apartheid – qui n'a jamais été sous
embargo... –, voire des diamants au Congo-Kinshasa,
ou des armes de guerre partout. Que répondre, et où ?
Je ne me suis pas tu toute ma vie, en laissant dire,
pour vouloir ériger ici une digue. D'ailleurs, ce livre ne
suffirait pas à réfuter tout ce qui a été affirmé à mon
endroit, la plupart du temps sans un début de preuve.
Pour autant, il serait aussi faux d'afficher la sérénité
d'une colombe blanche que la bave du crapaud ne
saurait atteindre. Car non seulement j'ai été souvent
touché, mais, en plus, la médisance, en faisant tort à

ma réputation, risquait de nuire à mes affaires. Si bien qu'en 2011 je me suis résolu à employer les grands moyens. J'ai chargé K2 Intelligence – la nouvelle firme fondée en 2009 par les frères Jules et Jeremy Kroll, les inventeurs de l'intelligence économique, il y a quarante ans – d'un rapport d'enquête sur moi-même. J'ai payé d'avance pour un rapport dont le contenu échappait à mon contrôle puisqu'il était du seul ressort de K2, déjà rémunéré et soucieux de sa crédibilité. Mais une fois le travail achevé en toute indépendance, j'allais avoir le libre usage du résultat. C'était le but recherché. Par ces temps où la *due diligence* – l'obligation faite à tous les opérateurs économiques de s'assurer de la probité de leurs partenaires ou de leurs clients – devient la clef de voûte des affaires internationales, je voulais me prémunir contre l'infamie.

Évidemment, une telle défense n'est pas à la portée de tout le monde. Pour la plupart d'entre nous, comme pour moi pendant longtemps, les sentiments d'impuissance et de rage en cas de diffamation ne trouvent pas d'exutoire utile. Je me souviens très bien du jour, en 1998, où je me suis découvert nommément cité dans un article sur une double page du *Figaro Magazine* comme « marchand d'armes de Denis Sassou Nguesso ». Mon sang n'a fait qu'un tour ! Cette fois-ci, je n'allais pas me laisser faire ! J'en tenais un qui allait voir ce qu'il allait voir... Je me suis précipité chez maître Jacques Vergès pour porter plainte, mais l'avocat m'en a dissuadé. Il m'a dit : « Si nous attaquons en justice, nous allons gagner. Mais tout ce que tu vas obtenir, c'est un entrefilet dans *Match* en guise de rectificatif. Tu auras gagné mais tu seras perdant. Car tu te retrouveras avec les journalistes sur le dos. Ils vont se liguer contre toi, fouiller dans ta vie, interroger tout le monde autour de toi, te martyriser. Alors reprends ton journal, rentre chez toi et n'y pense plus. » Avant de porter sa propre croix avec la presse, Michel Roussin, alors directeur de cabinet de Jacques Chirac, m'avait donné le même conseil. J'étais tout retourné parce que mon nom venait de paraître pour la première fois dans un journal, en page deux du *Canard enchaîné*, à l'occasion d'une visite à Paris du prince héritier du Qatar. En substance, j'étais présenté comme un *missi dominici* de Chirac chargé de faire des affaires pour lui à l'étranger. Michel Roussin m'a dit : « Jean-Yves, dans le journalisme, un événement chasse l'autre. Alors, tu ne bouges pas. Dans quelques jours, plus personne ne se souviendra de cet article. » Il avait à la fois raison et tort. Raison parce qu'il n'y avait vraiment rien à faire et que c'eût été pire si je m'étais agité ; tort parce que l'opprobre resté sans réponse corrode même la réputation la plus solide.

Cela dit, je pense qu'il faut distinguer le pouvoir de la presse, qui est en quelque sorte la foudre des sociétés pluralistes, et les abus de ce pouvoir quand il est dévoyé. Dans le premier cas, on peut se brûler les doigts et s'irriter du regard public sur ses activités, voire se sentir mal compris et injustement traité. Cependant, il n'y a rien d'ignominieux dans ce droit de regard que, pour le meilleur et pour le pire, les systèmes libéraux exercent à travers leurs médias publics et privés. Je vais donc donner un exemple d'une « poursuite » journalistique qui, sans m'avoir procuré aucun plaisir, ne m'a pas brouillé avec ses auteurs. Et je donnerai ensuite un exemple de lynchage médiatique qui, à mon avis, sape au lieu de les fortifier les fondements des démocraties telles que nous les avons connues depuis que l'opinion publique – ou, plutôt, l'opinion publiée – est devenue leur « quatrième pouvoir ».

Au cours de l'été 1990, j'étais avec un groupe d'amis à Bora-Bora pour quelques jours de *farniente* autour du 14-Juillet, la fête nationale étant l'occasion de grandes réjouissances en Polynésie. J'avais loué un voilier, un Swan, et nous cabotions tranquillement dans les îles Sous-le-Vent. Bora-Bora, qu'on prétend « créée par les dieux », est une île volcanique entourée de coraux, d'une beauté à couper le souffle. Son lagon, dans lequel évoluent des poissons de toutes les couleurs et des raies manta pouvant atteindre jusqu'à neuf mètres d'envergure et un poids de trois tonnes, est d'une transparence absolue, l'un des plus purs du monde. Le 6 juillet, en début de soirée, nous prenons le frais sur le pont quand je vois deux canots pneumatiques à moteur se diriger à grande vitesse vers notre voilier, à l'ancre dans le lagon. La police ! Deux agents, dont l'un est en costume de ville sous son gilet de sauvetage, montent à bord et demandent à voir Jean-Yves Ollivier. Je me présente en maillot de bain tahitien à grosses fleurs. L'un des policiers, poli mais tout de même un peu inquiétant, m'informe : « Écoutez, je dois vous ramener immédiatement à terre, vous êtes demandé par le ministre Pandraud. » Petit excès de zèle : il s'agit en fait de l'ancien ministre à la Sécurité du gouvernement de cohabitation, entre 1986 et 1988. Mais, dans la police, une fois « chef », toujours « chef ».

Me voilà parti dans le pneumatique, toujours en maillot de bain. Nous arrivons dans le bureau de l'autorité administrative du village de Bora-Bora, probablement un sous-préfet. « Le ministre Pandraud au téléphone ! » s'écrie le fonctionnaire en tenant le combiné loin de lui, comme s'il était radioactif. Robert Pandraud est direct, comme toujours : « Ollivier, on a une merde ! *Libération* a publié un article très négatif sur vous. Ils disent que vous manipulez le fils Mitterrand. Je vais vous faxer l'article, et vous déciderez immédiatement s'il y a lieu de réagir. » Assis sur une petite chaise en bois, j'attends impatiemment que s'extirpe de la télécopieuse une enquête de trois pages, qui a fait la unc du quotidien. Elle est signée Stephen Smith et Antoine Glaser. Je scrute le texte, sorti en minuscules caractères baveux par endroits. Il s'agit d'une radiographie des « réseaux africains » de Jean-Christophe Mitterrand. Je survole les passages qui ne me concernent pas. Je suis pour la première fois mentionné dans l'« affaire Albertini », l'échange des prisonniers vu par le petit bout de la lorgnette française. « L'Élysée, court-circuité par un "VRP multicartes de haute volée", n'apprécie pas le procédé et le fait savoir. » Quelles balivernes ! Je n'aurais pas pu ramener le coopérant français sans le soutien de la présidence française !

Mais le pire est à venir, plus loin, sous l'intertitre
« L'affaire des "Mistral" ». Le journal rappelle la tentative finalement avortée d'exporter au Congo-Brazzaville
cinquante missiles sol-air, des Mistral, un équipement
si récent et si sophistiqué qu'à l'époque même l'armée
française n'en était pas encore pourvue. Le 8 mars
1989, après une fuite dans *L'Événement du jeudi*, un
communiqué paniqué de la présidence, lu au JT avec
un plan fixe sur l'Élysée, avait fait savoir que François
Mitterrand avait stoppé la transaction et mandaté une
enquête. *Libération* « révèle » que le vrai destinataire de
la commande passée à Matra était en fait l'Afrique du
Sud. Ah ! les fins limiers ! Intrigué par l'étrange commande, j'avais déjà établi, un an plus tôt, que l'Afrique
du Sud cherchait à acquérir cette arme antiaérienne
pour sa guerre en Angola. Le but était de briser la
maîtrise du ciel des Cubains, les alliés du gouvernement angolais, en dotant les rebelles de Jonas Savimbi
d'un missile *fire and forget*. La DGSE s'était prêtée à
ce jeu dangereux pour faire pièce aux Stinger livrés
par les Américains. J'avais alors alerté Jean-Christophe
Mitterrand qui, devant moi, avait appelé le président
Sassou Nguesso, lequel n'était pas au courant d'une
commande de missiles qui aurait été passée par son
pays. C'est ainsi que la procédure française d'exportation avait été arrêtée. Les militaires sud-africains m'en
ont tenu rigueur. Dans cet article, *Libé* a tout faux. Le
journal établit en effet un lien indirect avec moi, *via*
Pierre Léthier, mon associé à l'époque. Ancien de la
DGSE, Pierre Léthier aurait « initié » le contrat avant

de se faire doubler et de saboter la transaction, par vengeance, moyennant une fuite dans *L'Événement du jeudi*. Un raisonnement typiquement journalistique : à partir d'une phrase au conditionnel sur Pierre Léthier, *Libé* conclut tout schuss, par association, à ma culpabilité ! En réalité, Pierre m'avait mis la puce à l'oreille au sujet de ce contrat en cours d'exécution. C'est grâce à lui, et grâce à mon étonnement de voir le Congo impliqué dans une affaire étrangère à ses besoins et à ses moyens, que la transaction frauduleuse n'a pas abouti. Cinquante millions de dollars avaient déjà été versés à Matra, à partir du Luxembourg. L'armurier français a mis dix ans à rembourser les Sud-Africains en pensant, avec Molière, que « le cocu qui s'afflige passe pour un sot »...

Le journal affirme aussi que j'ai été « mêlé » – un mot favori du glossaire journalistique – à l'assassinat du président comorien Ahmed Abdallah. Puisque cette histoire est révélatrice de la perte d'influence de la France en Afrique, je la raconterai moi-même plus loin. Seul importe ici le fait que Smith et Glaser accumulent des éléments pour étayer leur thèse selon laquelle Jean-Christophe Mitterrand, en se servant de moi pour avoir le bras long en Afrique, « s'expose au danger du "manipulateur manipulé" » – c'est la conclusion de l'enquête. Un petit portrait de moi, titré « Jean-Yves Ollivier, un proche du RPR », livre la clef de lecture pour comprendre le danger invoqué : inconscient ou nigaud, le fils du président socialiste exposerait son père en s'acoquinant avec un ancien des réseaux Foccart. Le tout s'achève par une petite vacherie pour initiés à l'égard de « l'homme d'une discrétion presque maniaque » qui a racheté dix mois plus tôt *Africa International*, « ce qui, inévitablement, le met en contact avec des journalistes ». Suivez mon regard.

Assis sur ma petite chaise à Bora-Bora, je tente de garder mon calme. Mais les conséquences de cette enquête pour mes relations avec Jean-Christophe Mitterrand peuvent être fâcheuses. En outre, si Pandraud m'a joint de toute urgence, c'est que le camp chiraquien redoute des retombées politiciennes. Je demande donc au sous-préfet si je peux appeler l'Élysée. Il en est tout retourné. « L'Élysée... » Le standard de la présidence me met en relation avec Jean-Christophe, qui ne semble pas le moins du monde en colère. « Mon père en a ri », finit-il par me dire pour dissiper mes inquiétudes. Avant d'ajouter : « Voyons-nous quand vous rentrerez de vacances. » Après avoir rappelé Pandraud pour le rassurer à son tour, je retourne sur mon voilier. Jours tranquilles à Bora-Bora...

De retour à Paris, je me rends, comme convenu, chez Jean-Christophe Mitterrand. Il me révèle alors que son père n'a pas seulement ri, mais aussi et surtout commandé une « enquête de synthèse » sur ma personne. Ce qui veut dire que tous les « services » – outre la DGSE, la Direction de la sécurité du territoire (DST) et les renseignements militaires – ont dû lui fournir leurs informations mises en commun me concernant. François Mitterrand a voulu avoir le cœur net au sujet d'une possible manipulation – un souci légitime, né du travail d'enquête tout aussi légitime de deux journalistes. « J'ai reçu la note », me dit Jean-Christophe Mitterrand. « Je ne peux pas vous la montrer en entier, mais en voici la dernière page. » Je lis, en substance, qu'aucun élément n'est venu corroborer la rumeur selon laquelle je serais l'agent d'un pays étranger ou un marchand d'armes. Prudente, la note indique cependant que j'ai vendu, dans le passé, des avions ATR (avions de transport régionaux) à turbopropulseurs fabriqués par Aérospatiale et Aeritalia, et que l'on ne peut jamais savoir ce qui sera transporté dans ces avions. En effet ! Pour le coup, Jean-Christophe et moi rions de bon cœur.

Le second exemple d'enquête sur ma personne est d'une tout autre nature. D'abord, il s'agit d'un fichier PDF posté sur Internet, qui semble provenir des archives de la commission Vérité et Réconciliation en Afrique du Sud, l'instance chargée d'établir les crimes commis du temps de l'apartheid – non pour les sanctionner mais, comme son nom l'indique, en vue d'une catharsis nationale. Ensuite, je ne connais pas les auteurs ou rapporteurs de cette enquête, qui n'ont jamais cherché à entrer en contact avec moi pour entendre ma version des faits. Enfin, l'accusation portée contre moi est d'une extrême gravité. Le fichier circulant depuis 1997 sur Internet m'impute en effet une responsabilité floue mais centrale dans l'assassinat de Dulcie September, la représentante de l'ANC en France tombée sous les balles tirées par deux inconnus, le 29 mars 1988, à Paris.

Il suffit de taper mon nom associé à celui de la victime dans un moteur de recherche pour me découvrir « mêlé » à cet assassinat. Qui plus est, la mise en page et la rédaction du texte de douze pages sont faites pour donner l'impression qu'il s'agit d'un document officiel entériné par la commission Vérité et Réconciliation. Divers suspects et des scénarios possibles du crime sont passés en revue, dans une apparente impartialité. Mais au fil des pages, les faisceaux de soupçons convergent vers moi. La logique du dossier instruit est à peu près celle-ci : des livraisons d'armes clandestines avaient lieu entre la France et le régime de l'apartheid ; moi, en tant que « représentant de Thomson-CSF » en Afrique du Sud, j'étais au cœur d'une toile d'espions et d'agents troubles ; la représentante de l'ANC à Paris a eu vent de transactions illégales et compromettantes entre la France et l'Afrique du Sud ; bien que s'affirmant en danger de mort, elle s'est entendu refuser toute protection spéciale par le gouvernement Chirac, ce dernier étant mon ami ; avant qu'elle n'ait pu informer d'autres dirigeants en exil de l'ANC, notamment Aziz Pahad, alors *de facto* chef de la diplomatie du mouvement antiapartheid, elle a été exécutée.

Comme l'on me demande souvent, mine de rien, de m'expliquer sur mon « rôle » dans l'assassinat de Dulcie September, je me suis beaucoup interrogé sur les auteurs de ce dossier d'instruction exclusivement à charge. J'ai vainement cherché une référence à ma personne sur le site de la commission Vérité et Réconciliation, en son temps présidée par l'archevêque Desmond

Tutu, Prix Nobel de la paix. J'ai également épluché les cinq tomes du rapport final remis le 29 octobre 1998 au président Mandela. Nulle part je n'ai trouvé mention du document qui circule sur Internet. Au contraire, dans le deuxième tome de ses conclusions, pages 119 et 120, la commission résume ce qu'elle a pu apprendre sur l'assassinat de Dulcie September, notamment grâce à l'enquête de la juge française Claudine Forkel qui a clos ses investigations infructueuses le 17 juillet 1992. Selon la commission, en l'absence de preuve définitive, tous les indices et témoignages concourent à accréditer la responsabilité d'une structure parallèle mise en place par les services sud-africains, à savoir le Civil Cooperation Bureau (CCB), pour liquider des opposants au régime de l'apartheid. Parmi les représentants de l'ANC en Europe, Dulcie September n'était d'ailleurs pas la seule cible du CCB. Les 4 février et 27 mars 1988, le responsable de l'ANC pour les pays du Benelux, Godfrey Motsepe, avait fait l'objet de deux attentats successifs auxquels il avait miraculeusement échappé. Quarante-huit heures après la seconde tentative d'assassinat, Dulcie September était criblée de cinq balles à Paris.

Pourquoi revenir sur ces faits et circonstances ? Lorsque, à ma demande, K2 Intelligence a enquêté sur moi, l'accusation d'avoir été impliqué dans la mort de Dulcie September a naturellement fait l'objet d'un examen approfondi par l'agence. Celle-ci a d'abord établi que le prétendu document de la commission Vérité et Réconciliation était un faux – je m'en doutais.

Puis, elle a identifié la source la plus accusatrice à mon égard, qui n'est citée dans le document en ligne que par ses initiales, « E.G. ». Selon toute vraisemblance, il s'agirait de la journaliste Evelyn Groenink, auteure hollandaise de nombreux articles et de « posts » sur des blogs au sujet de l'assassinat de Dulcie September, ainsi que d'un livre paru aux Pays-Bas en 2001, *Een vrouw die haar mond moest houden*, que l'on pourrait inélégamment traduire par « Une femme qui devait la fermer ». Par ailleurs, K2 Intelligence a établi qu'à l'origine le fichier PDF a été posté sur le site contrat.org, décrit par ses créateurs comme un « espace de travail pour des groupes qui ne peuvent pas publier dans leur pays ». Or, en l'occurrence, ce n'est pas un groupe de dissidents bâillonnés par une dictature qui a réuni des éléments à charge contre moi et qui leur a donné les apparences d'un document de la commission Vérité et Réconciliation, mais le Nederlands Instituut voor Zuidelijk Afrika (NiZA), l'Institut néerlandais pour l'Afrique du Sud. NiZA est né, en 1997, de la fusion de plusieurs anciennes organisations antiapartheid, et l'un de ses cofondateurs n'était autre que Klaas de Jonge. Si j'ajoute que la commission Vérité et Réconciliation a publié, en 1996, un communiqué pour clarifier le fait que « le chercheur néerlandais Klaas de Jonge » n'était pas employé par elle, même si NiZA pouvait soumettre ses documents à l'instance de Desmond Tutu, on aura compris ce que j'ai mis plus de dix ans à comprendre : je passe pour l'assassin de Dulcie September parce que l'anthropologue néerlandais, qui

me devait sa libération en 1987, a alimenté un dossier
à charge contre moi circulant librement et à perpétuité
sur Internet, sous des faux airs de document officiel
sud-africain. Pourquoi ? Je peux seulement spéculer.
Puisque j'avais les contacts au plus haut niveau en
Afrique du Sud nécessaires pour organiser l'échange
de prisonniers en septembre 1987, il coule de source
que j'étais aussi idéalement placé pour, six mois plus
tard, ourdir l'assassinat d'une militante antiapartheid
de quarante-cinq ans à Paris. Il y a des coups de pied
aux fesses qui se perdent !

Il me semble que nous devons désormais être vigi-
lants en ce qui concerne Internet. La « Toile » n'est
pas, pas même virtuellement, un monde meilleur, plus
ludique et plus libertaire, où tout un chacun, dans
l'égalité des chances, pourrait s'épanouir *at large*, et
subvertir les hiérarchies qui lui pèsent. L'idée que le
battement d'ailes d'un papillon pourrait faire s'écrouler
l'empire à l'autre bout du monde du seul fait de l'ubi-
quité du moyen de communication est une colossale
niaiserie. Comme l'est la lubie qu'Internet serait le
lance-pierres des David contre les Goliath de cette
Terre. En fait, la fronde n'est souvent qu'un lance-
boue.

X

L'heure bleue de la France en Afrique

En France, ma stratégie de départ était de pénétrer les grandes entreprises en entrant dans leur conseil d'administration : Aérospatiale, Airbus, Charbonnages de France, CdF Chimie, Veolia... En retour, j'aidais ces sociétés à conquérir des marchés extérieurs, là où j'étais bien introduit. À l'été 1993, je joue encore ce rôle d'intermédiaire, qui est impensable sans interface politique plus ou moins cachée. Quand Édouard Balladur, alors Premier ministre, a des soucis avec ce qui deviendra l'« affaire des frégates », on se souvient que j'ai vendu pendant des années du blé en Chine et que j'y connais du monde. On me demande alors, comme je l'ai déjà indiqué, de sonder les autorités chinoises afin d'établir si elles accepteraient de détourner le regard le jour où la France signerait un important contrat d'armement avec Taïwan.

J'espère avoir accès au Premier ministre Li Peng grâce à un ami allemand, l'inamovible secrétaire d'État au ministère de la Coopération à Bonn, Siegfried « Siggi » Lengl. Ce dernier m'a été présenté par

Franz Josef Strauss, le Premier ministre de Bavière, qui jouit au sein de l'État fédéral allemand d'un statut semi-autonome. Leader de l'Union chrétienne-sociale (CSU), qui fait souvent pencher la balance à Bonn, Franz Josef Strauss est surnommé « le Taureau », à la fois pour sa fougue politique et son imposante encolure. L'homme avale des hectolitres de bière qu'il fabrique lui-même, et mange comme Pantagruel, à qui il ressemble, sauf pour ses culottes de cuir et sa *Trachtenweste*, le gilet traditionnel bavarois. « FJS » est un grand chasseur, pas seulement de femmes. Il défend bec et ongles l'Afrique du Sud blanche qui, en retour, lui ouvre ses plus belles réserves de chasse. Sur le plan international, il assure aussi la promotion des bantoustans que Pretoria cherche à faire passer pour « indépendants ». Strauss est très proche de Jonas Savimbi et du président togolais Gnassingbé Eyadema, lui-même un colosse, lutteur traditionnel au sein de son ethnie, les Kabyé, et sacrée gâchette. Autant dire que, à la place qui est la mienne en Afrique australe, Franz Josef Strauss, du reste francophone comme son fils Max, est une figure trop centrale sur l'échiquier pour que je puisse l'ignorer.

Siegfried Lengl, lui-même bavarois, joue un rôle-clef dans le système mis en place par Franz Josef Strauss. De 1973 à 1982, il préside la Hanns-Seidel-Stiftung, fondation proche de la CSU qui, au même titre que les fondations des autres partis allemands, vit largement de fonds publics. À ce titre, « Siggi » fait des merveilles. Entre son arrivée et son départ, les subventions passent de 5 à 62 millions de deutsche marks, soit une multiplication par douze en neuf ans ! L'exploit mérite une promotion. C'est ainsi qu'entre 1982 et 1992, sous trois ministres de tutelle successifs, Siegfried Lengl a été secrétaire d'État chargé de la Coopération par la grâce de Franz Josef Strauss, qui fait de son maintien à ce poste une condition de son soutien au gouvernement de coalition à Bonn. Pendant une décennie, « Siggi » fait ce que Franz Josef lui demande, à savoir soigner ses amis en Afrique. En violation flagrante de la ligne adoptée par le gouvernement, Lengl assiste à la commémoration des dix ans d'« indépendance » d'un bantoustan, le Bophuthatswana, en décembre 1987. Il veille aussi à ce que le Togo de Gnassingbé Eyadema – lointaine colonie allemande, sous protectorat de 1884 à 1918 – reçoive quatre fois plus d'aide allemande par tête d'habitant que son voisin, le Ghana, dont les échanges commerciaux avec l'Allemagne sont pourtant trois fois plus importants. Et lorsque vingt camions manquent au président-général togolais pour fêter dignement le vingtième anniversaire de son coup d'État, Lengl les lui fait envoyer sur-le-champ, « hors procédure habituelle ».

J'ignore dans quelle école ou quelle université ils ont bien pu se côtoyer, puisque Siegfried Lengl était garde forestier de formation. Toujours est-il que le secrétaire d'État allemand et le Premier ministre chinois se sont connus et appréciés dans une vie antérieure. Depuis la répression des manifestations sur la place Tian'anmen, en juin 1989, l'Occident impose à la Chine une mise en quarantaine diplomatique en guise de protestation. Jusqu'à nouvel ordre, plus de visites officielles ! Ce qui n'empêchera pas « Siggi » de se rendre à Pékin où tous les honneurs lui sont rendus à son arrivée à l'aéroport, du tapis rouge à la fanfare. En bas de l'échelle de coupée, il est attendu par son vieil ami Li Peng, qui l'embrasse comme du bon pain. Le lendemain, la photo de ces retrouvailles fait la une des journaux allemands. Le tollé coûte à Lengl sa place au gouvernement : il est limogé le 31 janvier 1992. Li Peng, ennuyé par la fâcheuse mésaventure de son ami, s'emploie à assurer la fortune de « Siggi » en l'imposant comme intermédiaire incontournable des entreprises chinoises à l'étranger.

Quand je veux prendre la température, en vue de la vente des frégates à Taïwan, Siegfried Lengl, en disgrâce à Bonn mais en grâce à Pékin, me recommande auprès de Li Peng. Celui-ci m'envoie alors sa fille. En Chine, les femmes d'affaires sont légion. Puisque le gouvernement n'autorise qu'un enfant unique pour maîtriser la croissance démographique, les filles sont élevées comme des garçons pour devenir de dignes héritières. J'entame avec cette jeune femme une négociation complexe, aux progrès millimétrés. Les services secrets français informent le nouveau Premier ministre, Édouard Balladur, avec lequel je n'ai moi-même aucun contact direct. Mon interlocuteur est Jean-David Levitte, diplomate de choc à la tête de la direction Asie au Quai d'Orsay, courageux et capable de sortir des sentiers battus. Les instructions détaillées

concernant la transaction en cours me sont trans-
mises par des gens en poste chez Lagardère, EADS
et Thomson. Finalement, Li Peng s'engage à limiter
les protestations, que la Chine ne saura manquer d'ex-
primer, à des condamnations sans conséquence, de
pure forme. C'est ainsi que la signature finale de la
vente des six frégates à Taïwan a pu se faire en août
1993. Elle ne devient une « affaire » qu'à la fin des
années 1990, en raison de colossaux pots-de-vin dont
une partie serait revenue en France, sous forme de
« rétrocommissions ».

Je relate cette histoire ici dans un dessein précis.
Car que n'aurait-on pas lu et entendu au sujet de la
Françafrique, ce mur des lamentations que nous avons
érigé entre nous et le continent africain, si un ministre
français de la Coopération s'était conduit comme Siegfried Lengl ? À longueur de colonnes, on nous aurait
démontré que ces scandales en série n'ont été possibles qu'en raison de l'« impuissance » du Parlement
sous la Vᵉ République, de la « chasse gardée » qu'est
l'Afrique pour le président de la République, au cœur
de son « domaine réservé » de la politique étrangère. Et
quels geysers d'indignation auraient jailli si l'« affaire
des frégates » avait concerné une ex-colonie française
d'Afrique ! Voilà, une fois de plus, des « intermédiaires
véreux » qui « pourrissent » nos relations avec les pays de
l'ancien « pré carré » ! Voici une nouvelle preuve que la
France « magouille » toujours en coulisses, pour vendre
sa quincaillerie militaire à sa « clientèle » en Afrique !
Quel spectacle affligeant de « collusion d'élites » entre

nos dirigeants et nos « satrapes » dans les capitales africaines ! Quand donc l'ex-métropole cessera-t-elle enfin de corrompre des États naguère sous sa tutelle, et de se faire corrompre par eux ? « Halte au racket de la Françafrique ! », etc.

La confusion des esprits est aujourd'hui telle que deux vérités banales – « l'Afrique n'est pas la Chine » et « la France n'entretient pas les mêmes relations avec la Chine et des pays africains dont certains furent ses anciennes possessions » – s'enchaînent dans le syllogisme postcolonial que voici : il est impossible de comparer la relation entre la France et l'Afrique et celle entre la France et la Chine ou de la France avec n'importe quel autre pays du monde ; donc tout le mal existant entre la France et l'Afrique est une « particularité » due à la tutelle que Paris a exercée – et, selon certains, exerce toujours – dans seize pays au sud du Sahara, son ancien « pré carré », auquel on peut éventuellement ajouter les ex-colonies belges, tombées sous l'influence française par le biais de la Francophonie. Mais alors, si tout tient à la trame postcoloniale ou linguistique, est-ce à dire qu'il n'y aurait pas d'intermédiaires ni de turpitudes entre la France et, par exemple, le Nigeria ? ou la France et l'Angola, l'Afrique du Sud, voire – pourquoi s'arrêter aux frontières du continent ? – Taïwan et la Chine ? En fait, les intermédiaires – honnêtes ou malhonnêtes, comme dans toute profession – existent partout, ils ont toujours existé et existeront toujours puisqu'ils sont les maillons indispensables du système, capables de pénétrer des centres de décision souvent opaques pour y repérer les meilleurs interlocuteurs. C'est un service qui, comme n'importe quel autre, se rémunère. J'en vis, et plutôt pas mal. Pour cela, nul besoin de porter des valises d'argent « noir », de corrompre ou de se faire corrompre, de virer des « rétrocommissions » d'un bout de la planète à l'autre. Du reste, qu'on le fasse ou qu'on ne le fasse pas, cela n'a rien à voir avec la « Françafrique », idée qui, dans l'ignorance du monde tel qu'il est, sert de prêt-à-penser aux rentiers de la culpabilisation.

Herman Cohen étant un ami, il me permettra de le citer ici en exemple. Une fois que « Hank » a quitté en 1993 ses fonctions officielles de secrétaire d'État adjoint chargé des Affaires africaines, il a créé un bureau de lobbying – Cohen & Woods International – et est retourné voir plusieurs chefs d'État africains, qui sont alors devenus ses clients. Cela a été le cas, notamment, de Mobutu, Eduardo dos Santos (dont la victoire électorale, en 1992, contre Savimbi, avait été déclarée « régulière » par Cohen, dans ses fonctions d'« observateur électoral »), Robert Mugabe et Omar Bongo. Comme c'est normal pour un lobbyiste, Herman s'est fait l'avocat de causes contestables, par exemple en défendant l'« ivoirité » pour le compte du président Bédié. Comme c'est également normal, il a cherché partout à obtenir la meilleure rémunération possible. En un mot, Herman Cohen a vendu cher son influence et ses entrées à Washington en tant qu'ancien ministre. Sans doute ses interlocuteurs savaient-ils aussi que son épouse travaillait pour la CIA. Maintenant, imaginons le même cas en France, puisqu'il pourrait y exister, même si je ne crois pas qu'il soit fréquent. N'est-il pas certain que nos médias auraient dénoncé une « compromission typique de la Françafrique » ? En Amérique, ce n'est que du *business*, peut-être indélicat mais pas illégal. Dans un cas, toute une nation et son histoire sont convoquées à la barre ; dans l'autre, on vérifie simplement si le contribuable a déclaré ses revenus et payé ses impôts. Ciel, mieux vaut être né dans un pays sans passé colonial !

Rien ne me navre autant que les gémonies auxquelles la France d'hier est vouée pour sa présence en Afrique et les jérémiades sur la perte d'influence de la France d'aujourd'hui dans ses anciennes colonies. Je m'explique. La colonisation est un fait historique, pas toujours beau à voir de près. Mais y a-t-il beaucoup de faits historiques qu'on prendrait plaisir à contempler sans le cordon sanitaire du temps qui s'est écoulé depuis ? L'occupation romaine de la Gaule ? La guerre civile américaine ? La Révolution industrielle ? Alors, de grâce, ne bouclons pas tous les trois jours nos mots-valises pour remonter le temps et affubler le passé de nos beaux concepts humanistes forgés récemment. D'ailleurs, à trop vouloir dénoncer la « barbarie » d'antan, on oublierait les génocides de la modernité... Enfin, mon Algérie natale tout comme l'Afrique du Sud postapartheid prouvent, hélas, que l'on peut parfaitement contester l'injustice au nom d'idéaux que l'on piétine par la suite, une fois au pouvoir. Bien sûr, le colonialisme était un régime d'oppression. Il faudrait être de mauvaise foi pour le nier. Mais le colonialisme était aussi une marche – pas toujours forcée – vers la modernité et l'émancipation, par exemple pour s'affranchir de tribus esclavagistes ou pour contester la tyrannie des gérontocrates, sinon des hommes sur les femmes. Quant à l'Europe qui aurait « sous-développé l'Afrique » en l'occupant – la fameuse thèse de Walter Rodney qui embrouille les esprits progressistes depuis quarante ans –, ce sont les bœufs qui tirent la charrue, et non l'inverse : si l'Afrique subsaharienne avait possédé la mitrailleuse Maxim avant l'Europe, ou la culture irriguée, l'imprimerie, l'administration fiscale et des archives, elle n'aurait sans doute pas été colonisée. Ce qui ne veut pas dire, si tant est qu'il faille insister sur cette évidence, que l'Afrique noire n'avait pas d'histoire ou de culture, ou que ses habitants étaient des êtres mineurs. Seulement, avoir la même valeur ne veut pas dire être capable de la même performance à un moment donné. D'où les organigrammes, les classements et les palmarès, qui ne sont pas autant de monuments érigés à l'inégalité congénitale.

En ce qui concerne l'influence actuelle de la France en Afrique, il est évident qu'elle est moindre qu'à l'époque coloniale. Qui s'en plaindrait ? Son influence est-elle pour autant moindre que du temps de la guerre froide, quand les Français parlaient de « l'Afrique » en pensant seulement à « leur » Afrique – francophone, au sud du Sahara – et quand Paris ne se souciait guère de géants tels que le Nigeria anglophone ? Depuis, les entreprises et la diplomatie françaises se sont déployées à l'échelle du continent. Perte d'influence française ? Sûrement pas au Ghana, au Soudan, au Kenya ou en Angola ; sans aucun doute à Djibouti, au Tchad, au Gabon ou en Côte d'Ivoire. Mais, dans ce dernier pays, la « présence » française était la plus forte dans les années 1970 et 1980, c'est-à-dire *après* l'indépendance, et a touché le fond entre 2004 et 2010, avant de se redresser. Ce qui rappelle utilement que l'influence, comme son nom l'indique, fonctionne « en flux » – sans évoluer toujours dans le même sens. Est-ce pour cette raison que la querelle sur l'heure bleue de la France en Afrique oppose perpétuellement, sans conclusion, les guetteurs des aubes prometteuses aux chantres du cré-puscule final ? La sinistrose l'emportant aujourd'hui, il semble utile de rappeler que le spectre du déclin est aussi vieux que la présence française en Afrique elle-même. Quand, dans les années 1950, les femmes et les enfants ont massivement rejoint leurs maris et leurs pères « aux colonies », des esprits chagrins redoutaient déjà que les Français au sud du Sahara qui, parce que vivant désormais en famille, n'apprenaient plus les langues africaines, se fassent supplanter comme inter-médiaires par les Libanais – les Chinois de l'époque.

Tout cela pour rappeler quelques vérités simples. D'abord, la France et l'Afrique ne sont pas jointes à la hanche comme des jumelles siamoises ; elles ne resteront ensemble que dans la mesure où elles y trouveront chacune leur compte. Ensuite, dans un monde en voie de globalisation rapide, il serait vain de vouloir poursuivre le rêve d'un tête-à-tête franco-africain exclusif. Pendant la guerre froide, la France jouait le rôle du « gendarme » de l'Afrique francophone pour l'Occident, qui, lui, « sous-traitait » cette partie du monde. Or, quand bien même ces conditions géopolitiques bien particulières existeraient encore, la France ne pèserait plus aujourd'hui du même poids en Afrique subsaharienne qu'en 1960 du simple fait que sa population est passée en un demi-siècle de quarante-cinq à soixante-six millions d'habitants, soit une progression de moins de cinquante pour cent, alors que la population au sud du Sahara a entre-temps sextuplé ! Adieu, donc, à nos velléités d'une « plus grande France » et à « nos ancêtres les Gaulois » sous les tropiques – ces belles mais vaines formules d'intégration. Bienvenue à l'Afrique des Africains ! C'est maintenant aux habitants du continent de décider s'ils veulent nous admettre chez eux, en même temps que les Américains, les Chinois, les Brésiliens, les Turcs, les Indiens et d'autres encore. Le temps où nous prétendions savoir mieux que les Africains eux-mêmes comment ils devaient vivre est révolu – ce message devrait être entendu aussi par nos missionnaires du progrès et de la démocratie. La nouvelle règle de conduite est facile : ne faisons pas à l'Afrique ce que nous n'oserions pas faire à la Chine.

Je ne suis pas « porteur de valise », ça doit être inné. Je n'ai jamais apporté de l'argent africain à un homme politique ou à un parti français. Je sais évidemment que des fonds voyagent entre l'Afrique et la France, je connais même les circuits et leurs hommes, mais

je ne fais pas partie de ces réseaux. C'est l'« argent
de la protection » que les dirigeants africains versent
parce que la France leur sert d'assurance-vie, à eux-
mêmes et, bien souvent, à leur pays. Est-ce encore vrai
aujourd'hui ? De moins en moins, puisque les relations
d'interdépendance se sont diversifiées et que la France
s'est affaiblie. Pourtant, ces pratiques perdurent.
Relèvent-elles du « racket » ou de la « corruption » ? J'ai
tendance à privilégier l'idée du racket, puisque ce sont
les émissaires de la France qui continuent de hanter
les présidences africaines, à la suite de coups de fil
de Paris. « Cher Président et cher ami, je vais vous
envoyer Monsieur X. Il a toute ma confiance. Aussi
n'hésitez pas à suivre ses conseils... » Cependant, il est
vrai aussi que des présidents africains prennent parfois
l'initiative eux-mêmes, pour s'assurer les bonnes grâces
d'un décideur à Paris. C'était surtout le cas du temps
où existait de fait un « État franco-africain », dont Paris
assurait la défense, la diplomatie, sinon les fins de
mois. Or, l'État franco-africain n'est plus. Il est donc
révélateur que Paris soit obligé de réclamer de plus
en plus un « tribut » que ses succursales africaines lui
versaient auparavant spontanément, tout simplement
parce que c'était dans leur intérêt bien compris. Maintenant, la France vient les « taper ».

Une seule fois dans ma vie, j'ai fait une exception
pour lever des fonds pour un homme politique. Je
l'ai fait à la demande de Félix Houphouët-Boigny,
en 1990, pour « trouver des moyens » à son dauphin,
Henri Konan Bédié. J'avais été surpris de sa requête

puisque personne, pas même en France, ne disposait d'autant de moyens financiers que le « Vieux » ! J'ai eu droit de sa part à une leçon sur les traditions Akan, selon lesquelles on ne doit jamais aider le « jeune ». Il ne fallait pas non plus le désigner ouvertement comme successeur. C'était à moi de me charger de cela. Je suis donc allé confirmer à Chirac, à Mobutu, à Sassou Nguesso et aux autres que Bédié était bien investi par Houphouët. Pourquoi ne le faisait-il pas lui-même ? Pourquoi laissait-il planer l'ambiguïté en nommant Alassane Ouattara Premier ministre à un moment où les rênes lui glissaient des mains et où le chef du gouvernement était pendant de longues périodes, *de facto*, aussi chef de l'État ? Houphouët m'a répondu : « J'ai modifié la Constitution, et ceux qui savent lire comprendront que cela revient à désigner Bédié comme mon successeur. Le président de l'Assemblée nationale assure la vacance du pouvoir et prépare les élections. C'est suffisamment clair… Mais voyez, Ollivier, si je faisais plus pour adouber Bédié, c'est comme si je le recouvrais d'un lin blanc immaculé. Le moindre caca d'oiseau y ferait une tache indélébile ! »

Me voilà donc collecteur de fonds. Je fais le tour de l'Afrique pour expliquer aux pairs d'Houphouët que le « Vieux » a fait son choix et leur demande d'« investir » son successeur. Ils le lui doivent bien, Houphouët ayant au cours de sa longue carrière généreusement entretenu toute l'Afrique francophone, et au-delà. Parmi d'autres, Sassou Nguesso verse son obole mais sous réserve d'être remboursé par Bédié une fois que celui-ci sera président de la Côte d'Ivoire. Sur ce, Sassou Nguesso perd le pouvoir à Brazzaville, emporté par le « vent de l'Est » qui souffle sur l'Afrique au lendemain de la chute du mur de Berlin. Il se retrouve à Paris, en exil. Il n'a pas le sou, n'ayant rien mis de côté en treize années au pouvoir, de 1979 à 1992 – tant pis pour les « biens mal acquis » et les comptes suisses que tout président africain est censé posséder ! Je le convaincs de faire avec moi le voyage d'Abidjan pour réclamer l'argent prêté à Bédié. Le président ivoirien nous reçoit en présence de l'inamovible Georges Ouégnin, son intendant après avoir été celui du « Vieux » et du fidèle Timothée Ahoua. Nous déjeunons ensemble. Bédié ne pipe mot des fonds qu'il a reçus de Sassou, lequel préférerait mourir plutôt que d'aborder le sujet lui-même. Au moment du café, Bédié demande à Ouégnin d'apporter les cigares. Ouégnin revient avec... seulement deux cigares, pour les présidents ! Outré par tant de mesquinerie, j'insiste pour en avoir un aussi. Gêné, Bédié dit : « On va aller t'en chercher un. — J'en veux une boîte ! » Le président ivoirien murmure quelques mots à Ouégnin qui revient avec des Montecristo d'un autre âge, séchés, pourris... J'enrage et tout de go prends l'initiative de lui rappeler sa dette. Sassou roule des yeux, horrifié. Bédié se tortille sur sa chaise, se dit « embêté », explique que les finances du pays ne vont pas bien, promet qu'il va voir ce qu'il peut faire... Je ne le lâche pas. « Non, Monsieur le Président, je suis désolé, vous avez reçu l'aide pour devenir président. Maintenant que vous l'êtes, il faut honorer vos engagements ! » Nous retournons à l'hôtel. Peu après, Timothée Ahoua nous y rejoint avec une enveloppe contenant une fraction de la somme due, qui plus est amputée de la moitié de sa valeur puisque, en 1994, le franc CFA a été dévalué de cinquante pour cent... Je précise que Bédié avait reçu son argent par virement bancaire, et non pas dans une valise ou une enveloppe. Sassou est mortifié. Il décide de repartir le soir même. Quand nous sortons de l'hôtel, nous tombons sur un attroupement de Congolais vivant en Côte d'Ivoire qui sont venus « saluer » leur ancien président. Sassou, sur un coup de tête, dit à son aide de camp : « Prends l'argent qu'il nous a fait porter et distribue-le ! » Ce dernier s'exécute, lançant les billets aux passants, surpris par tant de munificence... Sur ce, nous rentrons à Paris. Mais je n'arrive pas à digérer l'ingratitude et l'avarice de Bédié. Je retourne donc à Abidjan et fais dire au président ivoirien : « Voilà, je suis descendu à l'hôtel Ivoire et je ne repartirai pas sans l'argent que j'avais obtenu pour vous de Sassou. » J'y reste quinze jours. Tous les matins, j'appelle la présidence pour faire savoir que je suis toujours là. Un jour, Bédié me prend lui-même au téléphone et me dit : « Mais, Jean-Yves, pars, tu pourras toujours revenir, on n'est pas pressés ! » Je ne bouge pas. Au bout de deux semaines, Timothée Ahoua vient à mon hôtel et me demande de l'accompagner au Trésor public où l'on me remet un chèque de banque ne couvrant toujours que la moitié du prêt !

Sa ladrerie finira par perdre Bédié. À la veille de Noël 1999, un vendredi, des éléments de l'armée ivoirienne descendent dans la rue pour réclamer leurs primes et autres impayés. Timothée Ahoua se précipite chez le chef de l'État pour lui demander d'ouvrir les caisses : « Donnez-moi de quoi arrêter ce mouvement ! » Bédié, qui ne supporte pas l'idée de délier sa bourse, lui répond : « On verra ça lundi. » Et il part en week-end à Daoukro, son village natal. Il est renversé moins de deux jours plus tard par une mutinerie de solde qui dégénère en coup d'État. La France n'intervient pas pour lui sauver la mise mais accepte de l'évacuer en lieu sûr, au Togo. Au pied de l'hélicoptère français, Bédié refuse de laisser monter Timothée Ahoua mais embarque, à sa place, des cantines remplies d'argent. Il préfère son magot à son plus fidèle ami ! Ahoua m'appelle, paniqué. Il craint pour sa vie. *Via* le standard de l'Élysée, je parviens à joindre Fernand Wibaux – non sans difficulté, c'est Noël – qui organise l'évacuation de Timothée Ahoua au Ghana.

Après sa chute, Bédié s'installe à Paris, rue Beethoven, dans le XVIe arrondissement, où il possède deux appartements. Quand il juge la situation en Côte d'Ivoire propice à son retour au pouvoir, il me demande de passer le voir. Il me dit : « Vois-tu, Jean-Yves, je voudrais que tu lèves de nouveau des fonds pour moi, j'en ai besoin. » Je réponds du tac au tac : « Jamais ! » Il est interloqué. « Monsieur le Président, vous n'avez pas de mémoire ? ! Moi j'en ai une. Alors, je vous souhaite bonne chance. Si vous reprenez le pouvoir, tant mieux pour vous. Mais ça sera sans mon aide ! » Je suis parti, et je ne l'ai jamais revu. Je n'ai pas non plus rejoué au collecteur de fonds pour qui que ce soit.

Les hasards de la vie ont voulu que je rencontre également Sa Majesté le roi Hassan II par l'intermédiaire de sa grande amie Etchika Choureau, une actrice française qui avait connu un début de carrière fulgurant. Elle avait tourné ses trois premiers films en 1953, dont *Les Enfants de l'amour* de Léonide Moguy, pour lequel elle avait reçu le prix Suzanne-Bianchetti du meilleur espoir féminin. En 1957, neuf longs métrages plus tard, elle avait même réussi son entrée à Hollywood en jouant dans deux films de guerre réalisés par William Wellman. Mais c'est à cette époque qu'elle se lie au prince héritier du royaume chérifien. Moulay Hassan met à sa disposition une villa dans le quartier élégant de Rabat. Leur amitié dure jusqu'à la mort brutale du roi Mohammed V, en février 1961, à la suite d'une intervention chirurgicale *a priori* banale. Raison d'État oblige, Etchika doit rentrer en France, où elle tente de relancer sa carrière cinématographique. Elle y met définitivement fin en 1966. Elle revient alors discrètement au Maroc, invitée permanente de Sa Majesté Hassan II et de toute la famille royale, après avoir épousé Philippe Rheims, dont elle aura une fille, Anastasia.

Etchika n'a jamais abusé de sa position, essayé de conclure une affaire ou d'intervenir dans une polémique. Le rythme des journées, dans la maison mise à sa disposition à Skhirat, était fort agréable. Nous partions à la plage vers 11 heures. Officiellement, l'Amphitrite, où avait été bâti un luxueux hôtel, était une plage publique. La moitié de la plage était occupée par les clients de l'hôtel, tandis que l'autre moitié, parsemée de bungalows, était réservée aux invités de la famille royale. J'y ai croisé Jacques Chirac plus d'une fois. J'y ai vu grandir les enfants de Hassan II, l'actuel Mohammed VI, le prince Moulay Rachid ainsi que leurs sœurs. Avec Etchika, Hassan II s'est conduit jusqu'au bout en homme attentionné, l'appelant fréquemment quand elle était à Paris, et la voyant tous les jours lorsqu'elle séjournait au Maroc. Il était très simple avec elle, très sympathique. Il avait beaucoup d'humour et savait rire. Quand un sujet sérieux venait dans la conversation, il s'en emparait avec une intelligence éblouissante. C'est l'un des hommes les plus brillants que j'aie côtoyés dans ma vie. Il adorait ses enfants mais était très exigeant avec son fils aîné, le prince héritier, qui le respectait énormément. Irai-je jusqu'à dire que la seule personne pour qui l'actuel roi et Hassan II avaient de l'affection en commun était Etchika ? Le fait est qu'elle continue de se rendre régulièrement au Maroc. Les enfants de feu Hassan II l'apprécient beaucoup, au point qu'ils lui ont offert, après la mort de ce dernier, en 1999, la chevalière ornée d'un saphir que, de son vivant, le roi n'enlevait jamais et que l'on voit sur tous ses portraits officiels. Aujourd'hui, c'est Etchika qui porte cette bague.

Je le dis sans nostalgie puisque c'est un fait et qu'il ne pouvait en aller autrement : la disparition d'Houphouët, en 1993, puis celles de Foccart, en 1997, de Hassan II, en 1999 et, dix ans plus tard, d'Omar Bongo, ont échelonné la fin de la France-Afrique et, curieusement, la montée en force de cette baudruche fantasmagorique qu'est la Françafrique. J'étais à l'enterrement d'Houphouët en 1993. J'ai fait partie du cortège officiel qui est parti d'Abidjan pour Yamoussoukro. Je me souviens des avions gros-porteurs français qui ont débarqué des voitures qu'ils ont rembarquées le soir même – Paris comptait ses gestes, même en cette occasion exceptionnelle. Je me souviens de gens pleurant sur le cercueil d'Houphouët pendant la cérémonie dans « sa » basilique, ce péché d'orgueil posé tel un mirage au milieu de la savane. Tous les Premiers ministres français de la Vᵉ République étaient là, Messmer et Fabius inclus. Je me souviens d'une jeune cantatrice noire à la voix sublime. Je me souviens de ma surprise devant l'air conditionné sortant de dessous les bancs d'église. Je me souviens, surtout, d'avoir eu le sentiment que l'Afrique perdait son père. Pendant le requiem me sont revenus en mémoire bien des souvenirs. Un monde changeait. Mobutu était là, en costume kaki mais avec sa toque de léopard, ses lunettes noires et son bâton sculpté. J'ai pensé que lui aussi partirait sous peu. C'était la fin de la génération des grands autocrates, avunculaire comme le « Vieux », madré comme Bongo ou autocratique comme le roi du Maroc et le maréchal-président du Zaïre. On a sans doute raison de leur reprocher de ne pas avoir laissé derrière eux le continent dans un meilleur état, mais comment juger des hommes qui n'avaient pas de trace à suivre, qui ont dû se frayer leur propre chemin en terrain inconnu ? Ils se sont fourvoyés, plus ou moins, mais ils étaient des pionniers, et des grands.

J'en viens aux Comores. Je n'ai jamais vraiment compris l'intérêt stratégique de ces îles, ni pour la France ni pour l'Afrique du Sud. Cet archipel volcanique, disséminé dans le canal du Mozambique, est peu peuplé, sans ressources, et n'accueille aucune base militaire. Mais je commence à m'y intéresser en 1989, quand je rencontre le président Ahmed Abdallah, de passage à Paris où il possède un modeste appartement dans une petite rue proche de la place Victor-Hugo. Il m'est présenté par un personnage très influent dans la région, le Tanzanien Saïd Hilali, que le devenir des Comores intéresse beaucoup. De toute évidence, il cherche à se placer comme conseiller à la présidence à Moroni. Abdallah, qui n'ignore pas mes bonnes relations avec les Sud-Africains, vient m'expliquer que le poids de son « conseiller français », le mercenaire Bob Denard, lui pèse. Denard se mêlerait de plus en plus d'affaires intérieures et se prendrait pour le vice-roi des Comores... Abdallah et Hilali veulent se séparer de lui et, pour ce faire, souhaitent que l'Afrique du Sud lui coupe les vivres. Signe des condominiums qui se multiplient depuis la fin de la guerre froide entre une France affaiblie et des puissances régionales africaines en quête d'affirmation, Pretoria paie les soldes de la Garde présidentielle comorienne dirigée par Bob Denard qui, à la fois, protège et emprisonne Abdallah.

Une fois débarrassé de son ange gardien ambigu, le président comorien espère obtenir de Paris... une garde présidentielle officielle, envoyée au titre de la coopération ! Il ne semble pas se rendre compte que la France n'en fournit plus nulle part, que ce temps-là est révolu. Mais ce n'est pas à moi d'en décider. Je me borne donc à transmettre sa requête à Jean-Christophe Mitterrand. Puis, pour que le « conseiller Afrique » de l'Élysée l'entende de la bouche du président comorien lui-même, j'organise un dîner à mon domicile auquel je convie également Michel Roussin. Ahmed Abdallah leur énonce à nouveau ses desiderata.

Quelques semaines plus tard, Jean-Christophe Mitterrand me convoque à l'Élysée pour m'apprendre que son père veut faire une escale aux Comores à l'occasion d'un prochain voyage à la Réunion. Il est évidemment exclu, ajoute-t-il, que le président de la République serre la main de Denard sur le tarmac de l'aéroport à Moroni. « Peut-on régler la question comorienne dans les semaines qui viennent ? » me demande-t-il. Je file à Pretoria pour expliquer le problème aux autorités sud-africaines. Les habituelles dissensions entre diplomates et militaires compliquent l'affaire : Pik Botha est favorable au départ de Denard, tandis que les services secrets militaires sud-africains souhaitent qu'il reste. Je vais aux Comores, retourne en Afrique du Sud, étudie la question sous toutes les coutures... Je parviens à emmener avec moi le Secrétaire général de l'Organisation de l'unité africaine, le Tanzanien Salim Ahmed Salim, qui rencontre aux

Comores – dans le secret le plus total – Rusty Evans, mon ami diplomate du pays de l'apartheid. À l'époque, si cette rencontre s'était ébruitée, cela aurait été une bombe.

Tous les secrets ne sont pas aussi bien gardés. Denard apprend ce qui se trame, sans doute par ses amis militaires sud-africains. Or, il s'est vraiment attaché aux Comores et s'est même converti à l'islam pour pouvoir épouser une jeune Comorienne dans la tradition locale du « grand mariage », c'est-à-dire en construisant un cabanon sur la plage... Il y est heureux comme un dieu sur Terre. N'ayant aucune envie de partir, il décide de « faire peur » à Abdallah. Son plan consiste à instiguer un coup d'État pour mieux le déjouer et rentrer ainsi dans les faveurs du chef de l'État, qui lui devra son maintien au pouvoir... Dans son plan de vrai-faux putsch, le fauteuil présidentiel est promis à un militaire originaire de l'île voisine d'Anjouan, prêt à tenter le tout pour le tout. Hélas, le scénario dérape tragiquement. Quand Denard se rend chez Abdallah pour l'informer du putsch en préparation, Abdallah est tué. Denard m'a juré que c'était un accident. L'un des gardes du corps du président comorien aurait senti une menace et dégainé ; l'un des gardes de Denard aurait dégainé plus vite, tuant à la fois le garde du corps et le chef de l'État. Je crois cette version plausible. Abdallah tué, Denard veut donner de la crédibilité au vrai-faux coup d'État. Or, seconde tuile, l'officier chargé de mener le bal est parti pour un week-end tranquille chez lui, en famille, à Anjouan.

Comment pourra-t-on lui mettre toute l'affaire sur le dos alors qu'il n'est même pas à Moroni ? En pleine nuit, Denard envoie un bateau pour le faire quérir *manu militari* – bien évidemment, cette récupération ne passe pas inaperçue. Une fois à Moroni, Denard présente le pauvre type comme l'assassin d'Abdallah. C'est la première version que publient les journaux, mais elle ne résiste pas longtemps à l'épreuve des témoignages sur l'arrivée nocturne du « conspirateur », bien après la mort du président.

Je suis à Bordeaux quand Abdallah est assassiné, le 26 novembre 1989, et suis probablement le premier étranger à l'apprendre. J'informe Jean-Christophe Mitterrand et rentre à Paris pour assurer la liaison avec Pretoria, en l'occurrence avec Pik Botha, puisque le pouvoir socialiste français n'a pas de *hot line* avec le pays de l'apartheid. Les Français exigent plus que jamais le départ de Denard, qui résiste pendant trois semaines mais finit par s'y résigner, dès que j'ai négocié sa prise en charge par les Sud-Africains. Comme il a des manières un peu théâtrales – disons le sens du drapeau –, Denard exige pour son départ, le 15 décembre, qu'on lui présente les armes ! Je m'occupe de ces soucis protocolaires en même temps que des tractations pour trouver un successeur au président Abdallah. Au terme de moult conciliabules, le choix se porte sur Mohamed Djohar au nom du respect de la Constitution, qui stipule que le président du Sénat assure l'intérim en cas de vacance à la tête de l'État. Djohar est un personnage sympathique mais falot. Il est installé dans une

bourgade à quelques dizaines de kilomètres à l'extérieur de Moroni. Je m'y rends un beau matin en voiture pour lui apprendre l'heureuse nouvelle. Sur place,
on me désigne une petite maison pas tout à fait finie.
Djohar me reçoit dans son living-room-salon-salle-à-
manger éclairé par des néons. Je m'enfonce dans un
opulent canapé d'importation, tout de prestige mais
très usé. L'hôte m'offre un thé. Je lui annonce que la
voie lui est ouverte pour la présidence. Il marque une
pause avant de me demander : « Si ça se fait, dis-moi,
est-ce que j'aurai un nouveau Frigidaire ? » Passé un
instant de perplexité, je lui confirme qu'il n'aura pas
seulement un frigo mais un palais, du personnel... Il
accepte. C'est ainsi que Mohamed Djohar est devenu
chef de l'État. Au terme de sa période d'intérim, il
s'est fait élire. Je l'ai revu à plusieurs reprises, chaque
fois avec la crainte – heureusement infondée – qu'il se
plaigne de notre marché initial. Car, bien qu'il ait eu
son Frigidaire, la présidence était si désargentée qu'il
peinait à trouver un avion en état de marche pour se
rendre, par exemple, à un sommet régional. Il m'est
arrivé de voyager avec lui dans un vieux Dakota à
l'allure de boîte de conserve en aluminium, au fond
duquel avait été vissé pour lui un gros fauteuil de salon
recouvert d'une couverture bariolée.

À la suite de cet épisode tragi-comique, je deviens
aux Comores une sorte de héros national, « le gars qui
a fait partir Denard ». Je suis tout-puissant pendant un
moment, d'autant plus que Sol Kerzner, le grand promoteur sud-africain, m'a associé à la gestion de l'hôtel

Galawa dans le cadre de son projet visant à dupliquer sur la Grande-Comore le succès qu'il a connu en lançant le tourisme à l'île Maurice. En plus d'une liaison charter avec l'Afrique du Sud, Kerzner a ouvert à Galawa Beach un petit casino – une table de roulette, une autre de black-jack et trois machines à sous. En tant qu'apporteur du projet, il m'associe à hauteur de quinze pour cent (je lui ai, depuis, vendu mes parts). Comme j'aurais dû m'y attendre, j'ai appris plus tard, par la presse, que ce « complexe hôtel-casino » servait à blanchir de l'argent. Pourtant, compte tenu du chiffre d'affaires annuel de 500 000 dollars, il pouvait paraître difficile d'y recycler de grosses sommes... En fait, le projet n'a jamais décollé. Car pour faire du tourisme, il faut bien plus qu'une plage de rêve, de beaux palmiers et un joli hôtel avec un minicasino. Cela commence par des vols fréquents à des prix abordables, passe par l'accueil à l'aéroport, les douanes, la route vers l'hôtel, puis l'accès au littoral, pour finir avec l'eau et l'électricité, des communications fiables et du personnel formé. L'hôtel n'est que la partie visible d'un iceberg complexe. Or, aux Comores, les gens manquant de tout sauf d'imagination, ils emportent le meilleur sable des plages pour faire du ciment et pêchent à la dynamite. Donc, à moins de trouver des vacanciers passionnés par le spectacle du désastre social et écologique, il n'y a pas de tourisme à promouvoir.

Entre-temps, Bob Denard a été mis sur une voie de garage en Afrique du Sud. Mais Jacques Foccart ne l'oublie pas. Il a vraiment de l'admiration pour le

« corsaire de la République » – ce sera, plus tard, en 1999, le titre des Mémoires du mercenaire – prêt à se donner pour la belle cause qu'est la France. Par conséquent, Foccart estime que cet homme mérite une retraite non seulement paisible, mais aussi auréolée de prestige tant il a rendu service. Denard avait été son bras armé à Kisangani, au début des années 1960, puis pour des coups d'État au Bénin, en Guinée-Conakry et aux Comores. Foccart tient absolument à ce que l'opinion publique ne garde pas de lui l'image réductrice d'un mercenaire avide d'argent. Sur ce point, il a raison. À Moroni, Denard aurait pu se faire construire un palais mais il avait choisi une maison d'une grande simplicité, superbement placée au bout d'une baie ourlée d'une plage fine. Bref, un jour, Foccart me convoque pour me dire : « Je sais bien que c'est vous qui avez renversé Bob Denard. Mais c'est un homme qui nous a rendu d'insignes services. Il a été très loyal envers la France. Nous devons le réhabiliter et nous envisageons cette réhabilitation par l'intermédiaire d'un entretien sur TF1 avec le journaliste Charles Villeneuve. Michel Roussin vous expliquera les détails. Je vous demande de tout faire pour favoriser cette opération. » Il va sans dire que cette requête me contrarie, mais comment pourrais-je dire « non » à Jacques Foccart ? Michel Roussin organise donc un dîner avec Charles Villeneuve. Il s'agit de mettre en place un duplex avec Bob Denard depuis l'Afrique du Sud. L'intéressé n'est pas encore au courant, ni d'ailleurs les autorités sud-africaines qui doivent y consentir.

Voilà donc ma tâche : mettre le doigt entre l'arbre et l'écorce !

À Pretoria, le mercenaire loge dans une maison qui tient lieu d'ambassade aux Comores. Rusty Evans m'accompagne dans cette démarche délicate : après l'avoir viré de son paradis exotique, je dois persuader Denard que je viens pour le hisser sur le pavois de TF1... Nous arrivons devant un pavillon coquet mais modeste. Je ne suis pas très à l'aise. Denard nous reçoit avec amabilité, nous prie de nous asseoir et me déclare de but en blanc : « Vous savez, Monsieur Ollivier, on m'avait dit qu'il fallait que j'entre en contact avec vous. Si je l'avais fait, vous auriez pu me laisser aux commandes à Moroni. J'ai commis une erreur. » La suite est à l'avenant. Nous nous mettons d'accord, sans problème, pour l'entretien à la télévision. Hélas, la réhabilitation médiatique ne fera qu'un temps. En 1995, Denard, incorrigible, tente un nouveau coup de force aux Comores, le coup de trop qui échoue lamentablement à la suite d'une intervention militaire française. Avant de quitter l'île pour la seconde fois, Denard exige une conférence de presse au palais. Il se plante devant les journalistes et annonce : « Je suis intervenu aux Comores parce que je savais qu'Olivier [*sic*] était en train de préparer un coup d'État. » À Paris, *Libération* reprend l'information dès le lendemain en ajoutant mon prénom, alors qu'en réalité celui dont il était question est Patrick Olivier, un vieux compagnon mercenaire de Denard. C'est ainsi qu'en plus de tout le reste je deviens putschiste en Afrique ! J'ai écrit à la Santé pour demander à Denard de rectifier l'erreur auprès de *Libération*, ce qu'il a fait. Bien plus tard, après son procès, il est venu dîner chez moi. Il m'a apporté son livre de souvenirs, portant cette dédicace : « D'un corsaire à un autre. » C'était un vieux soldat ayant blanchi sous le harnois de la France post-coloniale, souffrant de la hanche et traînant la patte, nostalgique de son paradis perdu aux Comores. Bob Denard était un homme d'honneur, un brave type pas très intelligent mais chaleureux, qui n'a pas su évoluer. Le western était fini, mais lui se prenait toujours pour un *cow-boy*. Il ne s'était pas rendu compte que les voitures avaient remplacé les diligences. Il voulait toujours se faire la malle-poste.

Au début des années 1990, en même temps que l'État franco-africain se désagrège pièce par pièce, je comprends comment fonctionne Jacques Chirac. Justement, cet homme *n'est pas*, il « fonctionne ». Il n'a pas de convictions mais vit de l'aubaine qui se présente et dans l'obsession de devenir président de la République. Son système repose sur la proximité physique. S'éloigner, c'est se faire oublier. Il faut être constamment présent dans son entourage. Idéalement, pour lui faire passer un message, il faut le voir en fin d'après-midi, ses proches gardant quelques créneaux disponibles entre les heures de bureau et le dîner. Il faut également lui faire des propositions, car, s'il prend rarement lui-même l'initiative, il « saute » sur les suggestions de ses collaborateurs. C'est une machine qui tourne à trois cents à l'heure. Il ne sait pas bavarder, prendre le temps. Il va droit au but, et c'est « oui » ou c'est « non ». Point. Il a hérité de Pompidou le goût du concentré, et rien ne le satisfait davantage que la lecture d'une bonne note de synthèse.

En 1986, j'avais eu besoin d'un créneau de deux ou trois heures d'affilée pour discuter avec lui du problème des otages au Liban. C'était quasiment impossible à obtenir désormais, mais Michel Roussin a fini par trouver une idée : je vais rejoindre Chirac à Tahiti où il achève une tournée électorale en Polynésie française, puis je rentrerai avec lui. Neuf heures de vol avec escale à Los Angeles, puis neuf heures de plus pour Paris – c'est l'idéal pour une longue conversation. Sitôt dit, sitôt fait. Je suis donc Chirac pendant sa dernière journée à Papeete. Je n'ai jamais vu quelqu'un serrer autant de mains du matin au soir ! Ensuite, nous embarquons sur le vol retour. Manque de chance, à peine avons-nous décollé qu'un de ses assistants lui apporte un coussin, et le voilà qui s'allonge et s'endort sur la première rangée de sièges ! Il ne se réveille qu'à l'atterrissage à Los Angeles. Il nous emmène alors tous au McDo de l'aéroport, où il s'offre deux hamburgers et trois bières, puis nous remontons dans l'avion. Rebelote ! On lui apporte à nouveau son oreiller, il se recouche et se réveille... à Paris. Juste avant de descendre de l'avion, il me voit et me dit : « Ah oui ! au fait, on avait quelque chose à se dire, non ? Eh bien, tant pis, ce sera pour la prochaine fois ! » Et il monte dans la voiture qui l'attend sur le tarmac. À sa décharge, nous avons pris le petit déjeuner ensemble dès le lendemain matin, et j'ai bien dû rester deux heures avec lui pour parler des otages.

Jacques Chirac ne m'est pas antipathique du tout, mais je trouve qu'il manque d'humanité. Il fonctionne comme un robot, sans spontanéité ni sincérité. Il appelle tout le monde « mon cher ami », mais, en vérité, a-t-il vraiment des amis ? Pis, il se méfie de tout le monde, et en particulier de son premier cercle dont il dépend fortement. Dès qu'il a le sentiment qu'un membre de son entourage exerce une trop grande emprise sur lui, il s'en débarrasse. Pareille mésaventure est arrivée, par exemple, à Pierre Juillet et à Marie-France Garaud. Du jour au lendemain, ils ont disparu de la galaxie Chirac. Éjectés ! Dans les cas de Michel Roussin et de Nicolas Sarkozy, ce sont eux qui prennent l'initiative de sortir du système. Nicolas Sarkozy était l'étoile montante à la mairie de Paris, celui qui écrivait les discours du maire, celui que Mme Chirac rêvait d'avoir pour gendre. Il a préféré prendre ses distances en rejoignant le « clan » Pasqua puis Balladur. Michel Roussin s'émancipe de Chirac en entrant dans le gouvernement Balladur. En fait, seul Dominique de Villepin, chaudement recommandé par Juppé, n'a pas pâti de sa proximité avec Chirac, grâce à sa servilité omniprésente, à la souplesse dans la courbure de son échine. Il a joué de son influence avec une douceur pateline, sans jamais donner le sentiment de vouloir la place du maître. Il a su manipuler Chirac de façon incroyable.

Je me rends compte de tout cela. J'arrive moi-même à obtenir beaucoup de Jacques Chirac, à le faire entrer dans certains de mes desseins qu'il n'épouse pas forcément. Cela pourrait me donner le sentiment que le pouvoir m'appartient. En réalité, je suis bien conscient du fait que j'ai seulement une certaine influence, mais en aucun cas une parcelle de pouvoir. Pourtant, mes interlocuteurs, surtout à l'extérieur de l'Hexagone, me voient comme l'« envoyé de Chirac » – ce qui irrite d'ailleurs beaucoup l'intéressé. Mais grâce à mes excellentes relations avec son entourage, sa porte m'est toujours ouverte : je peux lui amener qui je veux, quand je veux. Il me permet d'assister aux entretiens. Il doit se dire : « Si Foccart a confiance, si Roussin et Pandraud ont confiance, moi aussi je peux avoir confiance. » Cependant, je ne me suis jamais assis autour d'un café avec lui pour parler de l'art japonais ou chinois. Nous n'avons jamais été amis. Un jour, lors d'un tête-à-tête avec Chirac, le Guinéen Alpha Condé a entamé une phrase par ces mots : « Votre ami Jean-Yves Ollivier m'a dit... » Chirac lui a coupé la parole : « Ah non ! ce n'est pas mon ami, c'est l'ami de Michel Roussin ! » Il avait parfaitement raison, et, même si je n'ai pas aimé la « bête politique », je dois rendre hommage à ses instincts.

Le 1er juin 1994, Michel Roussin, ministre de la Coopération au sein d'un gouvernement de cohabitation, me remet la Légion d'honneur. Six ans plus tôt, Robert Pandraud m'avait fait entrer dans l'ordre national du Mérite, Place Beauvau. Cette fois, à l'hôtel Montesquiou, le « ministère de l'Afrique », je me sens élevé dans le saint des saints de la République. Et de

quelle façon ! Devant mon compagnon Paul, fier de
partager ma consécration, et un aréopage d'amis et
de chefs d'entreprise de premier rang ; Michel Roussin,
d'habitude entouré d'une douve infranchissable, baisse
le pont-levis et ouvre le donjon de son amitié pour
moi. C'est comme si le Marocain en lui (il est né au
« royaume exemplaire ») s'adressait à un frère médi-
terranéen. Il rappelle mes origines algériennes (« Tu
appartiens, comme l'écrit Camus, à "ce peuple né pour
l'orgueil et la vie" ») et l'ancienneté de nos liens : nous
nous connaissons « depuis maintenant plus de quinze
ans et, comme nous avons des racines communes, il me
semble te connaître depuis toujours ». Mais surtout, il
trouve une image insolite pour me rendre hommage :
« Dans les westerns qui mettent en scène l'armée régulière chevauche souvent à côté du colonel ou du général,
quelquefois un peu en avant ou légèrement décalé mais
faisant toujours corps avec l'ensemble, le guide, le pis-
teur, on pourrait dire aussi le voltigeur de pointe. Il
n'est ni général ni soldat, mais le stratège de la troupe,
celui qui a l'instinct des lieux et des hommes, instinct
puisé dans une expérience quasi ancestrale du terrain
avec un sens de l'anticipation stratégique. »

Michel Roussin conclut : « Pour tous ceux qui savent
qu'il n'y a de combats perdus que ceux qu'on ne livre
pas, pour tous ceux qui ne renoncent pas à hisser leur
pays au premier rang, je suis sûr qu'une vie comme la
tienne avec tout ce qu'elle comporte d'action, d'effort
et d'accomplissement, constitue un exemple. Le gouvernement de la République vient de le reconnaître. »

Je suis ému au point de ne savoir que répondre. Au grand désespoir de Paul, je n'ai rien écrit à l'avance. Mais je m'en tire en improvisant : « Michel ne l'a pas dit, mais tout le monde se demande si je ne suis pas un agent de son ancienne maison. Si je l'étais, je serais nécessairement un agent double », dis-je en mettant en évidence ma silhouette rebondie.

Édouard Balladur, qui est un personnage d'une grande fatuité avec qui, pour le coup, je n'ai jamais eu d'atomes crochus, avait débauché Michel Roussin. Il avait besoin d'un initié du « système Chirac » et avait fait savoir très tôt à Roussin que, s'il devenait Premier ministre à l'issue des élections de 1993, il penserait à lui. Finalement, il le nomme ministre de la Coopération – c'est plus que Michel n'avait espéré. Naturellement, cette nomination a grandement déplu à Chirac, qui continue à traiter Roussin comme son collaborateur, en subalterne. Il l'appelle, lui donne des instructions... Cela irritait profondément Michel, qui l'a probablement fait sentir à son ancien patron. Au départ, Michel Roussin est un gendarme, un serviteur loyal et discipliné, qui obéit le petit doigt sur la couture du pantalon. Or servir, c'est rendre des services... Roussin avait fait la connaissance de Chirac en 1974 quand il était chargé du commandement militaire de Matignon. Dix ans plus tard, il est recruté dans les « services », l'ancien SDECE devenu la DGSE. En 1981, après l'arrivée de la gauche au pouvoir, il entre à la mairie de Paris où il sera d'abord le chef puis le directeur de cabinet de Chirac. Là, il rend déjà beaucoup de services comme, entre 1984 et 1988, à Matignon, dans la fonction de chef de cabinet de Chirac pendant la première cohabitation. Quand ce passé le rattrape en 1994, Michel Roussin perd sur tous les plans, il tombe dans une double embuscade : Balladur a érigé en règle qu'aucun ministre mis en examen ne peut conserver son portefeuille ; Chirac tire un trait sur le « traître » et prend d'autant plus facilement ses distances avec lui que cela lui permet de fuir ses propres responsabilités. En novembre 1994, alors que se tient à Biarritz un sommet franco-africain, le bûcher de Michel Roussin est allumé par un titre-étincelle, à la une du *Canard enchaîné* : « Ça sent le roussi pour Roussin ». Anticipant le double lâchage du ministre de la Coopération qu'il apprécie beaucoup, François Mitterrand fait un jour appeler Michel Roussin et le prend à part pour marcher avec lui, seul à seul, sur quelques centaines de mètres. À sa propre cour et, plus généralement, au microcosme politique et médiatique, il signale ainsi son estime pour l'homme et sa fidélité envers lui. Elles seront payées en retour : quand, une fois son second mandat achevé, Mitterrand se meurt lentement du mal qui le ronge, Michel Roussin lui rendra aussi régulièrement que discrètement visite à son domicile. Il n'aura pas oublié l'attitude du président à son égard, si différente de celle de Chirac, qui a « oublié » tous les services que Roussin lui avait rendus – c'était commode ! Or, personne ne sait mieux que Chirac que l'homme ayant occupé tant d'années son antichambre ne s'est jamais enrichi personnellement. Chirac donnait des instructions, Roussin les exécutait malgré leur part d'ombre, à laquelle il s'était déjà habitué auprès d'Alexandre de Marenches, son patron dans les services secrets pendant six ans. Bien plus tard, Michel m'a raconté, avec une émotion dont je l'aurais cru incapable, un incident particulièrement blessant. Alors qu'il est à la Santé en détention préventive parce qu'on veut lui faire « cracher le morceau », son épouse Annick assiste à l'inauguration de l'Opéra-Comique. Sa voisine se trouve être Bernadette Chirac qui, quitte à attraper un torticolis, ne tourne pas la tête de la soirée pour la saluer. On ne sert pas la main de l'épouse d'un repris de justice !

La manière dont Jacques Chirac a traité le plus fidèle de ses collaborateurs à la mairie de Paris puis à Matignon a sonné le glas de nos relations. Blême de colère, je suis allé le voir : « Monsieur le Président, je ne peux absolument pas accepter la façon dont vous traitez Michel Roussin. Nos chemins se séparent ici ! » Je ne me fais aucune illusion : Chirac se moque comme d'une guigne de ma colère. Ollivier, pour lui, c'est qui ? Personne. Rien. Je le sais. Mais mon amitié pour Michel Roussin est sincère et, de surcroît, quand bien même j'aurais les faveurs de tous les puissants de la Terre, je devrais toujours vivre avec moi-même. À tant faire, je préfère être en accord avec qui m'est le plus proche.

C'est là, d'ailleurs, un point commun entre Michel Roussin et moi, par-delà nos différences de tempérament. Un soir, en décembre 2000, tandis que Michel dîne chez lui avec des amis italiens, il reçoit un appel de Dominique de Villepin, alors le plus

proche collaborateur de Chirac. Villepin le presse de
rencontrer à la fontaine de la place Saint-Sulpice un
émissaire de l'Élysée, l'avocat Francis Szpiner, qui met
Michel en garde : « Ça va chauffer pour vous, mieux
vaudrait partir au Maroc. » Mais Michel s'y refuse :
« Je ne suis pas un type à me défiler », répond-il avant
de remonter chez lui finir son dîner amical. Quelques
jours plus tard, il est incarcéré à la Santé, avec fouille
au corps comme rite d'initiation. Des détenus l'en-
couragent sur le chemin vers sa cellule : « Ne t'en fais
pas, Michel. Il reste de la place pour Jacquot... » Le
terroriste Carlos, que Roussin avait traqué quand il
était dans les services secrets, lui lance : « Ne te laisse
pas faire ! » C'est le monde à l'envers. Interviewé par
PPDA sur TF1, Chirac renie trois fois son ancien plus
proche collaborateur, avant de lui consacrer quelques
mots, à bout de gaffe. Or, même après le départ de
Chirac de l'Élysée, alors que Paris résonne de l'hallali
contre l'ex-président, Michel gardera le même silence
qu'il a toujours observé devant la justice sur le rôle
de Chirac dans le financement du RPR. Il ne le fait
pas – plus – pour Chirac. Il se tait par fidélité envers
lui-même. Un peu raide au niveau lombaire, Michel
sait « se tenir ».

XI

Rumble in the jungle !

Ma rupture avec Jacques Chirac, élu en 1995 président de la République, achève de me rendre africain. Je ne dis pas cela de façon folklorique, comme beaucoup d'expatriés trop longtemps exposés au soleil tropical. Africain, je l'ai toujours été pour autant que mon Algérie natale fasse partie du continent. Mais au milieu des années 1990, je deviens africain dans un sens très concret et très pratique. Je ne suis plus « diplômé de la Chiraquie » et, dans la mesure où les grands contrats ont tous des dessous politiques, je cesse d'être un négociant en matières premières pour la France. Bien entendu, je garde d'excellents contacts, beaucoup d'appuis voire de solides amitiés à Paris. Bien sûr, j'ai entre-temps collectionné d'autres « diplômes » à travers le monde. Cependant, *persona non grata* dans les ambassades de France sous la présidence de Jacques Chirac, en raison de notre rupture et pour d'autres raisons sur lesquelles je reviendrai, je ressens quelquefois un pincement au cœur, comme si j'avais perdu mon pays une deuxième fois.

Cependant, je ne perds pas d'argent. Cela aurait très bien pu arriver, je ne m'en étais pas soucié. La chance a voulu qu'en 1997, après une traversée du désert de cinq années, Denis Sassou Nguesso revienne au pouvoir à Brazzaville. Dévasté par la guerre civile, le Congo est exsangue et accablé de dettes. Il faut reconstruire le pays et, donc, trouver des financements. Grâce à mes relations bancaires en Afrique du Sud, je monte un préfinancement de 350 millions de dollars gagé sur du pétrole, ce qui permet de débloquer la situation. En 1998, je conclus ma première opération d'enlèvement de brut au Congo. Je me relance dans le pétrole au meilleur moment. Le troisième choc pétrolier fait monter les cours en flèche : de 9 dollars à plus de 100 dollars le baril ! J'approvisionne en cargaisons pétrolières de grandes sociétés comme Vitol ou Glencore. En plus du *trading*, je repère des champs propices, je les propose à des sociétés d'exploitation et me fais rémunérer en devenant propriétaire d'une portion de ces champs. Désormais, c'est le cœur de mes activités. Par ailleurs, je monte toujours des opérations avec la Chine en Afrique et reste un intermédiaire recherché par des industriels en quête de débouchés en Afrique du Sud ou en Afrique centrale. Bref, mes affaires vont bien, voire mieux que jamais. D'autant plus qu'il m'arrive aussi de mener des opérations en Europe. Je négocie ainsi la construction du deuxième pont sur le Tage, au Portugal, un marché très concurrentiel que j'enlève pour la Compagnie générale des eaux (CGE) contre Bouygues. La clef du succès : je peux amener Antoine Zacharias, le directeur général de la Société générale d'entreprises, la filiale BTP de la CGE, chez le Premier ministre portugais, Aníbal Cavaco Silva. En poste depuis 1985, le chef du gouvernement me sait gré d'avoir étroitement associé le Portugal aux négociations de paix en Afrique australe non par nécessité, mais de mon libre choix. Pour la même raison, un homme-clef de la diplomatie portugaise, António Martins da Cruz, prête une oreille bienveillante à Zacharias au cours d'un déjeuner que j'organise à Lisbonne.

C'est de l'anthropologie à quatre sous, mais il y aurait un argumentaire à développer en faveur du raisonnement généalogique de la pensée africaine par rapport à l'enchaînement causal cher à l'Occident. Car peu d'événements ou de rencontres sont reliés entre eux par une cause, une vraie « raison », la plupart se succédant fortuitement, ce qui n'exclut pas qu'ils finissent par « faire sens ». Du moins, c'est l'impression qui prévaut chez moi chaque fois que je me retourne sur ma vie ou sur un épisode de celle-ci. Je redécouvre alors des éléments en pointillés que je me rappelle avoir été initialement disjoints mais qui, avec le bénéfice du recul, forment des lignes harmonieuses, parallèles pour les épisodes heureux, et brisées pour les moins chanceux. Mon histoire avec l'Afrique centrale, centrée autour de ce grand pays qu'est le Congo-Kinshasa, témoigne de ce caractère fortuit de l'existence humaine. Il n'y a pas de pourquoi, seulement du comment.

Le propre de la généalogie est que tout remonte toujours plus loin, ce qui est une autre façon de dire que rien n'a une origine définitive. Alors, où commencer ? Peut-être avec ma première rencontre, dans les années 1980, avec Mobutu. J'ai été introduit chez le maréchal-président du Zaïre par Honoré Ngbanda, chef des services secrets, que j'avais lui-même connu par l'intermédiaire de Pierre Léthier. Mobutu était un personnage tonitruant, incapable de tenir une conversation intime. Il me rappelait le reproche que la reine Victoria avait fait à son Premier ministre Gladstone : « Vous vous adressez toujours à moi comme si j'étais un rassemblement public ! » Cela dit, Mobutu savait être décontracté. Nous nous sommes même saoulés une fois ensemble, dans un petit salon de Goma, en buvant moult verres d'un alcool de riz pestilentiel, le *mao tai*. Mobutu en éclusait des quantités incroyables ! Au risque de me faire beaucoup d'ennemis, je dois avouer que dîner avec lui et ses épouses jumelles, à Gbadolite ou dans son appartement parisien, avenue Foch, était amusant et très agréable. Je n'en dirais pas tant de beaucoup d'autres chefs d'État africains, chez qui l'humour s'invite rarement à table.

À son apogée, Mobutu avait des ambitions à la taille – déjà immense – de son pays, et, au-delà, pour toute l'Afrique. Il s'estimait appelé à trouver une solution pour le pays de l'apartheid auquel, en attendant, il servait de plaque tournante au cœur du continent. Il envisageait aussi de prendre le pouvoir en Angola grâce à son ami le rebelle Jonas Savimbi, qu'il soutenait à fond. Enfin, le temps que mettaient ses subordonnés à exécuter ses ordres donnait au maréchal la mesure de son pouvoir. À l'origine, avant qu'il ne soit tourné en dérision, le slogan « Quand c'est dit, c'est fait » disait bien le zèle de ses serviteurs. D'ailleurs, un jour où je lui avais amené une délégation sud-africaine relativement peu nombreuse en mentionnant, en guise d'explication, combien il était difficile d'obtenir des visas pour les ressortissants du pays de l'apartheid, il avait donné sur-le-champ l'instruction d'abroger l'obligation de visa pour les Sud-Africains. À ma grande surprise, cette mesure, au demeurant pas vraiment antiapartheid, a été appliquée quarante-huit heures plus tard, dans toutes les ambassades du Zaïre ! Mobutu était obéi au doigt et à l'œil. Il était équipé de systèmes de communication satellitaires extraordinaires pour l'époque grâce à de grandes paraboles qu'il transportait partout avec lui. Il disposait aussi d'un appareil de répression redoutablement efficace, de sinistre réputation.

Les limites de l'exercice ont été atteintes quand il n'a plus suffi d'être entendu pour se faire obéir. Cela a été le cas, par exemple, quand Mobutu, dont le pays était pourtant la base arrière des rebelles de Jonas Savimbi, s'est voulu le pacificateur de l'Angola, plongé dans la guerre civile depuis son indépendance en 1975. À la demande du maréchal, j'ai facilité les contacts exploratoires à Paris où le président dos Santos a reçu des émissaires de Mobutu – ce qui était déjà beaucoup, eu égard aux relations tendues entre Kinshasa et Luanda.

Or, tout à sa fougue naturelle, Mobutu a voulu brûler les étapes. En juin 1989, sans plus de préparation, il a convoqué un sommet de réconciliation entre dos Santos et Savimbi à Gbadolite, son « Versailles dans la jungle ». Folie furieuse ! Des *jets* se sont posés dans tous les sens, des groupes folkloriques se sont époumonés à l'aéroport pour accueillir présidents et délégations, les villas des dignitaires du régime ont été réquisitionnées à tort et à travers pour loger tout ce monde et, devant les caméras conviées pour immortaliser la scène, le président angolais et son ennemi de toujours se sont finalement serré la main, contraints et forcés. J'étais présent dans la salle de conférence, « espion » d'une délégation sud-africaine invitée par Mobutu mais logée discrètement dans une villa périphérique. Mes compagnons de voyage ont sorti le champagne. Je leur ai fait l'effet d'un drap mouillé : « N'y croyez pas une seconde ! Dos Santos en voudra à mort à Mobutu de lui avoir forcé la main. » Il suffisait de connaître les protagonistes pour ne pas se leurrer quant à la mise en scène de Mobutu. Du vaudeville diplomatique, qui n'allait pas manquer d'aggraver le drame angolais… Entouré seulement de louangeurs, Mobutu s'est abruti. Intelligent et charismatique au départ, il a glissé tout schuss vers la fin. Trente ans de pouvoir : un tiers de succès en initiant des projets, un tiers de stabilité dans l'injustice, un tiers d'erreurs fatales – à peu près dans l'ordre chronologique. Malgré tout, cette longévité mitigée a servi le Congo. En trois décennies, sous Mobutu, un pays s'est construit à partir de régions et de populations de bric et de broc. Aujourd'hui, les

Congolais se sentent congolais, quelles que soient par ailleurs leurs divisions.

Voilà, pour résumer, ce que je savais de la République démocratique du Congo (RDC) – en vérité pas grand-chose – quand j'ai été chargé de trouver un successeur à Laurent-Désiré Kabila, le tombeur de Mobutu en mai 1997. « LDK » était arrivé au pouvoir par la grâce des voisins orientaux de l'ex-Zaïre, le Rwanda et l'Ouganda. Or, l'un des faiseurs de roi, le président ougandais Yoweri Museveni, regrettait ce qu'il était venu à considérer comme une fatale erreur de sélection. Il était à la recherche d'un « remplaçant » pour Laurent-Désiré Kabila. Le hasard m'avait fait rencontrer le chef de l'État ougandais grâce à un ami sud-africain, Tokyo Sexwale, dont je parlerai plus loin. J'aimais bien Museveni, un homme de terrain, jamais aussi heureux qu'au milieu de ses vaches, tranquille lors de ses séjours dans sa ferme, assis dans un grand fauteuil sous un auvent, un large chapeau de cuir sur la tête, une canne à la main... Quand Museveni recevait des amis, il se présentait pieds nus. J'avais aussi eu affaire à lui parce que le président Sassou Nguesso, après son retour au pouvoir à Brazzaville, avait cherché à renouer des liens avec ses pairs africains. J'étais intervenu auprès de Museveni pour qu'il le reçoive – ce qu'il avait fait, et dans les formes, en invitant Sassou en visite d'État. Pour le convaincre d'offrir cette reconnaissance à Sassou, j'avais fait valoir à Museveni qu'il devait apprendre à mieux connaître l'Afrique centrale s'il voulait résoudre les problèmes

que lui posait Laurent-Désiré Kabila. Puis j'avais
assisté à tous les entretiens entre les deux chefs d'État,
y compris à leur tête-à-tête pour lequel je servais d'interprète. J'étais donc dans la confidence. Museveni
se mordait les doigts d'avoir facilité l'arrivée au pouvoir de « LDK » qui était connu dans l'est du Congo
et dans le Katanga mais pas dans le reste du pays :
ni dans la province de l'Équateur, ni au Badundu,
ni dans les deux Kasaï et, surtout, pas à Kinshasa,
la capitale excentrée où Kabila n'avait guère d'assise.
Si bien que, en quête de popularité, il s'était rebiffé
contre ses parrains orientaux qui, à titre de retour sur
investissement, exploitaient les richesses minières dans
l'est du Congo, frontalier de leurs pays. Museveni et
son allié rwandais, Paul Kagame, cherchaient donc à
« réparer » leur erreur en trouvant un remplaçant au
remplaçant... Le président ougandais avait déjà repéré
un jeune homme originaire de l'Équateur, un certain
Jean-Pierre Bemba, qu'il pensait pouvoir faire l'affaire.
Mais chat échaudé craignant l'eau froide, il souhaitait
que Sassou procède à une évaluation indépendante de
son poulain et, le cas échéant, lui propose des candidats plus prometteurs. Voilà comment je me suis
retrouvé G.O. d'un casting présidentiel !

Évidemment, je ne pouvais pas organiser un concours
public pour présidentiables, ni parcourir le Congo-
Kinshasa à la recherche de la perle rare sans prétexte
officiel. J'ai donc créé un « comité de réconciliation
nationale » que je soutenais, au sein duquel siégeaient
des Congolais non partisans et de bonne réputation

et dont l'objectif affiché me permettait de rencontrer tous les protagonistes aussi bien de la classe politique que de la société civile. En quelques mois, j'ai ainsi sensiblement amélioré ma connaissance de la RDC et de son élite. Pour être franc, le pays s'est avéré bien plus profond que ses leaders... Au bout du compte, personne ne s'imposait comme un choix évident, indiscutable. Mille fois achetés par le pouvoir du jour, mais autant de fois rachetés par de vrais actes de courage, les vieux ténors des partis n'étaient pas prêts à lâcher prise. Quant aux jeunes, pour contourner la gérontocratie, ils faisaient carrière à la tête d'ONG financées par la communauté internationale, qui cumulaient pour eux les fonctions d'agence pour l'emploi, d'agence de voyages et de guichet pour l'émigration : les meilleurs partaient. Ceux qui restaient étaient particulièrement âpres au gain et rarement compétents.

La première fois que je rencontre Jean-Pierre Bemba, il me fait mauvaise impression. Nous nous voyons au Nile Hotel, au cœur de Kampala, en présence de son numéro deux, Olivier Kamitatu, et d'un colonel des services ougandais. Peut-être m'aurait-il davantage plu au milieu de ses hommes, dans la petite base que Museveni leur avait fait aménager à Banda, aux abords de la capitale ougandaise. Toujours est-il que Bemba me fait penser à un leader estudiantin, agité et sans expérience. Cette impression est à la fois fondée et un peu injuste. Fondée parce qu'il est bien un hâbleur et un fils à papa, son père, immensément riche, ayant été l'inamovible « patron des patrons » sous Mobutu.

Jean-Pierre Bemba a vécu une vie de patachon à
Bruxelles, rentier grâce à sa compagnie aérienne et,
à cette époque, à la seule société de téléphone mobile
en RDC, qui lui appartenait également. Mais il est en
même temps injuste de ne pas lui faire crédit de sa
décision de quitter sa cage dorée. Il a d'abord sollicité le parrainage d'Omar Bongo, qui le reçoit mais
ne donne pas suite. Il a ensuite frappé à la porte de
Museveni qui, heureuse coïncidence, cherche un produit de substitution à Kabila père. Bemba est jeune,
intelligent et éduqué, diplômé d'une prestigieuse école
de commerce. D'une imposante prestance, il s'exprime
bien. Museveni pense que le reste, ça s'apprend. Pour
en faire un chef rebelle, il lui assigne deux instruc-
teurs qui vont le malmener pendant six mois. Bemba
couche à la dure, se lève aux aurores, court avec son
paquetage, affine sa silhouette et mange dans des
bidons d'huile – le tout sans se plaindre ni repartir
pour Bruxelles. C'est suffisamment prometteur pour
que le président ougandais mette à sa disposition deux
à trois cents hommes pour monter un maquis à la
frontière ougando-congolaise. En 1998, Bemba gagne
ses premiers galons, les rangs de son Mouvement de
libération du Congo grossissent. La « zone libérée »
s'étend, le MLC réussit même à prendre Gbadolite, à
une dizaine de kilomètres au sud du fleuve Oubangui
qui sert de frontière avec la Centrafique, infligeant des
défaites aux contingents tchadiens et soudanais dépê-
chés au secours de Laurent-Désiré Kabila. La progression se fait alors fulgurante. Les rebelles de Bemba

parviennent jusqu'aux portes de Mbandaka, la clef du fleuve Congo et le dernier verrou avant Kinshasa... Pour que les hommes de Bemba puissent pousser leur avantage, Museveni leur envoie des tanks et de l'artillerie. Quand tout est fin prêt pour l'assaut, je dîne avec Jean-Pierre Bemba et Olivier Kamitatu, qui a grandement monté dans mon estime depuis le Nile Hotel. Le téléphone satellitaire sonne. Museveni est à l'appareil. Nous n'entendons que Bemba, qui semble catastrophé. « *But "father", you cannot do this to me. I beg you... No, you cannot do this to me! Everything is ready, we're all set. I beg you, please!* » La conversation est coupée. Bemba nous apprend que Museveni vient de lui interdire de lancer son offensive sur Mbandaka. Les Américains menacent de couper les vivres à l'Ouganda si la ville est prise. Elle ne le sera jamais.

Engagé au côté de Jean-Pierre Bemba, je l'emmène, dans le plus grand secret, chez Sassou, à Oyo, le fief du président. Comme il le fait avec Museveni, Bemba joue la carte du respect dû aux aînés et donne du « papa » à Sassou, qui y est sensible. La rencontre se passe bien. Le Congo-Brazzaville va soutenir Bemba, même s'il ne peut pas lui fournir de moyens militaires. Simple question de *Realpolitik* : l'imbrication entre les deux Congos est trop grande, les mêmes populations vivant de part et d'autre du fleuve ; la propre mère de Sassou est d'origine kinoise, le dernier enfant de Mobutu, Renzo-Robert, est le fils d'une Brazza-villoise ; les deux capitales les plus proches du monde vivent un face-à-face inégal, 800 000 habitants d'un côté, 9 millions de l'autre. Quand Kinshasa-la-géante tousse, Brazzaville-la-petite est à l'hôpital.

J'introduis également Bemba chez Gnassingbé Eyadema, au Togo, et chez Henri Konan Bédié, en Côte d'Ivoire. Je fais venir trois fois l'Ivoirien Amara Essy, le Secrétaire général de l'OUA, à Gbadolite, devenu le QG de Bemba. Nous y organisons une conférence avec Moustapha Niasse, le représentant du Secrétaire général des Nations unies pour la région des Grands Lacs. À deux reprises, Bemba est reçu grâce à moi par le président zimbabwéen Robert Mugabe, pourtant allié militaire de Laurent-Désiré Kabila. Enfin, j'emmène Bemba chez son pire ennemi, Omar al-Bachir, le président du Soudan qui a lui aussi envoyé des troupes pour soutenir Laurent-Désiré Kabila afin de contrer les offensives de ses rebelles dans le nord-est du Congo. Al-Bachir est un homme très mal compris par l'Occident. Il a rompu avec Hassan al-Tourabi, islamiste sectaire et dangereux qui avait été l'éminence grise de son régime et avait été un temps en relation avec Oussama Ben Laden, réfugié à Khartoum. J'ai forgé des liens de confiance avec al-Bachir en servant d'intermédiaire pour la réconciliation entre le Soudan et l'Ouganda. Par factions rebelles interposées, les deux pays sont en guerre l'un contre l'autre, Kampala soutenant les rebelles sécessionnistes au Sud-Soudan alors que Khartoum aide l'Armée de la résistance du Seigneur de Joseph Kony. J'ai réussi à débrouiller cet écheveau de déstabilisation mutuelle. Avec l'appui d'Amama Mbabazi, le directeur de la

Sécurité extérieure à Kampala (qui est devenu Premier ministre en 2011), j'ai obtenu l'ouverture de l'ambassade ougandaise à Khartoum, et nous nous y étions rendus à cette occasion. Mon intercession en faveur de Jean-Pierre Bemba se solde par une percée : à la suite de sa rencontre avec le chef rebelle congolais, Omar al-Bachir retire ses troupes de la RDC et retire tout soutien à Kabila.

À son tour, Jean-Pierre Bemba me présente à un autre de ses « papas », le président de la Centrafrique, Ange-Félix Patassé. C'est un professeur Nimbus, capable de parler pendant des heures de son passé d'agronome, en général, et de l'hybride de maïs qu'il a réussi à « inventer » par croisement génétique, en particulier – cet exploit figure dans une note de bas de page dans un volume faisant le tour de l'épi en trois cents pages. Patassé croit commander Bemba mais, en réalité, il se fait complètement manipuler par son « fils ». Bemba cherche à le renverser en hissant à sa place le ministre de la Défense centrafricain, Jean-Jacques Démafouth. Pour ma part, je fréquente alors le principal opposant à Patassé, le général François Bozizé, ancien chef d'état-major qui vit en exil à Paris et vient me voir de temps en temps. Je parle de lui aux présidents Sassou et Bongo, apparemment sans éveiller leur intérêt pour le personnage. Mais c'est bien dans le chaudron qu'est Bangui, la capitale centrafricaine, que fermente l'avenir de Jean-Pierre Bemba et de François Bozizé. En octobre 2002, Bemba envoie ses hommes à Bangui pour aider Patassé à réprimer un mouvement insurrectionnel ; tenu pour responsable des crimes de guerre commis dans ce contexte, en tant que « supérieur hiérarchique », bien qu'il n'ait pas été sur place, il sera inculpé et arrêté en 2008 par la Cour pénale internationale (CPI) de La Haye ; entre-temps, à la mi-mars 2003, le général Bozizé a renversé Patassé, principalement avec l'appui du président tchadien Idriss Déby mais subsidiairement aussi avec l'aide de Kabila fils, de Sassou Nguesso et de Bongo père. Toute la région s'y est mise !

Mais, quelque temps auparavant, l'Afrique du Sud est entrée en scène. Sous son égide, des négociations sur l'avenir de la République démocratique du Congo se sont engagées à Sun City, le Las Vegas sud-africain. Par ailleurs, en janvier 2001, la donne a changé à Kinshasa. Kabila père a été assassiné dans son palais par l'un de ces enfants-soldats – *kadogo* – qui, bottes de caoutchouc aux pieds et AK-47 à l'épaule, avaient marché avec lui depuis l'Est sur Kinshasa, l'équivalent de la distance entre Paris et Varsovie. Joseph Kabila, l'un des fils du *mzee*, le « vieux » en swahili, lui a succédé. Dès le lendemain de cette relève dynastique, de façon assez surprenante, voire désinvolte, les principales capitales concernées – Paris, Bruxelles, Washington – ont adoubé ce jeune homme taiseux de trente-six ans qui, depuis, préside aux destinées du plus grand pays au cœur de l'Afrique. Pretoria cherche alors à réaffirmer son *leadership* régional en parrainant un accord de partage du pouvoir à Kinshasa. La première tentative échoue, en bonne partie à cause des exigences démesurées de Jean-Pierre Bemba, lequel veut faire entrer massivement ses troupes dans la capitale congolaise. Il sent la victoire toute proche, réclame déjà un film pour célébrer son épopée glorieuse... Bref, il grille une durite. Toutefois, le président sud-africain Thabo Mbeki parvient à réunir un « Sun City 2 » et, le 19 avril 2002, à arracher un accord plus réaliste : pendant une phase de transition de cinq ans au maximum, au cours de laquelle seront préparées des élections, Joseph Kabila restera président mais sera flanqué de quatre vice-présidents : deux sortis des rangs de deux mouvements armés, un issu de la société civile et le dernier venant de son propre camp. La formule est appelée « 1 + 4 ». Elle ne règle rien mais a le mérite de mettre fin à une guerre d'écorcheurs en la transformant en un désastre politique au ralenti.

Après « Sun City 2 », un premier désaccord important m'oppose à Jean-Pierre Bemba. Il veut devenir vice-président. Pour ma part, je fais valoir qu'en restant à la tête du MLC il donnerait l'exemple, séparant le parti de l'État, et préserverait sa marge de manœuvre politique. Je lui suggère une division du travail avec Olivier Kamitatu, qui ferait un excellent vice-président. Mais Bemba n'entend que « division » et imagine que ce serait là lui attribuer une place hiérarchique subalterne. Pour son *ego* et pour des raisons matérielles, il tient absolument à prendre lui-même la place du vice-président qui revient à son mouvement – qu'il ne consulte d'ailleurs à aucun moment. C'est de mauvais augure mais j'avale la couleuvre.

À la demande de Bemba, je deviens son conseiller à Kinshasa. Or, en fait de conseils, il me demande surtout de l'argent. Je lui fais fabriquer une tente pour faire campagne d'une valeur de 150 000 dollars qu'il ne me rembourse pas. Ensuite, il a des soucis avec ses avions et me demande de lui prêter 300 000 dollars pour acheter des pièces de rechange. Je m'escrime à lui expliquer la différence entre un cadeau – je n'en ai pas été avare à son égard – et un emprunt qu'il faut rembourser. Il n'apprécie guère, pas plus que mes remarques sur ses exigences protocolaires ridicules. Jean-Pierre s'entoure d'une garde pléthorique et veut que tout le monde l'appelle, en toutes circonstances, « monsieur le vice-président ».

Omar Bongo achève de nous séparer. J'ai commis la grossière erreur de ne pas l'associer à la montée de Bemba et du MLC. Vexé, le président gabonais envoie des émissaires que Bemba rencontre sans m'en informer. Ils cassent du sucre sur le dos de Sassou Nguesso, le beau-père de Bongo, et cherchent à me discréditer comme « l'homme de Sassou », qu'il faut congédier pour grimper la dernière marche du podium. En 2003, vice-président depuis un an, Jean-Pierre Bemba succombe aux sirènes : il prend l'argent de Bongo et me court-circuite. Je romps avec lui et, en même temps, avec Omar Bongo, à qui j'envoie un mot d'adieu sur son fax confidentiel qu'il ne sera pas près d'oublier (comme me le confirmera son épouse Édith, la fille de Sassou). Je ne reverrai le président gabonais qu'une seule fois, à sa demande, huit mois avant sa mort. Jean-Marc Simon, alors ambassadeur de France à Libreville, a arrangé cette réconciliation de pure forme.

En 1974, un président africain avide de gloire, Mobutu, un promoteur américain sans le sou, Don King, un Hercule ne craignant rien ni personne, George Foreman, et un esprit encore plus vif que ses deux poings gantés, Mohammed Ali, ont monté un spectacle mémorable au stade du 21-Mai à Kinshasa. La nuit du combat, Mobutu est resté au palais, préférant suivre l'événement sur son petit écran à 4 heures du matin, l'horaire choisi pour le combat afin d'arranger les téléspectateurs américains. Don King a fermé son tiroir-caisse plein, lequel avait été vidé au moment où il avait promis à chacun, séparément, et sans révéler qui serait l'adversaire, 5 millions de dollars à Foreman et à Ali pour le « combat du siècle ». N'ayant subi aucune défaite depuis qu'il a gagné l'or olympique en 1968, George Foreman est monté sur le ring avec le statut de grand favori. Il était précédé par son palmarès : il avait envoyé Joe Frazier six fois au tapis en deux rounds, avant que le combat ne soit interrompu, ce même Joe Frazier qui en avait fini avec Ali en deux rounds également. Alors, pourquoi aurait-il douté ? Quant à Mohammed Ali, on attendait de lui qu'il « papillonne » sur le ring pour échapper à Foreman-le-bûcheron, dans l'espoir un peu fou d'abattre le colosse d'un contre de surprise. Or, après un premier round au cours duquel Ali avait lancé des droites sans préparation à la figure de son adversaire, l'ultime geste de défi entre boxeurs professionnels, il s'est mis dans les cordes et a laissé pleuvoir sur lui les coups redoutables de son adversaire. « George, c'est tout ce que t'as dans les gants ? » chuchotait-il dans l'oreille du Samson de plus en plus furieux quand il parvenait à le bloquer dans une étreinte pour respirer un peu. Finalement, le géant s'est épuisé lui-même en mettant ses tripes sur le ring, alors que son challenger a appliqué une tactique de survie qu'il baptiserait *rope-a-dope*. Au huitième round, véritable apothéose d'une combinaison de cinq coups, il a lancé un crochet du droit en direction du menton carré de son adversaire, dont les certitudes étaient allées au tapis.

Ce combat d'anthologie a été surnommé « *rumble in the jungle* », formule qui joue sur le double sens du mot « *rumble* », signifiant à la fois « grondement » montant des profondeurs et « rixe », bagarre entre mauvais garçons. J'y pense souvent en analysant les jeux de pouvoir en Afrique centrale. Côté présidences, à travers des intrigues dignes de la Florence de Machiavel, c'est du *When We Were Kings*, le documentaire de Leon Gast sur le combat à Kinshasa, récompensé par un Oscar en 1996 ; côté opposants, c'est du *rope-a-dope* pour les plus malins, le K.-O. insoupçonné pour tous ceux, nombreux, qui présument de leur force. Enfin, il n'a jamais manqué d'imposteurs de talent, qui partent de rien mais ramassent la mise.

En dépit de la fin piteuse de ma relation avec Jean-Pierre Bemba, je voudrais dire ici que son arrestation par la Cour pénale internationale me semble profondément injuste. Il dirigeait un groupe armé formé de combattants payés moins de un dollar par jour. Il a envoyé ces hommes en Centrafrique, ce qui était sans doute une erreur de jugement, mais il l'a fait à la demande d'un président reconnu par la communauté internationale, Ange-Félix Patassé, régulièrement élu. Ses hommes ont pillé et violé. C'est tragique, mais Bemba ne leur avait sûrement pas donné d'ordres en ce sens. Maintenant, au regard de la gravité des faits, je comprends parfaitement que Bemba puisse être inculpé et doive répondre de ses actes devant un tribunal international. En revanche, je comprends beaucoup moins bien que la CPI ait attendu l'année 2008 pour l'appréhender et que son arrestation soit intervenue au moment où elle arrangeait le mieux à la fois le président Joseph Kabila et la communauté internationale qui le soutenait à ce moment-là – elle s'est ravisée depuis, à la suite de la farce électorale de 2011 décriée par les évêques de la RDC dans une lettre pastorale pour avoir donné lieu à « tricheries, mensonges et terreur ». Au second tour de la présidentielle de 2006, Bemba avait reçu quarante-deux pour cent des suffrages exprimés. Gênant en raison de sa représentativité populaire, il avait ensuite été attaqué dans sa maison par la Garde présidentielle de Kabila. Ayant eu la vie sauve, il a été forcé à l'exil, au Portugal, avant d'être arrêté à l'occasion d'un voyage à Bruxelles. Enfin, je ne comprends pas non plus de quel droit la CPI peut prolonger sa détention provisoire, qui dure depuis plus de cinq ans, avant d'organiser son procès. Prévenu, il est pourtant prêt à donner à la Cour toutes les garanties de sa présentation à la barre, le moment venu.

Il n'y a pas mille façons de le dire : la CPI est une cour politique irresponsable. Elle est politique parce que au service de la justice des vainqueurs ; elle est irresponsable parce que prête à sacrifier les gens ordinaires, les principales victimes d'exactions, sur l'autel d'une inculpation décidée à la tête du client. Jean-Pierre Bemba n'est pas le seul cas. En 2006, Yoweri Museveni s'était résolu à en finir avec le chemin de croix que l'Armée de la résistance du Seigneur – la LRA, selon le sigle anglais, une rébellion théocratique et tribale – infligeait au nord de son pays depuis vingt ans. Pour Museveni, au regard de quelque 2 millions d'Ougandais chassés de leur foyer, dont plus de soixante mille enfants kidnappés et enrôlés de force comme soldats ou esclaves sexuels, la paix n'avait plus de prix. Aussi a-t-il demandé à mon ami et ancien chef d'État mozambicain Joaquim Chissano de bien vouloir entreprendre une médiation délicate et périlleuse. Chissano a accepté et, en ma compagnie, a rencontré le leader de la LRA, Joseph Kony, dans l'extrême-sud du Soudan, non loin de la frontière ougandaise.

Au terme de difficiles pourparlers, Chissano a obtenu de Kony l'arrêt de sa croisade politico-religieuse et son départ à la retraite en échange de deux mille cinq cents têtes de bétail et de trois maisonnettes, pour lui et ses deux épouses. Je ne l'aurais pas cru si je n'avais pas été là ! Kony était prêt à faire la paix et à garder ses vaches si et seulement s'il était à l'abri de poursuites !

Inutile de préciser que le président Museveni y a consenti sans hésitation. Hélas, bien que Chissano se soit déplacé en personne à La Haye pour négocier avec le procureur de la CPI d'alors, l'Argentin Luis Moreno Ocampo, celui-ci a refusé net les termes de l'accord en s'abritant derrière le « principe » de l'imprescriptibilité des crimes de guerre et des crimes contre l'humanité. « Mais qu'est-ce que cela peut vous faire que ce type meure de sa belle mort dans le sud de l'Ouganda ? » l'a imploré Chissano. « Cela évitera des milliers de morts, des milliers d'enfants kidnappés... Que vaut la vie de Kony par rapport à cela ? » Mais Ocampo n'a rien voulu entendre. Quitte à punir des dizaines de milliers de civils non seulement en Ouganda, mais aussi au Congo-Kinshasa et en République centrafricaine, qui, depuis, ont été suppliciés par la LRA, une armée de *desperados* plus cruelle que jamais puisque ses soldats n'ont désormais plus rien à perdre. En fermant la porte de sortie à Kony, il a ouvert un boulevard de souffrances à une foule d'innocents.

Encore une fois, je ne suis pas hostile par principe à une justice internationale. En 1998, j'aurais signé des deux mains le traité de Rome, qui a été à l'origine de la CPI. Mais alors que cette cour a fêté en 2012 ses dix années de fonctionnement effectif, je suis devenu l'un de ses ennemis déclarés. Nous sommes désormais nombreux, surtout en Afrique, le continent d'où sont originaires *tous* les inculpés de la CPI. Il n'y aurait donc pas un seul crime contre l'humanité qui soit commis hors d'Afrique ? Si c'était vrai, ce serait une excellente nouvelle, et l'on pourrait se contenter d'un tribunal spécial pour civiliser le « cœur des ténèbres ». Mais, en vérité, le néocolonialisme judiciaire de la CPI n'est que la face arrogante de sa lâcheté. Quoi qu'il arrive dans le monde ailleurs qu'en Afrique, la Cour pénale *internationale* n'inculpera jamais un dirigeant américain, israélien, russe ou chinois. Si j'étais Candide, je me demanderais pourquoi.

XII

Les nouvelles Afriques

Un bon travail est un travail bien fini. Après la signature de l'accord de paix de Brazzaville, j'ai l'intime conviction que la voie pour faire sortir Nelson Mandela de prison est déjà à moitié dégagée. Puisque les tenants de l'apartheid étaient prêts à faire la paix avec leurs voisins marxistes des « pays de la ligne de front », ils devraient aussi être mûrs pour libérer le leader de l'ANC et à s'asseoir avec son parti – sous influence marxiste – à la table des négociations. Cependant, il y a loin du raisonnement en chambre à la réalité du terrain. À présent, il faut créer les conditions propices à une nouvelle donne à l'intérieur même du pays de l'apartheid.

À y regarder de près, le « vrai » pouvoir dans l'Afrique du Sud blanche était tout aussi informel sinon occulte, c'est-à-dire masqué par les institutions officielles, que dans d'autres États au sud du Sahara. Bien sûr, le président de la République, l'armée, les divers « services », le ministère des Affaires étrangères, la Justice ou le Parlement pesaient chacun de leur poids spécifique.

Mais le logiciel du régime, son instance de régula-
tion stratégique, était le Broederbond, que j'ai déjà
mentionné à plusieurs reprises. L'origine de cette
société secrète remonte au Grand Trek des Afrikaners qui, entre 1835 et 1840, ont quitté en masse la
colonie britannique du Cap pour fonder des Répu-
bliques boers indépendantes à l'intérieur du pays. Je
ne m'en faisais qu'une idée nébuleuse jusqu'au jour
où le général van Tonder, le chef du renseignement
militaire, m'a présenté un homme d'affaires prospère, Cornelius Schabort. Un type extraordinaire !
Afrikaner jusqu'au bout des ongles, deux mètres de
hauteur méprisante pour tout ce qui était anglophone,
« Corn » avait épousé l'animatrice d'une émission de
musique classique à la radio nationale, une femme
juive qu'il adorait.

Nous commençons à nous fréquenter. Au cours d'un
week-end dans un campement de luxe au Botswana,
l'un de leurs amis, Rudolf « Ru » Martniz, pilote hors
pair et propriétaire d'une compagnie d'aviation, entame
avec moi une discussion autour du feu. Il m'invite à
lui exposer mon analyse politique de la situation en
Afrique du Sud et me recommande de ne pas sous-
estimer le « chef » zoulou Buthelezi – que je finirai par
emmener chez Jacques Chirac. Je vois de plus en plus
fréquemment Corn et Ru, qui parlent de l'Afrique du
Sud comme si elle leur appartenait. Ils n'aiment pas
le chef de la diplomatie sud-africaine, Pik Botha, trop
« fanfaron » à leur goût, un Narcisse des médias et un
coureur de jupons ; ils n'aiment pas non plus le chef

de l'État, trop « militariste » et borné, sans hauteur de vue. Or, l'avenir des Afrikaners – en fait, leur survie – ne se joue ni dans les batailles rangées des *townships* noirs, ni dans des manœuvres de contournement des sanctions internationales. À terme, elle dépendra de la capitalisation étrangère de l'industrie minière sud-africaine, de l'intégration du système bancaire aux circuits financiers internationaux et de la croissance démographique – divergente – des différentes communautés sud-africaines. Il se trouve que, depuis le milieu des années 1980, tous ces voyants sont passés au rouge.

Un soir, après le dîner, je me retire avec Ru, Corn et le ministre du Pétrole, Pieter du Plessis, pour fumer le cigare. Notre conversation est ponctuée de silences. À un moment, de but en blanc, Corn me dit : « Jean-Yves, on aimerait bien que tu rencontres Frederik de Klerk. Il est appelé à jouer un rôle très important. » Je tombe des nues. Je n'ai jamais entendu ce nom. De Klerk, le leader du Parti national dans la province du Transvaal, est alors ministre de l'Éducation et ne s'est signalé par aucune prise de position originale. Au contraire, il semble coulé dans le moule classique de l'élite politique afrikaner : avocat de formation, calviniste pratiquant, conservateur – pour dire le moins... – et un peu fruste sur les bords. Il faudrait posséder une imagination bien plus fertile que la mienne pour détecter en lui le futur « Gorbatchev sud-africain ». Mais je fais confiance à mes nouveaux amis. Entre nous, il n'a jamais été question du Broederbond.

Autant dire que j'ai appris à vivre avec les non-dits
en attendant d'y voir clair.

Je rencontre donc à plusieurs reprises Frederik de
Klerk. Le personnage est intéressant, mais loin d'être
un stratège politique, il est surtout un exécutant. Je
commence à comprendre. Sous la carapace dure de
Frederik-le-grand-Afrikaner perce un de Klerk mal-
léable, prêt à négocier sur tout. En 1993, quand le Prix
Nobel de la paix sera conjointement décerné à de Klerk
et à Mandela, je n'aurai aucune difficulté à comprendre
la colère de Nelson, qui se trouve injustement mis sur
un pied d'égalité avec un simple « chargé de mission »
– même si sa mission fut historique. Bien entendu,
mes amis du Broederbond ne m'ont pas présenté leur
poulain pour ma seule édification personnelle. Quand,
exception rarissime eu égard au boycottage diplomatique du pays de l'apartheid, un haut responsable européen est autorisé à se rendre en Afrique du Sud, ils
me demandent d'arranger entre lui et de Klerk une
rencontre discrète. Il s'agit de José Manuel Barroso,
à l'époque tout jeune secrétaire d'État portugais aux
Affaires étrangères et à la Coopération. Bruxelles lui
a accordé une dérogation pour qu'il puisse rencontrer
les représentants de l'importante communauté portugaise en Afrique du Sud. Tout contact officiel avec
les tenants de l'apartheid lui est strictement interdit.
Pik Botha aurait voulu s'entretenir avec lui, mais sa
demande, que j'avais discrètement relayée auprès de
Barroso, s'était heurtée à une fin de non-recevoir sans
appel. Autant dire que j'ai dû payer de ma personne,

me rendre à Lisbonne et déployer toutes mes forces de persuasion pour que « don Barroso » admette que la proposition de s'entretenir secrètement avec Frederik de Klerk valait le risque politique radioactif qu'il prenait : « Vous allez rencontrer le futur président de l'Afrique du Sud, qui va mettre fin à l'apartheid », lui ai-je promis. Il m'a fait confiance. Nous avons donc pris un petit déjeuner à trois dans le périmètre sécurisé des résidences ministérielles, à Pretoria. Si je ne l'avais pas vécu, je ne l'aurais pas cru : ce matin-là, entre une gorgée de thé et un biscuit sec, Frederik de Klerk, alors obscur membre du gouvernement sud-africain, annonce à son vis-à-vis européen que le président P.W. Botha va quitter le pouvoir, qu'il prendra lui-même les rênes du pouvoir, que Nelson Mandela sera aussitôt libéré et l'apartheid démantelé dans des conditions négociées avec l'ANC... Barroso est à la fois estourbi et enchanté. Il repart avec, dans sa poche, l'itinéraire fléché pour sortir du pays de l'apartheid à destination d'une « nouvelle » Afrique du Sud.

Comme annoncé, le train de l'histoire se met en marche. Le 2 février 1989, Frederik de Klerk est élu à la tête du Parti national au troisième tour face à deux concurrents, dont mon ami Pik Botha. Il s'engage aussitôt dans un bras de fer de plusieurs mois avec le président P.W. Botha, qui est soutenu par les « sécurocrates » du régime, notamment au sein de l'armée. Finalement, diminué par un accident vasculaire cérébral, Pieter Willem Botha jette l'éponge le 14 août 1989. Il démissionne en fustigeant, à la télévision nationale, l'insubordination de plusieurs ministres au sein de son cabinet. La révolution de palais a réussi, Frederik de Klerk devient son successeur. Or, le monde extérieur ne voit qu'un jeune Afrikaner ultraconservateur prenant la place d'un vieil Afrikaner jusqu'au-boutiste, affaibli par une crise cardiaque. Le régime de l'apartheid est toujours en place. Va-t-il le rester ? C'est toute la question, et elle ne dépend pas seulement de la volonté réformiste du nouveau chef de l'État et de ses maîtres à penser du Broederbond. Si les avantages d'un changement radical ne deviennent pas immédiatement perceptibles pour une majorité de Blancs en Afrique du Sud, la fin négociée de l'apartheid n'aura pas lieu faute de partisans dans le camp au pouvoir, le seul qui compte. J'en suis pleinement conscient. Une course contre la montre est donc engagée pour rendre Frederik de Klerk – et ce qu'il incarne – crédible aux yeux du monde autant qu'aux yeux des siens.

Je me précipite à Paris. Le président de Klerk doit être reçu par Margaret Thatcher au Royaume-Uni. C'est un progrès, mais c'est loin d'être suffisant. Hostile aux sanctions, la « Dame de fer » ne saurait conférer au nouveau leader sud-africain l'aura d'un homme de rupture ; elle n'a elle-même jamais combattu le système d'apartheid. À Washington, Bush père vient de succéder à Ronald Reagan. Il cherche encore ses marques. Bref, il n'y a que le socialiste François Mitterrand qui ait la stature et le profil pour imprimer une marque et peser dans la balance. C'est ce que j'explique à Jean-Christophe Mitterrand. Une fois de plus, le conseiller Afrique de l'Élysée fait fi du risque et des procès d'intention militants. Il plaide ma cause auprès de son père-président. Lequel, pas moins audacieux, va être le premier dirigeant occidental à recevoir Frederik de Klerk, en route pour Londres, avec tous les honneurs dus à un chef d'État. L'image reste gravée dans ma mémoire : le président sud-africain dans la cour de l'Élysée où la Garde républicaine est alignée au carré, François Mitterrand venant accueillir son hôte sur le perron cependant que son fils épie la scène historique – la France rompt avec quarante années d'isolement de l'apartheid –, à moitié caché derrière une colonne dans le vestibule de la présidence. Jean-Christophe Mitterrand va ensuite assister à l'entretien entre les deux chefs d'État au cours duquel, comme je le lui ai prédit, de Klerk confirme et détaille son plan de sortie de l'apartheid.

Le courage politique n'est pas au rendez-vous, le soir même, lors du dîner que j'organise pour le président sud-africain au premier étage de Chez Laurent. Beaucoup ont peur de se « compromettre » aux côtés de Frederik de Klerk, qui arrive d'ailleurs dans une voiture blanche aux vitres blindées, en « papamobile » tant les autorités françaises craignent qu'il se fasse tirer dessus dans les rues de Paris. Roland Dumas, alors chef de la diplomatie française, ne répond pas à l'invitation, ni aucun autre membre socialiste du gouvernement Rocard. Ne viennent que le ministre UDF du Commerce extérieur et du Tourisme, Jean-Marie Rausch, et le secrétaire d'État aux Relations culturelles internationales, Thierry de Beaucé, sans affiliation partisane. Pour combler le vide, je complète la table d'amis qui ne me demandent pas une longue cuiller pour souper avec « le diable ». C'est donc à Michel Roussin et à Yazid Sabeg, assis en face de lui, que le président sud-africain explique finalement comment, pas à pas, il compte démanteler l'apartheid. Jacques Chirac, lui, est venu s'entretenir avec Frederik de Klerk à l'hôtel de Crillon.

Pendant cette période, j'ai beaucoup vu Frederik de Klerk que, du reste, j'avais déjà emmené à Maputo, avant même qu'il ne devienne chef de l'État, pour le présenter à Joaquim Chissano, le président du Mozambique. J'ai aussi bien connu Marike de Klerk, une femme d'une grande piété, assez dure mais très amie avec l'épouse bien plus joyeuse de Corn Schabort. Le couple de Klerk n'a pas eu d'enfants mais en a adopté trois, dont un métis qui, grand drame familial, a convolé en justes noces avec une femme noire. Marike a été tuée chez elle en décembre 2001, victime d'un crime cauchemardesque qui a traumatisé l'Afrique du Sud. Son mari l'avait quittée depuis plusieurs années. En fait, une fois débarrassé de sa carapace, de Klerk s'était découvert le goût de libertés insoupçonnées. Invité sur le yacht d'un armateur grec, il avait cocufié son hôte et lui avait ravi sa femme, Elita, qu'il avait épousée en 1998, après son retrait de la vie publique. Sur le plan politique, Frederik de Klerk m'a laissé le souvenir d'un homme qui, s'étant vu confier une mission, voulait la réussir, quitte à sacrifier son peuple.

En ce sens, il ressemblait en effet à Gorbatchev. Tous deux ont pris le train en marche, se sont ensuite grisés de vitesse et ont voulu arriver à la gare le plus rapidement possible.

Le 2 février 1990, un an jour pour jour après son élection à la tête du Parti national, Frederik de Klerk annonce au Parlement la libération « inconditionnelle » de Nelson Mandela et la levée d'interdiction de son parti, l'ANC, ainsi que de toutes les autres organisations antiapartheid. Le 11 février, main dans la main avec Winnie, Nelson fait ses premiers pas d'homme libre au Cap, après vingt-sept années de détention. Quarante-huit heures plus tard, le héraut d'une nouvelle Afrique du Sud tient son premier grand meeting dans le stade de Soweto, « son » *township*, près de Johannesburg. Une marée humaine y converge. Dans les gradins, il ne reste pas un centimètre carré inoccupé. J'y suis, au milieu d'une foule dense et joyeuse, ému comme je l'ai rarement été. Voici l'homme pour qui j'ai « comploté » depuis tant d'années, pour qui j'ai vainement sollicité le président Houphouët-Boigny, pour qui j'ai trouvé un allié puis un ami en Denis Sassou Nguesso, et pour qui j'ai négocié dans la coulisse la paix en Afrique australe, avant de promouvoir Frederik de Klerk, parce qu'il tenait en main la clef de la cellule de Mandela et voulait bien s'en servir... Voici donc cet homme, en chair et en os, sa haute stature, sa démarche lente et solennelle, sa voix inimitable qui s'élance au micro, résonnant dans le stade et, enfin, audible dans le monde entier, en faveur d'une « société offrant l'égalité de chances pour tous ». Cet homme, pourtant au cœur de ma vie, ne me connaît pas, ne sait rien de moi, pas même mon nom. Qu'importe ? Je ne le quitte pas des yeux. Je suis comblé du lien secret mais intime qui lie son destin à mon « complot ». L'ex-prisonnier va devenir président, il va libérer l'Afrique du Sud de son emprisonnement racial. Ce jour-là, comme ceux qui ont précédé, comme ceux qui ont suivi, j'en suis convaincu, sûr et certain. Ce fut un jour de bonheur pur.

J'aime Winnie Mandela. Je la connais et la fréquente depuis le milieu des années 1980, une époque où les *townships* sud-africains se sont transformés en brasiers insurrectionnels. J'ai fait sa connaissance par l'inter-médiaire d'un compatriote, Alain Guénon, ancien pro-fesseur de François Hollande à Sciences Po et parrain de l'une des filles du futur président de la République. Guénon, grand intellectuel et ami des arts, avait aban-donné son magistère pour employer ses talents à faire fortune. Il m'avait présenté la « mère de la Nation ». À l'époque, Winnie *est* l'ANC à l'intérieur de l'Afrique du Sud. Rétrospectivement, du fait du triomphe ultérieur du parti de Mandela, on oublie trop que la maison de Winnie était alors – du moins jusqu'à la montée en puissance du United Democratic Front, formé en 1983 – le QG de la résistance de l'intérieur. On oublie aussi que l'ANC en exil n'était qu'une ombre tout juste revenue à la vie grâce aux jeunes militants qui, après la répression de la révolte de Soweto en 1976, avaient regonflé ses rangs à l'extérieur pour devenir des « combattants de la liberté » et infiltrer le pays de l'apartheid depuis les « pays de la ligne de front » – d'où le nom des États voisins de l'Afrique du Sud. Enfin, on a tendance à oublier également que Nelson Mandela avait disparu des écrans médiatiques non seulement en Afrique du Sud, où toute image de lui et toute référence à sa personne étaient interdites par la loi, mais aussi dans la presse internationale. Ce n'est que le 21 mars 1980, soit seize ans après la condamnation à perpétuité des leaders de l'ANC, que le *Johannesburg Sunday Post* avait ramené à fleur de mémoire son nom en lançant la campagne « *Free Mandela !* » Un puissant slogan était né, une noble cause avait trouvé son nom. Huit ans plus tard, pour le 70ᵉ anniversaire de Mandela, le grand concert organisé par la BBC au stade de Wembley avait consacré à l'échelle planétaire la redécouverte du leader anti-apartheid en prison. Du négatif « À bas l'apartheid ! » le monde basculait dans le positif « *Free Nelson Mandela !* » Dorénavant, il était entendu que la libération de cet homme-symbole se confondrait avec la liberté de tous les Sud-Africains frappés de discrimination.

Pourquoi Nelson Mandela et non, par exemple, Walter Sisulu ou Govan Mbeki ? Parce que, dans la nuit noire de l'apartheid, Winnie faisait briller le nom de Mandela. Elle portait haut ce patronyme qui, grâce à elle, a finalement pu servir de sésame à la nouvelle Afrique du Sud. Tout le paradoxe est là : une révolution sans bain de sang s'est accomplie, pour une bonne part, grâce à l'égérie de la lutte armée ; maintes fois

arrêtée et torturée, « bannie » dans un *dorp* – bled –
afrikaner du hinterland, seule face à l'apartheid avec
ses deux filles, Winnie a souffert dans sa chair bien
plus cruellement que son mari, certes emprisonné mais
aussi protégé par des murs épais des assauts quotidiens
d'un régime de haine. S'il est vrai que l'on finit par
ressembler à son ennemi à force de devoir anticiper
et parer ses coups, Winnie porte fatalement les traits
de la violence au pouvoir qu'elle a combattue pendant
près de trente ans. Je le dis sans hésitation : d'une
certaine façon, Winnie est devenue terrifiante, voire
« raciste ». Il lui arrive de piquer des colères, qui ne
sont pas toujours saintes, et de parler, même fréquemment, de « l'ennemi », c'est-à-dire des Boers du temps
de l'apartheid, comme un résistant français pouvait
parler des « boches ». En revanche, je ne crois pas un
instant que Winnie ait torturé ou ait fait torturer des
jeunes soupçonnés d'être des « indics » ou des « collabos ». Certes, les membres de sa garde rapprochée,
déguisée en Mandela United Football Club, étaient
tout sauf des enfants de chœur. Mais je reste convaincu
que Winnie n'a jamais ordonné la mise à mort de qui
que ce soit, et certainement pas celle de « Stompie »,
ce garçonnet de douze ans qui a succombé à des muti-
lations affreuses. J'ai posé la question à Winnie, sans
détours. Elle m'a répondu : « Mais, Jean-Yves, tu me
vois tuer ou faire tuer un garçon parce qu'on le soup-
çonne d'avoir eu des rapports sexuels avec un prêtre ? »

Sous l'apartheid, lorsque ce n'était pas encore banal
et dénué de risque, je me suis régulièrement rendu à

Soweto pour rencontrer Winnie. Je la tenais informée, et l'ANC à travers elle, de ce que je faisais aux côtés des tenants de l'apartheid. Elle m'accueillait en m'invitant invariablement à partager avec elle son plat préféré, un curry épicé à la viande que, je peux maintenant l'avouer, je ne prisais guère. Mais nous avons beaucoup ri ensemble, et nous nous sommes toujours parlé avec une totale franchise. Au fil du temps, une grande confiance s'est établie entre nous. Elle me saluait en m'embrassant sur la bouche, à la russe ; en la serrant dans mes bras, j'ai découvert qu'elle portait toujours une arme sur elle... Sous peu, il n'y a plus eu de sujets tabous entre nous. Aussi quand les rumeurs sur ses « infidélités » ont commencé à s'étaler dans les journaux lui ai-je demandé s'il s'agissait seulement d'intox gouvernementale pour l'affaiblir et saper le moral de son mari prisonnier, ou s'il y avait un fondement à ces bruits. Je m'étais évidemment aperçu du fait que Winnie vivait entourée de jeunes hommes très attentionnés à son égard. Elle n'a pas esquivé ma question. « J'avais vingt-six ans quand Nelson a été arrêté, m'a-t-elle rappelé. À cette époque, une condamnation à vie était sans rémission. J'étais déjà heureuse qu'ils ne l'aient pas pendu. Alors, j'avais le choix : soit je restais seule toute ma vie, comme une vestale, soit je me trouvais un autre mari – c'est ce qu'a fait, par exemple, Nkosazana Zuma, après avoir demandé et obtenu le consentement de son mari [l'actuel président Jacob Zuma], retenu en prison, soit, enfin, je me donnais sans me perdre, sans jamais laisser quelqu'un d'autre prendre la place de Nelson. Voilà ce que j'ai fait. Je suis devenue "la mère de la Nation". » Cette réponse, avec son éclat de rire d'autodérision à la fin, résume pour moi Winnie et ce que j'aime en elle : la souveraineté d'une femme qui, à force d'épreuves, a fixé sa propre échelle de valeurs, quitte à s'autocrucifier.

Winnie ne méprise pas le luxe. Au grand dam de beaucoup, alors que son mari restait enfermé dans une cellule, elle s'était fait construire une nouvelle et bien plus grande maison rapidement surnommée *Winnie Mansion*, le « château de Winnie ». Mais, pour commencer, elle est toujours restée à Soweto alors que nombre d'autres dignitaires de l'ANC – y compris Nelson, après sa libération – ont abandonné le *township* pour les quartiers chics de Johannesburg. Ensuite, il faut rappeler que la maison « boîte d'allumettes » que Winnie habitait avec Nelson avait déjà abrité le premier foyer de son mari, quand celui-ci vivait avec Evelyn et leurs enfants. Enfin, malgré ses dimensions impressionnantes, la nouvelle demeure n'est guère un palace mais plutôt le siège d'une organisation politique, doublé d'un musée et d'un appartement privé. C'est une maison de briques construite autour d'une cour intérieure, le tout posé à flanc de colline, si bien qu'il faut monter quelques marches pour passer d'une pièce à l'autre. Partout les murs sont recouverts d'affiches, de calicots et de tee-shirts portant des slogans à la gloire de l'ANC.

Un jour, je me trouvais chez Winnie quand elle a reçu un appel d'un camp de squatters menacé d'évacuation.

« On y va ! » m'a-t-elle lancé sans hésitation. Puis, me plantant devant ma tasse de thé, elle a disparu pendant vingt minutes pour réapparaître – c'est le mot – en diva, moulée dans une magnifique robe, coiffée avec soin et couverte de bijoux. Nous sommes montés dans sa Mercedes blanche. En arrivant devant les taudis en question, roulant dans la boue, loin de toute route goudronnée, mon cœur s'est mis à battre la chamade. Une foule de squatteurs excités courait le long de notre véhicule. Moi, le Blanc en costume-cravate, j'étais convaincu qu'ils allaient nous lyncher... Or, bien au contraire, quand Winnie est descendue, labourant la fange de ses talons aiguilles, moi dans son sillage, les gens l'ont acclamée comme la reine des pauvres. J'ai pensé à Eva Perón, la pasionaria argentine. Winnie a le même pouvoir d'attraction.

Après la libération de Nelson Mandela, j'ai fait la connaissance de Margaret Thatcher. J'ai été abasourdi par son humour plein de morgue. Au départ, tout était mondanité agréable. J'avais croisé à Paris le fils de « Maggie », Mark Thatcher, un soir, à l'Orangerie. Alors qu'il y dînait tranquillement, je l'avais brusquement abordé, l'appelant « mon associé de longue date », comme *Private Eye*, le journal satirique britannique, qui nous avait liés dans une prétendue « magouille ». Quelle ne fut pas sa frayeur puisque nous ne nous connaissions ni d'Ève ni d'Adam, et qu'il n'avait pas lu l'article ! Mais il avait bien pris la plaisanterie et, comme il s'était installé en Afrique du Sud, nous nous étions mis à nous fréquenter. Aussi, lors

d'une visite de sa mère, tout juste retirée de la vie politique, avons-nous dîné tous ensemble, Mark, Maggie,
Denis, Paul et moi, et nombre de joyeux convives.
L'expérience ayant été plaisante, nous l'avons renou-
velée peu après. Je dois dire que j'ai beaucoup aimé
discuter avec Margaret Thatcher, dont les avis étaient
aussi tranchés que son caractère était bien trempé.

Après la libération de Nelson Mandela, l'Afrique
du Sud qui émerge d'un long passé de discrimination
est pour moi aussi « nouvelle ». Je ne connais que de
nom les leaders de l'ANC, qui rentrent alors d'exil ou
sortent de prison. Ceux-ci, à leur tour, connaissent
mal le pays de l'apartheid qu'ils ont combattu de loin
ou depuis leur cellule de détention. Tokyo Sexwale,
qui vient de passer dix-sept ans dans le pénitencier de
Robben Island, est le premier cadre de l'Afrique du
Sud postapartheid avec lequel je noue des liens étroits.
C'est lui qui va m'emmener pour la première fois chez
Nelson Mandela, pour un petit déjeuner à trois dans la
résidence privée de Madiba, à Houghton, un quartier
chic de Johannesburg. Jusque-là, je ne l'avais vu qu'en
public, notamment lors d'un dîner d'hommes d'affaires
organisé pour lever des fonds destinés à l'ANC, au lendemain de sa sortie de prison. Comme un seul homme,
nous nous étions tous levés et avions applaudi à tout
rompre quand Mandela était entré dans la salle. Son
charisme – un mélange de naturel confondant et de
raideur solennelle – nous avait envahis tel un charme...
Que dire alors de l'effet que Mandela m'a fait en face
à face, séparé de moi seulement par des viennoiseries

et un jus d'orange ? Voilà l'homme qui, sorti de sa cellule et amené pour la première fois chez le président P.W. Botha, le « grand crocodile » redouté de tous, avait serré la main au chef de l'État et lui avait dit, comme s'il énonçait une évidence : « Alors, Monsieur le Président, vous me faites venir pour parler de votre reddition. » Interloqué, le vieux reptile avait eu du mal à desserrer ses mâchoires puissantes. « Que voulez-vous dire par là, Monsieur Mandela ? — Vous avez perdu. Donc, il ne vous reste qu'à vous rendre. C'est bien pour cela que vous m'avez fait venir, n'est-ce pas ? » Chaque fois que je regarde la photographie prise à cette occasion, la première image de Mandela depuis qu'il a été expédié au bagne, je crois lire sur le visage du prisonnier le triomphe à venir et, dans les traits tirés de son geôlier, la défaite annoncée.

En parlant de photographie : le jour de mon premier rendez-vous avec Mandela, tout à mon émotion, j'avais oublié d'apporter un appareil photographique. D'ailleurs, au début de notre conversation, cela m'avait fâcheusement distrait. « Comment ai-je pu oublier ? » La question ne me sortait pas de la tête. Or, à la fin de notre petit déjeuner, Mandela, avec un sourire destiné à désarmer mon inhibition, me demande : « Souhaitez-vous prendre une photo avec moi ? — Non, vous êtes très gentil mais je garde votre image dans mon cœur. » Je ne sais pas ce qui m'a pris. Toujours est-il que ma sotte fierté, ou ma tentative de nier ma bourde, m'ont coûté cher. Bien que je l'aie revu plusieurs fois seul à seul, je ne serai jamais pris en photo avec Mandela.

Respectant ma pudeur, inhabituelle chez ses visiteurs, il ne me l'a plus jamais proposé...

Nelson Mandela est un personnage fascinant qu'il semble impossible de ne pas admirer. Cependant, même si cette vérité est restée inavouable, tout le monde au sein de l'ANC n'était pas enchanté de sa libération. Pour les durs au sein de son parti, partisans d'une victoire totale par les armes, Mandela était plus utile à leur cause en prison que libre. Ils auraient voulu « prendre » Robben Island – leur Bastille – pour libérer des héros fatigués et redevables. Or, non seulement Mandela a négocié sa libération inconditionnelle mais, encore plus gênant pour eux, ce mythe vivant a relégué tous les autres leaders de l'ANC dans des rôles de figuration. Est-ce un hasard si ces aigris de la lutte antiapartheid n'ont voulu voir en moi qu'un homme d'affaires lié au régime de l'apartheid ? Entendant tout et son contraire à mon sujet, Mandela a finalement demandé une enquête sur mon passé. S'étant fait son idée, il m'a élevé, en 1995, au grade de grand officier dans l'ordre de Bonne-Espérance, la plus haute distinction de l'Afrique du Sud. Je suis ainsi devenu le seul à avoir été décoré à la fois par l'ancien régime et par la « nation arc-en-ciel ».

Tokyo Sexwale m'apparaissait comme un homme brillant, attachant, charismatique et ambitieux. De surcroît, il se disait grand admirateur du général de Gaulle auquel il se référait très souvent en ma présence. À mes yeux, il avait tout pour incarner la nouvelle Afrique du Sud. Compagnon d'infortune de Nelson Mandela à Robben Island, espoir de la prochaine génération – il est né en 1953 –, il avait épousé à sa sortie de prison l'avocate afrikaner progressiste Judy van Vuuren, qui l'avait défendu pendant sa longue détention et dont il était tombé amoureux. Depuis, le couple avait eu des enfants et, à mes heures sentimentales, je me suis mis à rêver d'un futur président de la République sud-africaine marié à une Blanche et entouré de beaux gamins métis. Croyant en son avenir, je me suis donc mis au service de Tokyo Sexwale. Dès 1990, avec un autre ami de l'ANC, Jeff Radebe, je l'avais emmené en France où je lui avais ouvert toutes les portes qui m'étaient accessibles, dans le monde politique aussi bien que dans celui des affaires : grand déjeuner avec des chefs d'entreprise au Chiberta, rencontres avec Jacques Chirac, Gérard Longuet et Charles Pasqua, alors sénateur des Hauts-de-Seine. Ce dernier s'était emballé pour ce Sud-Africain féru de gaullisme, de « grandeur nationale » et de « rang », et qui ne demandait pas mieux que de devenir l'« homme des Français ». Dans son élan, Pasqua avait décroché le portrait du Général dans son bureau pour l'offrir à Tokyo Sexwale. Or, lorsque celui-ci s'était présenté aux formalités de départ à l'aéroport, un douanier l'avait stoppé net. Qu'allait-il faire avec un portrait de De Gaulle estampillé « mobilier national de France » ? Sexwale avait tenté de lui faire comprendre qu'il tenait ce trophée des mains de « Charles Paschcoua ». Mais il avait fallu que le colonel Petit de la DGSE, en embuscade pour garantir la sécurité de nos hôtes sud-africains, jaillît

à la guérite pour démêler l'embrouille. Et encore, le
portrait n'avait quitté la France qu'après confirmation
téléphonique par Charles Pasqua, qui en avait donné
l'autorisation. Un peu piteux, les douaniers avaient
porté le tableau de Tokyo Sexwale jusqu'en bas de
l'échelle de coupée...

Ma « promotion » de Tokyo Sexwale a fait des
jaloux. Pendant la deuxième cohabitation en France, le
socialiste Jean-Bernard Curial m'envoie dire, *via* Jean-
Christophe Mitterrand, que « l'homme de la France est
Thabo Mbeki, parce que c'est lui que Mandela s'est
choisi comme successeur ». Vérification faite auprès
de Nelson, c'est faux. Il me demande d'aider Tokyo
autant que je le peux. Le différend s'envenime quand,
Mandela ayant renoncé à un second mandat, Thabo
Mbeki, jusqu'alors vice-président, lui succède. De son
côté, Tokyo Sexwale devient le Premier ministre de
la province du Gauteng, l'ex-Transvaal, le poumon
industriel de l'Afrique du Sud. Mbeki continue de
redouter ce rival et fait tout pour lui tailler des crou-
pières. Hélas, le président Chirac cède d'autant plus
volontiers aux pressions de son homologue sud-africain
qu'il me garde un chien de sa chienne pour avoir
pris la défense de Michel Roussin : je deviens *persona
non grata* dans les ambassades de France en Afrique !
Sexwale, marginalisé par Mbeki, lâche la primature du
Gauteng pour se réfugier dans le privé et se constituer un pactole en vue d'un futur *come-back* politique.
Bien que ce ne soit plus d'intérêt pratique, uniquement pour en avoir le cœur net, je sonde à nouveau

Nelson Mandela. Alors que je l'accompagne à bord d'un 4×4 à Qunu, son village dans la province du Cap-Oriental, je lui tends cette perche : « Vous avez sans doute choisi avec soin votre successeur... » Me regardant droit dans les yeux, il me répond : « Non, Jean-Yves, il m'a été imposé par le parti. » Par la suite, il m'est arrivé de douter d'avoir bien entendu. Mais mon ami Ivan Fallon, magnat de la presse très proche de l'ANC, a eu la même conversation avec Mandela – et reçu la même réponse (sauf que, étant, lui, un partisan de Cyril Ramaphosa, il en a conclu que l'ancien leader syndical devait être le fils spirituel de Mandela). Toujours est-il que Nelson détestait Mbeki qui, une fois assis à sa place dans le fauteuil présidentiel, le lui a bien rendu. Il faisait fi des sages conseils de son prédécesseur. À partir de 2004, il ne l'a même plus pris au téléphone.

Malheureusement, si mon histoire avec Tokyo Sexwale n'a pas connu le *happy end* espéré, Thabo Mbeki n'est pas le seul à blâmer. Après six années au cours desquelles je l'ai soutenu sans compter mes efforts, Tokyo m'a lâché la main pour sombrer dans l'affairisme, partant du principe qu'il fallait réussir dans le *business* pour pouvoir, ensuite, réussir en politique – ce qui est peut-être vrai aujourd'hui en Afrique du Sud. Il est devenu l'un des hommes les plus riches de son pays, premier producteur d'or et d'uranium, troisième producteur de diamants... Je ne l'intéresse plus. À son sujet, je pense souvent à cette remarque d'Alexandre Dumas : « Il peut exister, dans la vie, des services tellement grands, qu'à ceux-là à qui ils ont été rendus, s'ils ne sont pas pétris de valeurs cardinales et éminemment humaines, il ne leur reste plus en guise de reconnaissance que la trahison. »

Ici n'est pas le lieu de dresser un bilan de la nouvelle Afrique du Sud. Disons simplement qu'après le départ de Nelson Mandela de la présidence en 1999 il est devenu difficile de croire à un « miracle ». Je le constate avec regret mais sans amertume. Compte tenu de ma jeunesse algérienne, je m'étais engagé pour éviter une nouvelle catastrophe à l'autre bout du continent : le rejet des Blancs après la fin de l'apartheid. Pour l'essentiel, ce pari a été tenu. L'Afrique du Sud a connu un atterrissage en douceur – *a soft landing,* comme on dit en anglais – alors qu'on lui avait prédit un bain de sang. Bien sûr, depuis lors, beaucoup de Blancs ont quitté un pays où ils ne se sentaient plus à l'aise, soit parce qu'ils étaient nostalgiques de l'ancien « ordre », soit parce qu'ils ne voulaient pas financer de leur poche le redressement des torts subis par les « populations historiquement désavantagées », ou encore parce qu'ils s'estimaient menacés dans un pays toujours polarisé en fonction de la couleur de peau et où ils vivaient la criminalité – la plus forte au monde – comme une guerre civile larvée. Deux décennies après la libération de l'Afrique du Sud, la « nation arc-en-ciel » n'est pas encore advenue. Bien pire, l'ANC, désormais au pouvoir, apparaît de moins en moins comme le bâtisseur d'une cité idéale. Il en est plutôt le fossoyeur. Au sein du parti-État et d'une économie envahie par des *comrades in business*, la corruption est devenue endémique, l'arbitraire et l'intolérance progressent, les infrastructures se dégradent. Bref, en tombant de plus haut, l'Afrique du Sud postapartheid suit la même trajectoire que l'Afrique noire « mal partie » après les indépendances.

Je n'ai pas tourné le dos à l'Afrique du Sud. Cependant, ne voulant plus m'ingérer comme par le passé dans la politique intérieure d'un pays désormais libre, j'y reste surtout engagé comme homme d'affaires, en particulier au sein des BRICS, l'acronyme regroupant le Brésil, la Russie, l'Inde, la Chine et l'Afrique du Sud, la cinquième roue de ce carrosse des puissances émergeantes. « Négociant en politique », je monte des affaires dans le cadre d'une coopération nouvelle et prodigieusement riche en potentialités – et en risques. Or, quel que puisse être l'heur ou le malheur de l'Afrique du Sud à l'avenir, son sort ne sera pas aussi intrinsèquement lié au reste du continent qu'on l'avait anticipé au moment de la fin de l'apartheid. L'alliance BRICS traduit cette déconnexion stratégique, qui n'est pas le seul fait de l'Afrique du Sud. Elle trouve son pendant dans le rejet de l'« hégémonie naturelle » sud-africaine par nombre de pays subsahariens, des rivaux comme le Nigeria ou des « vassaux » potentiels. En somme, tant pour des raisons intérieures qu'extérieures, l'Afrique du Sud postapartheid n'est plus pour le continent le cap de Bonne-Espérance.

L'idée d'un sort commun à toute l'Afrique relève aujourd'hui plus que jamais d'une rêverie panafricaine

sans ancrage dans le réel. Au lendemain des indépendances, lorsque le fait postcolonial dominait tout et que
la géopolitique de la guerre froide recouvrait le continent
d'une chape de plomb, il était possible de généraliser au
sujet de l'Afrique entre le tropique du Cancer et celui
du Capricorne. Par exemple, on pouvait affirmer sans
risquer de travestir les faits que le continent souffrait
d'un grave manque de démocratie puisque, entre 1957
et 1989, c'est-à-dire entre l'indépendance du Ghana
et la chute du mur de Berlin, l'Afrique subsaharienne
n'avait connu qu'une seule alternance au pouvoir à la
suite d'une victoire électorale, en 1982, à l'île Maurice.
Aujourd'hui, il est devenu impossible – heureusement !
– de mettre dans le même sac tous les pays situés
au sud du Sahara. Les situations se sont fortement
diversifiées entre démocraties, pseudo-démocraties
et dictatures, entre les exportateurs de pétrole ou de
minerais et les autres, entre États « faillis » et puissances
régionales, etc. Les partenaires commerciaux et sou-
tiens extérieurs se sont multipliés, au détriment des
ex-métropoles, avec la Chine, le Brésil, la Turquie, le
Japon et bien d'autres. En un mot comme en cent :
désormais, on ne peut plus raisonner à l'échelle du
continent. On doit considérer chaque État dans sa
singularité à l'intérieur des regroupements régionaux,
là où ils sont significatifs. L'ancienne Afrique n'est
plus. En lieu et place, il y a de « nouvelles Afriques ».
Contrairement aux attentes qu'on avait lors de son
avènement, la nouvelle Afrique du Sud confirme cette
règle plutôt que d'en être l'exception.

Je me garderai donc bien de pérorer ici sur
« l'Afrique ». En revanche, comme chaque État est
désormais un cas spécifique, et souvent méconnu
en tant que tel, j'aimerais conclure sur un pays et
un dirigeant que je crois bien connaître, à savoir le
Congo et son président, Denis Sassou Nguesso. J'as-
sume parfaitement mon parti pris. Oui, je suis l'ami
du président Sassou Nguesso et le revendique haut et
fort. Or, justement, l'amitié ne juge pas. N'est-ce pas
une chance pour faire passer quelques informations
qu'on ne lit pas partout ? Par exemple, au sujet des
« biens mal acquis » pour lesquels le chef de l'État
congolais, de même que les présidents gabonais et
équato-guinéen, Ali Bongo et Teodoro Obiang, ont
fait l'objet d'une enquête judiciaire à Paris. La belle
affaire ! Tant qu'elle dure, on peut nourrir le soupçon
et manier l'opprobre au conditionnel.

Voici les faits. Le président congolais possède en
tout et pour tout deux propriétés en France : un appartement de taille modeste à Paris, avenue Rapp, qu'il
a hérité de sa fille Édith, l'épouse du président gabonais Omar Bongo, décédée en 2009 ; et une maison
au Vésinet d'une grande simplicité, située à cent cinquante mètres d'une bruyante ligne de chemin de
fer. Cette maison avait appartenu au frère de Sassou
Nguesso. Ce dernier n'a jamais acquis lui-même de
bien immobilier à l'étranger. Il ne possède pas non
plus de comptes en banque à l'étranger. Il s'est même
offert le luxe de mettre au défi quiconque de lui trouver
une fortune cachée – personne ne s'est manifesté. Cela

n'empêche pas des justiciers autoproclamés à Paris d'alléguer qu'il posséderait des « biens mal acquis ». L'accusation aurait dû prêter à rire au moment où le frère de l'émir du Qatar achetait pour 70 millions d'euros l'hôtel Lambert, et lançait un programme de travaux d'aménagement de 120 millions d'euros supplémentaires. Je n'ai lu nulle part que la justice française ait été saisie pour enquêter sur l'origine licite ou illicite de ces fonds. Peut-être les chefs d'État africains devraient-ils revoir à la hausse leurs ambitions immobilières, se lancer dans la « pétro-diplomatie » ou s'offrir un club de foot...

Denis Sassou Nguesso n'est pas un homme d'argent. Pour s'en convaincre, il suffit de se rappeler comment il a quitté le pouvoir en 1992, à la suite d'une défaite électorale qu'il a acceptée en bon perdant. Du jour au lendemain, l'ex-président s'est retrouvé sans le sou. Il n'avait rien mis de côté, et ne possédait pas de comptes numérotés en Suisse. C'est sa fille Édith qui l'a accueilli avenue Rapp et qui l'a pris en charge. Je suis bien placé pour le savoir, car, à cette époque, j'ai moi-même réglé certaines dépenses – notamment des voyages – de l'ex-président et de son entourage. Je l'ai fait par fidélité, sans calcul. Personne n'aurait misé un kopeck sur un possible retour au pouvoir de Sassou Nguesso, qui n'avait réuni sur son nom que dix pour cent des suffrages face à Pascal Lissouba. Tout le monde l'avait abandonné, à commencer par son « ami » Jacques Chirac. Il ne lui restait plus que ses parents proches et une poignée de fidèles. Ce qui explique d'ailleurs l'indulgence – certains diraient l'impunité – dont bénéficie la famille de Sassou depuis son retour au pouvoir en 1997. Ses membres étaient là quand il n'y avait plus personne. Alors, de quel droit les sanctionnerait-il aujourd'hui ? Encore une fois : je ne défends ni n'accuse, j'explique seulement. D'ailleurs, moi-même, quand je suis critiqué par son entourage, je bénéficie du bouclier présidentiel : « N'oubliez pas qu'il était là quand nous étions seuls et n'étions plus rien. »

On reproche beaucoup au président congolais de confier son image – mauvaise dans la presse occidentale – à des thuriféraires « en s'achetant des pages de pub ». Dans la ligne de mire se trouvent Jean-Paul Pigasse, un fidèle parmi les fidèles du « Sassou-entre-deux », en exil à Paris, qui édite le quotidien *Les Dépêches de Brazzaville,* ainsi que les conseillers en communication du président, Georges Ouégnin, l'ancien directeur de protocole d'Houphouët-Boigny, et, avant tout, Claudia Sassou Nguesso, l'une des filles du chef de l'État. Mais les dirigeants occidentaux n'ont-ils pas leurs « gourous » médiatiques ? Jacques Chirac n'avait-il pas confié son image à sa fille Claude ? Enfin, il faut parfois renverser la perspective pour mieux comprendre. Vus par Sassou Nguesso, les mêmes qui ne cessent de lui donner des leçons – « les Occidentaux » – viennent aussi incessamment lui proposer leurs services. Un exemple parmi d'autres : Étienne Mougeotte, l'ancien patron de TF1 puis du *Figaro,* a porté le projet d'un livre d'entretiens avec le président, dont l'édition française a paru en 2009 sous le titre *Parler vrai pour l'Afrique*. Les propos ont été recueillis par le journaliste Édouard Dor, mais c'est Mougeotte qui s'est soucié d'une « valeur ajoutée », en l'occurrence une préface de Nelson Mandela. Il m'a demandé si je pouvais l'obtenir pour rendre service à Sassou Nguesso. Or, déjà très diminué, Mandela n'était plus en mesure d'écrire quoi que ce soit. Tokyo Sexwale, qui est membre de la fondation Mandela, me concède alors le droit de reprendre un extrait de l'éloge que Nelson Mandela avait fait de Sassou quand celui-ci lui avait rendu visite au Cap afin qu'il intervienne auprès du président Lissouba en vue de la tenue d'élections libres à l'échéance prévue. Hélas, dans leur zèle pour « plaire au chef », les responsables du livre d'entretien ont reproduit l'intégralité des propos de Mandela et les présentent comme « prologue » en français, et *Foreword* dans l'édition anglaise. Tempête de protestations sud-africaines ! Personne ne parle du livre et de son contenu, tout le monde crie au « plagiat ». Le président congolais a-t-il été mieux servi en se confiant à des faiseurs d'image occidentaux plutôt qu'à ses thuriféraires locaux ? Qui, des uns ou des autres, est le plus professionnel ? Qui est le moins intéressé ?

Je me suis « fait » moi-même, et suis d'autant plus fier de mon indépendance et de ma liberté de parole. Je ne suis l'obligé de personne ou de tant de personnes que nul ne saurait avoir barre sur moi. De son côté, le président Sassou Nguesso n'a pas besoin d'un « griot » – à mon avis, on l'aura compris, il en a déjà trop. Je peux donc dire avec sincérité que le chef de l'État congolais est l'un des rares visionnaires au pouvoir qu'il m'a été donné de rencontrer. En 1987, quand je le vois pour la première fois sous la couverture d'un marchand de grain, il a compris en quelques minutes qu'il y avait un « coup à jouer » pour la paix en Afrique australe, la libération de Nelson Mandela et la fin de l'apartheid en Afrique du Sud. Il n'a pas hésité à faire le saut dans l'inconnu – qui plus est avec un inconnu. Il m'a fait confiance. Depuis, à maintes reprises, j'ai pu constater que cet homme voyait loin. Sans le crier sur les toits pour ne pas s'aliéner d'autres appuis extérieurs, il a été l'un des premiers, sinon le premier, à cultiver une alliance stratégique avec la Chine populaire. Il s'y est rendu dix-huit fois et, en 2013, le tout nouveau président chinois Xi Jinping a choisi, en plus de la Tanzanie, pour des raisons historiques, le Congo et ses 3 millions d'habitants comme étape de sa première tournée africaine. Enfin, en dépit de sa piètre estime pour le colonel Kadhafi, Sassou Nguesso a mis en garde contre le renversement du « guide de la Jamahiriya » et les contrecoups que sa chute allait entraîner dans le Sahel, hélas en vain.

Là où beaucoup ne voient qu'un « pétro-monarque » africain, je vois un homme d'État travailleur, soucieux de développer son pays et d'unir son peuple. Les seules dépenses exorbitantes qu'on puisse lui reprocher sont des frais de représentation de l'État. Quand le président se déplace, c'est le Congo qui voyage – à l'instar du général de Gaulle qui, frugal dans sa

vie privée, mobilisait le *Concorde* et tous les fastes du
protocole pour projeter à l'étranger la « grandeur » de
son pays. Or, au jour le jour, le président congolais
se lève au petit matin et ne se couche que tard le
soir pour étudier ses dossiers, recevoir à longueur de
journée et veiller au grain d'une administration qui,
il est vrai, est encore loin de fonctionner comme un
appareil d'État huilé. Le Congo est le seul pays africain
où les études – de la maternelle à l'université – sont
entièrement gratuites. Il y existe une sécurité sociale.
Les infrastructures médicales sont insuffisantes mais
les soins sont pris en charge. Le pays est électrifié à
quatre-vingts pour cent, de nombreux villages brillent
la nuit grâce au barrage d'Imbulu. Les routes gou-
dronnées se multiplient. Pointe-Noire est devenu le
premier port d'Afrique centrale grâce à d'immenses
investissements. Enfin, la réconciliation nationale n'est
pas un vain mot. Depuis la guerre civile que l'ancien
président Lissouba a déclenchée le 7 juin 1997 pour
se maintenir au pouvoir, Sassou Nguesso a ramené au
bercail le pasteur Toumi, le chef rebelle du Pool, les
enfants de l'ancien Premier ministre et opposant, Bernard Kolélas, qui sont même entrés au gouvernement.
Sans rancune, dans l'intérêt supérieur de la nation, il
a aussi instauré une pension pour les anciens chefs
d'État dont bénéficie, en premier lieu, Pascal Lissouba.
Celui-ci vit aujourd'hui dans le XVIIe arrondissement
de Paris, dans l'hôtel particulier de la rue de Prony,
que son successeur, grand seigneur, ne lui dispute pas
comme un « bien mal acquis »...

Parmi mes nombreuses tentatives de médiation, il y en a une, justement pour le Congo, dont je garde un souvenir particulier. C'était en décembre 1998, quatorze mois après le retour au pouvoir de Sassou Nguesso. Les partisans de Bernard Kolélas lançaient alors leur « offensive du Djoué », une rivière au sud de Brazzaville, pour rallumer la guerre civile. « Pourquoi ne pas aller voir Kolélas et lui proposer un accord de paix ? » Le président Sassou me mandate sur-le-champ. Me voilà donc parti pour Washington, où l'ancien Premier ministre s'est installé avec son fils Parfait, un temps membre du Front national en France. Je voyage en compagnie d'un fidèle soutien de Kolélas, Jean-Pierre Dupont, ancien légionnaire français dont l'heure de gloire fut le sacre de Bokassa, en 1977, qu'il avait organisé de A à Z. Je rencontre enfin l'opposant dans son hôtel à Washington. Nous déjeunons ensemble. « Je viens de Brazzaville, Sassou tient la capitale. Ne serait-il pas plus sage de chercher une entente avec lui plutôt que de s'engager dans une bataille perdue d'avance et lourde en vies humaines ? » Mon vis-à-vis me contredit : « Ce sont mes gens qui contrôlent Brazzaville. » Je suis déconcerté mais bien obligé d'insister sur les faits que j'ai constatés de mes propres yeux. Kolélas se lève alors de table et me somme d'attendre, le temps qu'il aille « vérifier ». Je prends mon mal en patience, sans rien comprendre à la situation. Près d'une heure s'écoule avant que Kolélas ne revienne. « Vos informations sont fausses, mes hommes occupent quatre-vingts pour cent de la capitale. » Cette fois-ci, je perds un peu mes nerfs : « Monsieur le Premier ministre, j'étais à Brazzaville il y a vingt-quatre heures ! — Et moi, j'en reviens à l'instant même ! » Comme il devait me l'expliquer, Kolélas s'était retiré dans sa chambre pour se concentrer et se « transporter » dans la capitale congolaise. Il était persuadé d'y avoir été.

Je pense souvent à Bernard Kolélas qui, amnistié par Sassou en 2005, est rentré au pays pour se faire réélire à l'Assemblée nationale, avant de mourir en 2009. Je me suis bien gardé de lui rire au nez à Washington. Il avait seulement eu l'honnêteté de reconnaître qu'il croyait possible de se rendre en Afrique en pensée, en dépit du bon sens. Il n'était ni le premier ni le dernier à succomber à cette illusion. Toute ma vie j'ai rencontré des gens qui avaient « compris » l'Afrique sans s'y rendre. Alors si ce livre ne devait atteindre qu'un seul objectif, je souhaiterais que ce soit le partage de cette intime conviction : il faut aller sur place pour voir, pour planter ses dix orteils dans le sol, pour parler aux gens avec patience et se confronter à leur réalité, qui recèle toujours sa part d'invisible. N'est-ce pas ce que nous appelons, depuis que nous ne croyons plus aux « forces occultes », la régie ou la coulisse ? Faites-moi confiance, il n'y a pas de scène sans double-fond.

Table des matières

Cet ouvrage a été imprimé en France par
CPI Bussière
à Saint-Amand-Montrond (Cher)
en avril 2014

Photocomposition Nord Compo
Villeneuve-d'Ascq

36-57-4681-7/03

Dépôt légal : avril 2014.
N° d'impression : 2009446.